新时代
加强高校共青团思想政治引领工作理论研究
—— 中国政法大学团学工作改革与创新论文集

主　编◎孙　璐

副主编◎付睿智　张宇飞　冯　江

中国政法大学出版社

2024·北京

声　　明　　1. 版权所有，侵权必究。

　　　　　　2. 如有缺页、倒装问题，由出版社负责退换。

图书在版编目（CIP）数据

新时代加强高校共青团思想政治引领工作理论研究 : 中国政法大学团学工作改革与创新论文集 / 孙璐主编． -- 北京 : 中国政法大学出版社，2024. 8. -- ISBN 978-7-5764-1698-5

Ⅰ. D297.6

中国国家版本馆 CIP 数据核字第 2024WE2739 号

出　版　者	中国政法大学出版社
地　　　址	北京市海淀区西土城路 25 号
邮寄地址	北京 100088 信箱 8034 分箱　邮编 100088
网　　　址	http://www.cuplpress.com（网络实名：中国政法大学出版社）
电　　　话	010-58908285(总编室) 58908433（编辑部） 58908334(邮购部)
承　　　印	固安华明印业有限公司
开　　　本	720mm×960mm　1/16
印　　　张	16
字　　　数	260 千字
版　　　次	2024 年 8 月第 1 版
印　　　次	2024 年 8 月第 1 次印刷
定　　　价	75.00 元

主　　编：孙　璐

副 主 编：付睿智　张宇飞　冯　江

编辑团队：王茂苏　何奕霏　张楚翊　陈姿仔　邵一凡　崔子航

序　言

团学工作作为青年学生思想政治教育和校园文化建设的重要组成部分，承载着培养社会主义建设者和接班人的重要使命。2023年，中国共产主义青年团第十九次全国代表大会胜利召开，这不仅是对过去工作的总结，也是对未来共青团工作的规划与展望，为团学工作注入了新的使命与动力。在新时代的背景下，团学工作将面临新的挑战、迎接新的机遇。

团组织建设在高校工作中的重要性不言而喻，其作为党联系青年的桥梁和纽带，是高校思想政治教育的重要阵地，对于引导青年学生树立正确的世界观、人生观和价值观具有不可替代的作用。为此，共青团中国政法大学委员会进行了"青年发展研究"团学课题的申报工作以及高校共青团建设与青年发展研究主题学术研讨会征文活动。在全校青年师生的积极参与和专家组的严格评审下，我们最终选出了一批具有代表性和前瞻性的论文，内容涵盖了团学工作的各个方面，经梳理汇编成本论文集。

本论文集旨在深入研究高校共青团建设与青年发展的现状、问题和对策，为促进高校团学工作的健康和创新发展提供理论参考和实践指导。本论文集通过对团学工作的深入剖析，挖掘团学工作在培养青年学生社会责任感、创新精神和实践能力等方面的潜力，促进高校共青团事业的蓬勃发展。本论文集不仅是对团学工作的肯定，更是对青年教育与成长的有力支持和推动。我们邀请了众多高校共青团的领导和专家学者，共同探讨团学工作面临的挑战和发展的路径，分享各地团学工作的成功经验和创新做法，共同促进高校共青团建设与青年发展的繁荣。

在此，我们衷心感谢各篇论文的作者，以及为论文集的编撰、出版提供支持和帮助的各方人员，正是他们的认真投入和辛勤付出，为我们呈现了这部宝贵的团学研究成果集。团学工作创新永无止境，希望本论文集内容能够为高校共青团建设提供有益的思路和方法。让我们携手共进，共同推动我国高等教育和青年工作的发展进步，为培养更多优秀的社会主义建设者和接班人而努力！

目 录

高校青年政治骨干培养体系构建

新时代高校本科生团干部培养机制研究／刘彦君　　　　／003
高校团学骨干培养课程体系的优化设计／黄天浩　　　　／011
高校学生"青年大学习"路径研究／陈莹蓝　　　　　　／017
中国政法大学青年政治骨干培养研究／付睿智、李泽坤　／024
高校学生党员先锋模范作用评估指标的构建／吴晓涵　　／034
新时代高校学生会改革路径探析／张宇飞、孙宏毅　　　／043
新时代青年法治人才培养路径研究／黄秋雨、先　进、蒋露芳　／051

高校党建带团建机制探索

关于高校学生党员培养的思政课堂研究／许慧芳　　　　／061
探索基层团组织党史学习教育的新路径／桑　迪　　　　／076
大学生党支部建设路径思考／代丽丹　　　　　　　　　／085
强化入党宣誓仪式感筑牢理想信念根基／吴紫夷、王文霞　／093
破解与探索：高校学生会功能型团支部的作用
路径研究／徐　泽　　　　　　　　　　　　　　　　／102
共青团大中小学思想政治引领一体化路径
方法研究／陈逸婷、倪雨琪、霍祉含、刘美琪　　　　　／110

高校校园文化育人路径研究

传统与现代相结合，促进校园文化活动的创新发展 / 柏懿娜 / 123
校园迷你马拉松的办赛逻辑和价值取向 / 赵中名、孙宏毅 / 131
新媒体视域下大学生网络思政教育工作创新路径 / 宫安琪 / 139
新时代高校社会实践育人实效性研究 / 周方正 / 147
基于大数据可视化构建网络思政育人新模式 / 黄子洋 / 153
政法类院校思辨文化建设的探索与
实践 / 翟怀旭、杜宇轩、陈荣耀 / 161
"立德树人"背景下高校体育社团育人模式
探析 / 荆 硕、黄筠钧、许晨曦、杨林佳 / 171

新时代高校青年特质分析

高校共青团在涉外学生思想政治工作中的作用发挥 / 杨明荃 / 183
高校共青团促进大学生就业创业的路径探索 / 桑 迪 / 190
高校大学生学习适应性现状探究与心理健康体系
构建 / 刘亦阳、殷晓珊 / 202
将朋辈辅导模式引入高校新生适应性教育的
初步探讨 / 孟怡贞、刘亦阳 / 213
新时代高校青年行为特质研究 / 孙维昱 / 228
青年互联网微公益的参与机制研究 / 周文轩、周涵娇 / 239

高校青年政治骨干培养体系构建

新时代高校本科生团干部培养机制研究

刘彦君*

【摘　要】高校团支部是共青团工作和活动的基本单位,是团的最基层一级组织,团支部与广大青年学生有着最直接、最广泛的联系,它也是团各项工作的显示终端。团干部作为基层团组织工作开展、队伍建设的重要践行人,自身整体素质直接影响高校基层组织的建设和发展,直接影响学生团建工作的开展和成效。我们要站在党和国家事业全局的高度深刻认识做好高校学生团干部选拔与培养的重要性,建设有理想、有道德、有文化、守纪律的高校学生团干部队伍,努力培养德智体美劳全面发展的社会主义建设者和接班人。本文以高校本科生团干部培养机制的各个方面为研究对象,旨在系统性研究与反思新时期新形势下高校本科生团干部培养过程中存在的问题,针对性地为有关机制的完善提供科学的、可行的、经得起实践检验的方案。

【关键词】新时代　本科生团干部　培养机制

一、加强高校基层团组织建设的背景

习近平总书记多次指出,中国共产党立志于中华民族千秋伟业,必须始终代表广大青年、赢得广大青年、依靠广大青年,用极大力量做好青年工作,过去、现在、将来青年工作都是党的工作中一项战略性工作。在党的二十大报告中,习近平总书记再次强调,全党要把青年工作作为战略性工作来抓。团支部与广大青年学生有着最直接、最广泛的联系,对于青年思政工作具有

---

* 中国政法大学法学院。

重要意义，新时代下研究高校本科生团干部的培养，应当着眼于本科生思想政治水平的提高是思想教育工作重要环节的现实，着眼于学生团干部的培养是新形势下学生工作重要抓手的现实。

（一）本科生思想政治水平的提高是思想教育工作的重要环节

习近平总书记强调，思想政治工作从根本上说是做人的工作，必须围绕学生、关照学生、服务学生，不断提高学生思想水平、政治觉悟、道德品质、文化素养，让学生成为德才兼备、全面发展的人才。当下，本科生的人才培养形势依然严峻，需要做的工作还相当多。本科阶段是学生脱离中等教育、接受高等教育的重要过渡阶段，本科生处在人生道路的重要转折时期，世界观、人生观、价值观受到来自各方面的挑战，容易被错误的思想观点引入歧途，为此，必须充分发挥本科阶段思想政治工作的引领作用，坚持把立德树人作为教育工作的中心环节，使提高本科生思想道德水平、促进本科生树立人生理想与远大信念作为本科教育教学的基本目标。在这一过程中，学生团支部将发挥有力作用。

（二）学生团干部的培养是新形势下学生工作的重要抓手

学生团支部是落实思政方针、凝聚学生合力、强化学生培养的重要基层阵地，在学生群体内部的学习、生活与工作各方面发挥着重要的影响。学生团干部的选拔与培养，是做好学生团支部建设的核心环节，要选拔出德才兼备、具有较高的思想道德修养和工作能力水平的学生干部，充分发挥其先锋模范带头作用，以点带面，促进学生整体思想政治水平和思想道德修养提高。

二、团干部培养机制的内容、问题和有益经验

（一）团干部培养机制建立和完善的背景与必要性

第一，加强新时期高校本科生团干部的培养，是深入贯彻落实党的二十大精神的重要举措。本科生团干部的培养这一课题，是坚持党的领导、立德树人以及人才培养体制改革三者的聚焦统一，是对新时代加强高校本科生团干部培养机制和创新性做好青年工作的探索，是在具体领域深入贯彻党的二十大精神的有益实践。

第二，建立高校本科生团干部培养机制，是做好学生团支部建设和社会主义现代化事业后备人才队伍建设的重要内容。学生团干部的培养，不仅事

关学生自身成长与综合素质的提高,更事关青年人才队伍的建设。建立健全高校学生团干部的培养机制,一方面有利于基层团组织的科学化建设,为基层团组织的发展注入强有力的人才支撑,从而促进基层团组织建设基本盘的完善;另一方面,团干部在学生阶段就参与基层团组织的工作事务,接受系统、科学的针对性培养,有利于其走入工作岗位后继续发挥相应的工作优势,将学习到的宝贵理论和经验成果深入融入社会实践当中,并最终促进社会主义现代化建设和中华民族伟大复兴的伟大实践。

第三,完善高校本科生团干部培养机制,是充分发挥学生基层组织战斗堡垒作用和发挥青年力量的重要前提。高校本科生团干部培养机制的完善,不仅仅是一个机制的建立问题,更是一个机制的优化与改善问题。在新时期新形势下,高校团建工作与学生培养工作面临着很多新的问题与挑战,作为团建工作与学生培养工作相统一的本科生团干部培养工作,应当承担更多的反思性和优化性内容,一方面,要保证其选拔、培养的学生团干部在团建方面工作能力和工作水平过硬,能够适应基层组织工作的基础性与艰巨性;另一方面,要保证学生团干部自身的思想道德修养和群众基础能够经得起历史和人民的检验,培育出扎实为人民群众服务、具有强烈社会责任感和历史使命感的好干部,并以点带面辐射身边学生,保障其优秀党员的先锋模范带头作用得到充分体现。

(二)团干部培养机制的具体内容与基本框架

该部分所要研究的内容是本科生团干部培养机制作为一项机制,应具体包括哪几个方面、由哪几个方面的内容所组成。从学生团干部选拔的基本标准、学生团干部选拔过程中各参与主体间的基本关系、"选举—考评—嘉奖/罢免"链条的规范化建设、学生团干部的培养与其他机制的协调与衔接四个方面,对本科生团干部的培养机制开展具体而有针对性的研究。具体如下:

第一,探究学生团干部选拔的基本标准。学生团干部选拔的标准问题,是对其培养的核心问题,如果不确立一套人才评价的标准,那么"培养"二字便无从谈起。一方面,通过一系列的实证调研工作,深入各学生团支部的实际运作状况之中,了解其在选拔培养学生团干部的过程中所遵循的实际标准,归纳出一套实践运作中的基本模式;另一方面,通过对这一套实践标准的系统性反思,总结出其中所存在的问题,并以此作为小组开展高校本科生团干部培养机制研究的一个基本点。

第二，探究学生团干部培养过程中各参与主体间的基本关系。在调研中发现，实践中学生团干部选拔标准的复杂性往往牵扯到其选拔过程中各参与主体间的复杂关系，具体体现为学生和老师、学生和学生、老师和老师之间的关系，这种错综复杂的关系，构成学生团干部培养与选拔的一个基本的背景，尤其是在本科生阶段，关于人际交往与处事的各项方法尚且处于形成阶段，因此研究本科生团干部的培养机制，就有必要对这一过程中各参与主体间的基本关系做一个基本的考察与研究。

第三，探究"选举—考评—嘉奖/罢免"链条的规范化建设。学生团干部的培养，不是一个对于选拔上来的学生干部进行单方面培训的问题，而是一个涉及打造联通"选举—考评—嘉奖/罢免"整个环节、促进"事前—事中—事后"机制相统一的一个有机的、联动的整体性工程的问题，这一链条上任何一个环节出现问题，都体现为实践中学生团干部培养过程中所体现的实际问题与教训。实践中发现，要打造并完善"选举—考评—嘉奖/罢免"的机制链条，规范化建设是中心环节，必须把学生团干部培养的各个阶段置于科学、合理、统一、明确的考察标准之下，这种机制所培育出来的学生干部才具有先进性、统一性。鉴于此，要考虑"选举—考评—嘉奖/罢免"各个具体的阶段如何落实规范化建设，以及各个阶段如何实现统筹联动，以形成一个科学合理的培养体系的问题。这一问题，是本科生学生团干部培养机制研究的核心问题。

第四，探究学生团干部的培养与其他机制的协调与衔接。学生团干部的培养，不是一个孤立的机制或者体系，一方面，学生团干部的培养要遵循党团干部培养与选拔的基本要求和客观规律，必须着眼于学生团干部是党的干部储备人才这一点；另一方面，完善学生团干部培养机制，需要放在学生成长发展以及高校学院的微观环境下进行考察，既要与学生在本科阶段作为一般学生的培养模式相适应，又要对接好党支部、团委、学生会、班委等各个板块，在尊重学生成长发展的客观规律的同时，扩大学生团干部的选拔范围和培养空间，打造良好的人才培养环境。

以上四个部分构成本科生学生团干部培养机制的主要内容，它们之间的基本关系类似于一个飞机型的架构，其中，学生团干部选拔的基本标准可以比作为机首，它决定了飞机整体（也就是整个机制）的基本方向，选拔标准上的问题，往往体现为整个培养机制的方向性问题，这一部分所回答的是我们需要怎样的学生团干部的问题，这是首先要回答的、方向性、基础性的问题；"选举—考评—嘉奖/罢免"链条的规范化建设可以比作飞机的机身，这一部分把各个部分串联起来，是构成整体的主要骨架，正如飞机机身断裂导致飞机整体断裂一样，这一部分所要回答的问题是该机制规范化运作结构的问题；学生团干部培养过程中各参与主体间的基本关系可以比作飞机的机翼，机翼的作用是产生飞机的升力，同样，各参与主体间的基本关系也是该机制能否拔升的关键，各参与主体间关系安排得好，那么整体培养机制运作效率就高，反之，关系安排不当，那么整体机制受的阻碍就大，导致培养机制运作不理想；学生团干部的培养与其他机制的协调与衔接可以比作飞机的尾翼，尾翼的作用是增强飞机飞行的稳定性，同样，学生团干部的培养机制也要和其他各机制相联系，把该机制纳入学院发展的大环境下予以考察，促进该机制和其他机制的协调运作，并最终促进该机制的平稳和高效运作。

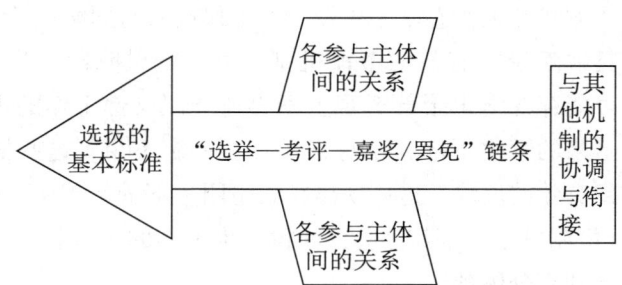

图1　团干部培养机制的基本框架图

（三）既有的团干部培养机制存在的问题

研究本科生团干部培养机制，离不开观察并且总结实践中该机制运行过程中存在什么样的问题。在调查与研究中发现，当下，高校在本科生团干部培养上存在以下问题，这些问题构成本文的基本着眼点，也是本文在研究过程中所要进行反思与讨论的实际问题。

第一，学生团干部培养渠道单一。一方面，各团支书的选拔来源多依托于各班班委，在班委工作的同学，由于和相关领导老师接触密切，更有机会展现自己的工作能力与工作水平，因而在确定学生团干部的人选时，班委成为一个主要的选拔平台。这在客观上给那些尚未进入班委，但是品学兼优、个人素质过硬的同学造成了不便,缩小了人才选拔的途径与渠道,某种程度上不利于学生干部的从优选拔;另一方面,当选的学生团干部,其日常的工作范围与活动范围依然过度局限于自己支部内部,尚且缺乏和其他支部的深层次交流,各支部间跨学科、跨方向、跨年级的互动较少,具有一定的封闭性,容易滋养自满、懈怠的不正风气,不利于学生干部的进一步培养。

第二,学生团干部培养标准模糊。当下对于学生团干部的培养与考评,还不具备统一且清晰的标准。部分和老师平时接触较多、关系较近的同学,更容易获得领导老师的认可和青睐,因而更容易当选为团支书。部分团支书思想道德修养和工作能力水平尚有待提高。这一情况,本质上是培养标准模糊的结果,在本科阶段,学生与老师在各方面交流机会多,本有助于提高学生各方面的能力水平,但是,在团支书的选拔中过于强调干部选拔中老师的评价,可能不利于干部选拔的民主化、科学化。学生团干部培养标准模糊,在客观上体现为部分学生团支部选举上来的团干部,其个人素质与能力水平差异较大,工作方式和工作态度差异较大,工作成果与同学反馈差异较大。

第三,尚且缺乏统一有效的考评机制。由于本科阶段学生课业负担重、社会活动多,可能存在学生干部客观上不再适合团支部工作的现实情况,再加上部分选举上来的学生干部其自身素质存在一定不足,这些情况在干部的考评中并未得到有效的反映,这体现出在学生团干部的培养中,"选举—考评—嘉奖/罢免"机制链条的不甚完善,使得学生干部的工作容易浮于表面,先锋带头作用得不到充分体现。

第四,部分学生团干部培养效果堪忧。在实践中我们发现,部分学生支部书记存在思想觉悟不够、工作积极性不高的问题,面对困难畏难情绪严重,推诿塞责的风气明显,少数学生干部只有"名头",不做实事;部分群众反响不好的学生干部,进一步脱离了群众。这都是当下学生支部培养模式的失误,也是我们应当深刻反思的问题。学生团干部培养机制不仅要讲建立,还要讲完善,要讲这套培养机制所取得的实际成果,培育出了什么样的学生干部,反响如何、能力如何。在这一点上,目前有关工作还做得不够。

(四) 本科生团干部培养的代表性模式及其有益经验

与本科生团干部培养机制存在的既有问题相对应,本文研究的另一重要部分,在于总结现有的本科生团干部培养的代表性模式及其经验。中国政法大学法学院在探索本科生团干部培养过程中，通过开拓创新培养方案，深入改革培养模式，前期在有关工作上取得了一定的成效。这些探索，是对本科生团干部培养新模式的有益探索，本文对这些有益的探索实践予以归纳总结，形成本科生团干部培养的代表性模式及其对应经验，并进一步在实践中检验该经验的科学性、可行性。

1. 持续开展红色"1+1"跨校学生本科生团支部共建活动

中国政法大学法学院各团支部曾多次与其他高校团支部进行"1+1"活动，这是法学院学生团支部深化开展跨校团学共建的重要一环，同时也是基层团支部之间相互学习的良好契机。通过不同专业的思维碰撞，青年学子在活动中相互了解、相互指正、求同存异、共同进步，为下一步深入交流奠定了基础。

2. 定期开展团干部培训

中国政法大学法学院党委积极组织培训学习，每个学期至少组织三次团干部培训。每学期的培训分为学期初的工作会、学期中的专项培训会、学期末的交流论坛，主要涉及青年发展、团支部学习、团支部活动、党团共建等方面，邀请辅导员共同参加。迄今为止，支部书记培训会正在按时举行，取得了良好效果，基本做到了全覆盖、无死角。

3. 坚持贯彻落实"党团共建"机制

中国政法大学法学院学生团支部在2019年曾申报团学课题"党团共建机制研究"并成功立项。在此之后，法学院学生团支部与学生党支部就经常围绕理论学习、青年成长、实践活动等方面进行深入研究，开展一系列相关活动。截至目前，已探索出一种具有实践可行性的党团共建模式，建立专门的微信公众平台"小铃铛与小青团"，作为平时活动的宣传窗口，该平台发布的图文消息的平均阅读量可达"500+"，初步达成活动的初衷——宣传推广，成功克服了党团之间的交流障碍，使学院内的党支部和团支部建立密切的交流，形成以党建带团建、以团建促党建的共同发展的良好局面。

三、团干部培养机制的改进方向

（一）优化培训方案，提升培训工作实效

一是在学校团委统领下实现多部门培训合力。高校团委高度重视团学队伍建设工作，在校团委的统一领导下，各院分团委共同配合做好这项工作，要及时准确掌握团干部的信息和工作情况，在此基础上才能分门别类、有针对性地开展团干部的培训或轮训工作。二是实行团干部培训分级管理。在各高校，学校层面和学院层面都应当开展团干部培训。学院党校负责对团干部后备人选进行培训，培训内容侧重于思政教育、基础政治理论和团学工作实务，帮助后备人选尽快熟悉团学工作。三是夯实基层团干部培训实效。培训团干部不是为培训而培训，其出发点和落脚点是提升团干部的政治水平和工作能力，发挥示范效应，提升组织力和增强政治功能，发挥青年重要作用。

（二）系统推进改革，建立培训工作长效机制

一是建立公开选拔机制。在学生团干部的选拔上，应该做到民主公平，最广泛地听取同学意见，选拔出觉悟高、有能力和热情的优秀学生担此重任。二是健全学生团干部的培养机制。对选拔出的学生团干部进行系统、全面的培训，结合实际开展学生喜闻乐见、灵活多样的培训，使他们尽快适应工作，根据各个年级的特点开展学生团干部的选拔培养工作。三是健全制度管理，对学生团干部的工作进行约束和规范，如制定《学生团干部选拔条例》《学生团干部工作考核制度》等。在此基础上，学校团委和学院分团委认真制定学生团干部培训计划，确定培训方案，合理安排培训内容，在培训中贯穿定期考核，配套完善的奖惩机制，使学生团干部在工作中遇到问题有章可循、有理可凭。

高校团学骨干培养课程体系的优化设计
——以中国政法大学"先锋团校"课程改革工作为例

黄天浩[*]

【摘　要】优化高校团学骨干培养课程体系,是加强和改进高校共青团思想政治引领工作的重要手段,科学构建培养课程方案要注重强化政治属性、关注需求差异、契合青年特质的导向,实现理想信念培育需求与业务能力培育需求相统一、理论素养提升需求与实践能力提升需求相统一、个人成长发展需求与组织建设发展需求相统一。

【关键词】共青团　团学骨干培养　课程体系建设

团学骨干培养是高校共青团组织实现育人功能的重要途径之一,在为团学骨干搭建成长进步的锻炼平台的同时,要用党的科学理论武装青年,用党的初心使命感召青年,用党的光辉旗帜指引青年,用党的优良作风塑造青年。[1]随着高校青年学习能力提升、格局视野拓宽,团学骨干的成长需求发生新的变化,呈现新的特点。为了进一步增强对于团学骨干政治培育的实效性,要科学构建培养课程体系,实现高校共青团组织语境下的精准育人。

一、团学骨干培养课程的设计导向

课程的设计导向直接影响具体课程方案与课程内容研发,在培养课程导向的确定中要强化统筹,遵循思想政治工作规律,突出对青年的思政引领价值,满足团学骨干的业务工作需求,关注培养对象的体验感与获得感,将团

---

[*] 中国政法大学校团委。
[1] 参见习近平:《习近平谈治国理政》(第四卷),外文出版社2022年版,第274页。

学骨干培养机制打造为青年接受政治锻造、提升综合素质的实践育人平台。

（一）强化政治属性

共青团要坚持为党育人，始终成为引领中国青年思想进步的政治学校，[1]从党领导团的百年奋斗历程经验中可以看出，团学骨干的培养要始终围绕坚定理想信念开展，强化政治属性是共青团发挥组织功能的重要遵循，也是团学骨干培养的重要导向。共青团从诞生之日起，就以党的旗帜为旗帜、以党的意志为意志、以党的使命为使命，[2]对于团员青年，尤其是团学骨干的培养，要最大限度凝聚青年共识，充分发挥共青团"党有号召，团有行动"的优良作风传统，培养新时代的"先锋分子"。

高校共青团肩负着开展团员青年思想政治引领工作的重要使命，其中团学骨干依托共青团指导的学生组织等平台发挥了极为重要的作用。高校青年学生学习能力强，具有自我规划、自我实现的能力，看待问题富有思辨性，但面对多样社会思潮的政治辨别力仍待提升。作为在青年群体中具有示范作用与引领效应的团学骨干，只有坚定正确的政治方向，站稳政治立场，才能在坚定自身理想信念的基础上充分发挥主观能动性，自觉以朋辈引领的方式深入青年群体，传播弘扬主流价值观。

（二）关注需求差异

巩固和扩大党执政的青年群众基础是共青团的政治责任，青年需要的地方就有共青团的工作身影。依托基层团支部、团学组织等工作抓手，高校共青团工作覆盖青年学生成长生活的方方面面，在青年学生的校园学习生活中发挥了重要作用。然后，不同工作平台中的团学骨干培养需求不尽相同，而不同年龄、不同经历、不同背景的团学骨干的接受能力也存在一定差异性。

基层团支部中的团学骨干的主要培训需求集中于团务工作的连贯性。随着共青团改革的深入推进，团内规章制度体系化程度增强，团务工作规范性不断提升，但高校基层团支部大多以4年为工作周期，每年进行支部委员会换届，团学骨干流动性大，开展业务培训时工作连贯性要求较为凸显。高校共青团指导的团学组织中团学骨干的主要培训要求集中于理论学习的时效性。高校学生会组织、学生社团组织中的团学骨干大多以个人发展需求、兴趣爱

---

[1] 参见习近平：《论党的青年工作》，中央文献出版社2022年版，第7页。
[2] 参见习近平：《论党的青年工作》，中央文献出版社2022年版，第5页。

好为动机参与相关工作，在相关遴选、考核制度的约束下，对于团学工作本身具有一定的熟悉程度，具备较强的工作能力，其培训需求更多集中于对时政热点、形势政策的了解与学习，以及对于综合素质的全面提升。以接受能力为维度进行划分，低年级的团学骨干更倾向于了解团学组织、特长技能、工作流程学习等方面的能力提升，而高年级的团学骨干更倾向于通用能力，如文字写作能力、语言表达能力、政策解读能力的提升。

（三）契合青年特质

新时代的青年素质过硬，全面发展，其成长特质发生变化，呈现出新时代特点，他们往往思想素养、身体素质、精神品格、综合能力不断提升，[1]这种行为特质在高校青年群体，尤其是高校团学骨干青年群体中尤为凸显。高校团学骨干往往具有较强的自我规划能力，能够对自身不同阶段的发展保有较为清晰的认知，在开展学生工作的过程中倾向对理论知识与专业技能的主动获取，在开展课程前需要引导团学骨干主动认识课程内容的重要性。

根据自我决定理论（Self-Determination Theory），[2]在动机层面，外在动机中涉及外部调节、内摄调节、认同调节、整合调节等调节风格，其中调节因素主要包含服从、外部奖励与惩罚、个人重要性、价值意识等。对于团学骨干的培养要从非自我决定向自我决定转化，以内在动机为导向，注重内在调节，强调兴趣、享受与内在满足。在课程设计方面，要更加贴合青年接受外部信息的感知特点，深度挖掘团学骨干获取专业知识的主观能动性，进而增强团学骨干的学习动机。在课程设计中，要注重团学骨干的心理需要与主动感受，增强互动设计，打造契合青年成长规律、符合团学骨干成长需求的课程体系。

二、团学骨干培养课程的优化思路

在开展课程方案设计过程中，既要强化理想信念教育，也要兼顾团学组织发展，同时还应关注团学骨干个人成长，做到理想信念培育与业务能力培育的有机统一、理论素养提升与实践能力提升的有机统一、个人成长发展与

---

[1] 参见中华人民共和国国务院新闻办公室：《新时代的中国青年》，人民出版社2022年版，第16页。

[2] 参见岑延远：《基于自我决定理论的学习动机分析》，载《教育评论》2012年第4期。

组织建设发展的有机统一。

要注重理想信念培育需求与业务能力培育需求相统一。对于团学骨干的培养，理想信念教育与业务能力培训不可分割。在高校团学工作的语境下，团组织需要团学骨干具有坚定的理想信念、高尚的道德情操，这些共同构成了团组织文化建设的基础。而随着文化的多元发展，开展思想政治教育与主流价值观弘扬要求团学骨干在站稳立场的同时，还要具备较高水平的业务能力，尤其是是非辨别力，避免出现"低级红""高级黑"的错误做法，要通过塑造良好的价值观与团学组织正能量氛围，进一步提升团学骨干对培训内容的理解与认识。

要注重理论素养提升需求与实践能力提升需求相统一。团学工作具有较强的实践性，涉及人际交往、工作承接等多项内容，在提高团学骨干政治素养的同时，要注重对其实践能力的提升，坚持把培训课程与团学工作实际相结合，培养具有忠诚的政治品格、浓厚的家国情怀、扎实的理论功底、突出的能力素质的团学骨干。

要注重个人成长发展需求与组织建设发展需求相统一。在团学骨干的培养中，个人成长发展需求与组织建设发展需求是相互关联和相辅相成的。团组织工作的高效开展需要有高素质、专业化和具备创新能力的团学骨干，而这些团学骨干也需要在团学组织中不断学习进步。

三、团学骨干培养课程的具体方案与实例

中国政法大学"先锋团校"以科学构建团组织政治理论学习体系为导向，强化政治属性，以培育新时代青年理想信念为重点，关注需求差异，从培训内容、培训对象、培训形式等多维度优化课程设计，契合青年特质，构建系统化课程模块，形成了"业务培训班""理论研讨班""红色实践班""技能训练营"四位一体的课程体系。

（一）扎实做好业务学习：夯实团务工作基础

面向新生团支部团学骨干，"先锋团校"开设"业务培训班"，培训包含党的理论宣讲、党史团史解读、爱校荣校教育、工作技能提升、团支部凝聚力建设能力提升五个模块。

以 2022 年度为例，"业务培训班"设有开班仪式、团史团情教育、先进

团干部经验分享、基层团支部工作内容讲解、基础团务培训、第二课堂操作系统培训、"团支部凝聚力"主题研讨、结营仪式等课程群，重点内容为基础团务培训，主要包括团组织关系转接、团员证管理、线上系统操作、团费收缴、团日活动策划等内容。其中，"团支部凝聚力"主题研讨通过组织参训成员结合基层团支部建设实际案例和先进经验分组开展讨论，并形成固化成果进行汇报。同时，在"业务培训班"中，专项设置"你好，团支部"新生团干部第一堂团课，介绍团支部的建设目标及团支书的工作，对青年大学习、专题学习会、示范性主题团日等工作进行详细介绍，并对"三会两制一课"的基本内容、活动方式进行细致讲解。

（二）精细做好理论研讨：提高政治理论素养

面向高年级团学组织团学骨干（学生团委副书记、团学组织主要负责人等），"先锋团校"开设"理论研讨班"，培训包含思想政治引领、形势政策教育、领导力提升、心理素质提升、业务能力提升五个模块。

以2023年度为例，"先锋团校"开展学习习近平新时代中国特色社会主义思想理论研讨班，设置《习近平新时代中国特色社会主义思想学习纲要》书目阅读、团学工作能力提升培训、中国共产党历史展览馆实践教学、青年调研微课题研究等培训环节。"理论研讨班"开班时组建功能型团支部、团小组，各团小组领取《习近平新时代中国特色社会主义思想学习纲要》《习近平著作选读》等图书，并进行集中阅读学习，随后学员前往中国共产党历史展览馆进行参观学习。各团小组学员通过印章打卡的形式进行展览参观，以中国共产党党史为主线，全景沉浸式地感受中国共产党矢志不渝的奋斗精神。通过参观展览，学员们真切地感受到习近平新时代中国特色社会主义思想的丰富内涵，更加坚定了当代青年不忘初心跟党走，为党和人民奋斗的决心。课程结束后，各团小组结合读书感悟和参观体会，围绕"青年如何传承红色基因""当代青年如何走好新时代的长征路"等主题进行微课题研究，并撰写调研报告。

（三）创新做好红色实践：强化实践感知能力

面向高年级基层团支部团学骨干（团总支书记、基层团支部书记、组织委员、宣传委员等），"先锋团校"开设"红色实践班"，培训包含爱国主义教育基地参观访学、红色教育基地参观访学、仪式教育三个模块。

以 2021 年度为例，"先锋团校"开设暑期党史学习教育吕梁行红色实践班，走进山西吕梁，深入开展党史学习实践活动。参训学员先后参观了刘胡兰纪念馆、临县中共中央后方委员会旧址、中共中央西北局旧址、晋绥边区革命纪念馆等红色教育基地，深入体悟党在革命奋斗历程中英勇顽强、不惧艰险、不怕牺牲的宝贵精神；考察了吕梁市党建主题公园、于成龙廉政文化教育基地、吕梁市政务大厅、离石区生态园社区等党建园地，切实学习吕梁市党风建设与基层治理先进经验；造访了吕梁市专家港、华为山西（吕梁）大数据中心、中铝产业园、方山县电子商务中心等人才中心和产业基地，亲身见证吕梁市在人才引进和经济建设领域取得的巨大成就；还游览了碛口古镇、庄上村、中国汾酒城、贾街等地方特色旅游景点，近距离感受吕梁市的文化底蕴与风土人情。访学结束后，"红色实践班"功能型团支部召开主题团日，参训成员结合学习材料回顾实践经历，各团小组开展组内讨论，并派出代表发言，畅谈实践收获，分享心得体会。

（四）常态做好技能训练：提升个人综合素质

面向低年级团学组织团学骨干，"先锋团校"开设"技能训练营"，培训包含媒体素养提升、公文写作训练、活动策划训练、组织能力提升等模块。

以 2023 年度为例，"先锋团校"开展公文写作专项技能训练营，课程内容分为常见公文的"学"与"写"、常见公文的格式规范与常见公文写作的实务训练，其中常见公文写作的实务训练分为活动策划案的写作标准及技巧、新闻报道的写作标准及技巧、制式文件的写作标准与技巧、讲话稿发言稿的写作标准及技巧和工作总结工作计划的写作标准及技巧五个板块；开设摄影能力提升技能训练营，设置手机摄影中的参数调整与拍照技巧、照片拍摄中的构图技巧、会议摄影和活动摄影中的注意事项与照片后期调整的基础（基于 Lightroom 软件）、数码相机的使用讲解四门理论课程，及校园照片摄影一门实践课程；开设 Photoshop 基础与海报制作技能训练营，设置 Photoshop 的基础知识与理论讲解、Photoshop 的基本操作与实践过程示范、海报制作的相关技巧培训三门课程，涉及软件的学习架构（软件基础、基本操作、人像、调色、特效、手绘六大专题）、常用的素材网站推荐、光与色、基本页面常用快捷键等内容。

高校学生"青年大学习"路径研究

陈莹蓝[*]

【摘 要】 文章梳理了"青年大学习"的背景、内涵和特点，归纳出高校"青年大学习"开展的工作方式，分析现状中存在的问题，并提出相应的建议，通过分析探索"青年大学习"的新路径，希望激发学生学习热情，提高参与度和积极性，助力学习成效再上新台阶。

【关键词】 青年大学习 高校学生 基层团组织 积极性 成效

党的十八大以来，习近平总书记围绕党的青年工作发表一系列重要论述，形成了习近平总书记关于青年工作的重要思想，深刻阐明了党的青年工作的地位作用、职责使命等重大课题，为做好新时代党的青年工作提供了根本遵循、指明了前进方向，指引党的青年工作取得重大成就、发生深刻变革。

习近平总书记强调，青年人有理想、敢担当、能吃苦、肯奋斗，中国青年才会有力量，党和国家事业发展才能充满希望。正确的理想、坚定的信念必须从青年抓起。新时代中国青年要有正确的理想和坚定的信念，要树立共产主义远大理想，坚定中国特色社会主义共同理想，坚定听党话、跟党走的政治信念，这就需要自觉加强理论学习，深刻理解和认真学习领会习近平新时代中国特色社会主义思想，让青春充满真理的力量，让真理在青春的奋斗中迸发出更为强劲的伟力。

---

[*] 中国政法大学学生工作部。

一、高校"青年大学习"的内涵和特点

"青年大学习"是由共青团中央发起，广大青年参与，为组织引导广大青年深入学习宣传贯彻习近平新时代中国特色社会主义思想和党的二十大精神持续引向深入组织的青年学习行动，是用习近平新时代中国特色社会主义思想武装青年的重要抓手，引导青年通过学习来提升自身理论水平和思维层次，在深入、持久的学习中，不断树立大理想、开阔大视野、明确大目标、形成大格局、富有大智慧。学习是广大青年托举梦想、成就理想的指明灯，是实现中华民族伟大复兴的奠基石。中国特色社会主义进入新时代，广大青年必须不断学习，只有不断学习，才能加深对党和时代的理解，才能跟上时代前进的脚步、增强本领，才能融入中华民族伟大复兴的伟业中。

对于共青团员来说，理论学习也是基本义务，"青年大学习"作为重要主题团课，是团组织"三会两制一课"的重要内容，其学习反馈能从一定程度上反映出团员先进性和团组织运行状况，进而推动团组织建设，规范团的组织生活，推进从严治团取得更高成效。"青年大学习"形式多样、方法灵活，并不断进行技术创新，为广大青年提供了一个绝佳的学习平台，为团员青年成长成才保驾护航。

"青年大学习"具有范围大、领域大、规模大、力度大、声势大、影响大等几个"大"特点，集中反映了其目的性和影响力，同时在当今互联网成为思政教育新的增长点的背景下，利用新媒体、移动网络客户端等可以随时随地方便快捷学习成了政治学习的新方式，符合当代青年群体具有个性化追求和创新精神探索精神的特点。[1]"青年大学习"也因此成为一种重要的学习方式，其资源的共享性、实时性、丰富性、开放性成了其在青年中的突出优势，成了青年参与政治学习的主渠道。"青年大学习"同时也实现了对习近平新时代中国特色社会主义思想从"转述"向"转化"的跃升，打通青年理论武装的"最后一公里"，通过不同形式以及身边的例子起到入耳入脑入心的效果，达到一种社会化全员覆盖的速度和普及度。

---

[1] 参见姚楚梅等：《高校学生"青年大学习"学习现状调研》，载《西部素质教育》2023年第17期。

二、高校"青年大学习"的工作方式

目前各高校在全体团员和基层团组织中开展"青年大学习",参与度较高,主要通过后台学习记录监督和定期收取学习记录截图的措施进行引导,通常动员和通知方式依赖从上到下三级联动机制,校团委主抓各学院分团委,各学院分团委主抓各基层团支部的工作模式,通常采取微信群提醒、微信公众号宣传、线下会议传达通知、精准一对一提醒等方式,激励奖励措施较少,对不积极的团员和团支部进行精准提示和督导的情况较多。从负面情况来看,在一定程度上赋予团支部书记更多工作任务,甚至将完成度作为团组织评奖评优和评比的基本条件,更多地在量化方面成效显著。〔1〕

三、高校"青年大学习"存在的问题

高校"青年大学习"参与广度和学习成效值得肯定,但也存在着些许问题,各个高校需要进行认真探索和思考,解决不管是学生、高校还是所处的主客观环境所存在的问题,提高高校学生学习的积极性和有效性,真正将学习落到实处。

(一)学习态度不积极主动

在主观学习态度方面,部分高校学生并非积极主动学习,主观意愿并不强烈,重视程度不高,热情不足,主动性相对较弱,学习进度缓慢,难以做到完全靠学生自觉去学习,势必会对学习效果产生一定的影响。学习态度较为积极的一般为党员或者学生骨干,主要也是受到身份加持的影响。互联网带来的大量的信息冲击和信息选择,网络媒介的频繁使用,部分高校学生没有真正明白开展"青年大学习"的意义和目的,没有强烈的学习愿望和动力去推动学习,容易变成被动地应付学校的要求,甚至存在逆反的心理,对"青年大学习"的知晓度低及认识不足,不了解"青年大学习"。部分高校对"青年大学习"的学习频率、学习内容等缺乏统一的要求,没有制度性的文件,也没有完整的检查和推进制度。

---

〔1〕参见甲干初:《青年网络政治学习效果研究——以"青年大学习"为例》,载《科教文汇》2023年第20期。

（二）参与度分化较大

本科生参与度和完成度较高，研究生相对较低较为困难；低年级完成度和覆盖度较高，高年级较低，研究生和高年级学生迫于学业和就业压力，课外学习和生活的时间较少，表现出应付性和疲态。成员较少的团支部比成员较多的团支部具有更高的学习覆盖率，基数小的组织在抓手上更实、更能做到精准化提醒；覆盖率较低的通常为临时团支部，即毕业后没有及时转出团关系还留在高校的学生组成的支部。同时非团员青年参与程度也较低，较少非团员青年能够长期稳定地参与学习。

（三）学习效果不佳

虽然高校在"青年大学习"量化上成效显著，但要带动质变还需要更多的引导措施，高校学生在积极程度、认真程度和知识掌握程度方面都存在一定的差异，与完成度不符。完成学习的同时，对思想觉悟的提高、了解国情社情民情的增加、自身学习能力的提升是否起到作用，值得探索。有的只需要登录或者打开后台几分钟就可以显示已学习，有的只需要基层团组织干部统一上传学习资料即可认定为团组织学习覆盖率100%，这样较为简单粗暴的学习记录方式和检查工作过于注重数据，流于表面，而忽略了真正的实效，导致量化比率和质化比率并不同步。

（四）开展氛围不浓

从客观环境分析来看，环境氛围也会影响学习的态度和成效，从整个高校到基层团组织到宿舍的学习氛围浓厚，也会带动学生向群体靠拢，认真积极学习，这也是从众心理。目前高校中"青年大学习"在普通学生中氛围不够浓厚，集中于团干部的工作任务中，存在着"他们都没有认真学，我也没必要认真学""他们这样学都能通过，我也这样"等心理。学校及学院各个层面宣传引导力度不够，缺乏全面及有效的宣传，各级团组织、团干部、团员青年对"青年大学习"的理解不到位、不全面。

（五）学习不及时、不全面

高校"青年大学习"需要及时传达、及时部署、及时完成，三级工作机制联动存在不及时、不通畅的现象，存在为了完成度突击完成的现象，实际上并没有得到完全覆盖，而是集中在几个主要团组织干部完成。

（六）学习形式和内容有待加强

"青年大学习"多采用短视频学习的形式，还有课程中"知识+考题"的模式，表现形式较为单一和枯燥，对于当前受到许多信息冲击的高校学生来说容易引起视觉疲劳，且学习内容泛化，针对性不高，应该通过更多形式或者内容满足学生的需求，激发兴趣，使学生能够在丰富的网络资源中主动选择。目前各个学校和学院也主要依赖于平台上的网上团课，导致学习渠道较为单一，对学生吸引力较弱，使学生容易产生厌倦、懈怠的心理。[1]

（七）基层团组织开展方式有待创新

目前"青年大学习"的学习方式主要以网上团课和各基层团支部组织的团日活动进行开展。该方式对高校学生的吸引力较差，从而在一定程度上影响了学习的效果。如何发挥基层团组织的活力和创造力，打造一些青年大学生喜闻乐见、生动活泼的学习方式，激发广大青年大学生的学习主动性和积极性是基层团支部亟须思考和解决的问题。

四、高校"青年大学习"提升的建议

（一）强化学习宣传，提高高校学生主动学习的意识

各个高校、学院、基层团组织各级通过宣传栏、海报栏、微信公众号、微信群、微博等各种宣传渠道和线上线下媒介，对"青年大学习"的内涵、意义、必要性等进行普及和宣传，让更多学生明确学习的意义，增强主动学习的积极性。同时各级基层团组织、年级辅导员、团支部书记日常通过团支部会、年级大会、班会、党组织会等方式以及在与学生的交流中让学生更加了解"青年大学习"，另外也可以通过班干部、党支部委员、宿舍长等多方面进行宣传，强化动员，避免完全依赖网络动员的形式，真正走到线下、走到身边，利用日常活动，打通青年政治学习的"最后一公里"，做到无死角、无遗漏，将宣传氛围覆盖整个学校，让学生积极主动学习常态化，真正化被动为主动，对"青年大学习"入耳入脑入心，形成共学、比学、促学的良好学习风尚，实现从"要我学"向"我要学"转变。

---

[1] 参见赵怡宁：《论高校"青年大学习"行动开展现状及学习效果提升路径》，载《公关世界》2021 年第 14 期。

(二)了解学生兴趣,创新开展丰富多样的学习形式和内容

从高校和学院的层面,可以通过不同的组织方式,来创新开展学习活动,学习形式可以丰富多样,既有集中宣讲、学习培训,又有调查研究、交流研讨;既有典型推选、示范引领,又有社会实践、创新创业。并且可以设置考题、竞赛等,提升学习的新鲜感和随机性,也可以设置区分度,增强大家的钻研和学习精神。同时可以将个人学习和集体学习相结合,二者双向督促。习近平总书记指出,伟大时代呼唤伟大精神,崇高事业需要榜样引领,榜样的力量卓然,可以充分利用榜样激励教育机制。[1]可以组织专家学者、青年典型和大学生榜样人物走进校园开展座谈交流,分享成长故事,发挥榜样的示范引领作用,能够更加吸引高校学生。组织校级团干部到基层团支部广泛开展小规模、互动式、有特色、接地气的宣讲交流。坚持典型引领、示范激励。同时针对开展比较好的学院和基层团组织,总结其经验做法,以供其他团组织学习借鉴,减少参与度和分化,树立"典型"。坚持党建带团建,积极与各级党组织联系,做深做实党团融合新模式,推动党建、团建阵地共建共用,稳步推进团建工作。

(三)活跃学习氛围,健全完善工作机制和体系

各高校、学院、基层团组织需要健全和完善工作机制,既需要循序渐进,又要抓紧学习实效,学习要及时且全面,尤其在重大时间节点。依托各个宣传渠道和新媒体渠道营造热烈的学习氛围、常态化的学习环境和可持续发展进步的空间,[2]形成学而有痕、学有所获、以课促学、学以致用的良好氛围。从制度保障、考评机制、奖惩制度、监督反馈等各方面建立完善的体系,使学习有制度可循,各个学院和组织也可以根据自身情况出台相应的学习和工作机制,规范学习要求,做到日常督学,以反馈促学习,以监督明要求,融入团员和党员培养体系中,将学习成效与集体荣誉、个人培养相结合,形成多方合力。以点带面,党员干部、青年团干做到及时学、带头学,增强身份意识和责任意识,带头学习的同时也做好业务指导。

---

[1] 参见李艺等:《榜样激励在高校思想政治教育中理论与实践研究》,载《天津大学学报(社会科学版)》2021年第6期。

[2] 参见姚楚梅等:《高校学生"青年大学习"学习现状调研》,载《西部素质教育》2023年第17期。

五、结语

"青年大学习"的开展对高校青年的成长尤其是理论学习具有重要的作用,各级应当压实工作责任,创新工作方式,强化宣传动员,应当通过更多青年喜闻乐见的方式进行引导,使该项行动能真正入脑入心、落实落地,真正提升学习质量和成效,坚持效果导向,用理论武装青年。持续将"青年大学习"网上团课作为学习贯彻习近平新时代中国特色社会主义思想的重要抓手与载体,充分发挥"青年大学习"这一平台的价值,使高校青年们可以深入了解中国特色社会主义事业的发展历程和基本理论,增强爱国主义情感和社会责任感,提高自身综合素质,为更好地投身中国特色社会主义事业做好准备。

参考文献

[1] 姚楚梅等:《高校学生"青年大学习"学习现状调研》,载《西部素质教育》2023年第17期。

[2] 甲干初:《青年网络政治学习效果研究——以"青年大学习"为例》,载《科教文汇》2023年第20期。

[3] 赵怡宁:《论高校"青年大学习"行动开展现状及学习效果提升路径》,载《公关世界》2021年第14期。

[4] 陈利明:《青年大学习:新时代组织青年、宣传青年的重要形式》,载《机关党建研究》2019年第5期。

[5] 王培莲:《长春:"青年大学习"入脑入心》,载《中国青年报》2019年6月4日,第7版。

[6] 李艺等:《榜样激励在高校思想政治教育中理论与实践研究》,载《天津大学学报(社会科学版)》2021年第6期。

中国政法大学青年政治骨干培养研究

付睿智* 李泽坤**

【摘　要】 青年政治骨干与青年马克思主义者在核心概念内涵上具有高度一致性，青年群体中的政治骨干就是青年马克思主义者。培养青年政治骨干具有深厚扎实的理论支撑，推动中国政法大学青年政治骨干培养工作长效开展，需要在明确培养本质内涵的基础上，分析当前培养现状，积极建构未来发展路径。

【关键词】 青年　政治骨干　马克思主义者

引　言

党的十八大以来，以习近平同志为核心的党中央高度重视、亲切关怀青年一代，全方位加强党对青年工作的领导，推动新时代青年工作取得历史性成就、发生历史性变革。"未来属于青年，希望寄予青年"[1]，"新时代中国青年要树立对马克思主义的信仰、对中国特色社会主义的信念、对中华民族伟大复兴中国梦的信心"[2]，"坚定听党话、跟党走的政治信念，在强国建

---

* 中国政法大学校团委。
** 中国政法大学国际法学院。
〔1〕 习近平：《在庆祝中国共产党成立100周年大会上的讲话》，载《人民日报》2021年7月2日，第2版。
〔2〕 习近平：《在纪念五四运动100周年大会上的讲话》，载《人民日报》2019年5月1日，第2版。

设、民族复兴的历史潮流中确立正确的人生目标"[1]。习近平总书记关于青年工作的重要思想，为培养青年政治骨干指明了前进方向、提供了根本遵循、确立了行动指南。特别是党的二十大报告中明确提出，"把青年工作作为战略性工作来抓，用党的科学理论武装青年，用党的初心使命感召青年"[2]，深刻划定了青年政治骨干培养的目标意涵和战略部署，引领着新的历史方位下青年培养工作有序展开。面向未来，"新征程是充满光荣和梦想的远征"[3]，中国政法大学青年政治骨干培养任重道远、意义重大，需要在深入研究和探索中对如何提高培养实效做出回答。

一、中国政法大学青年政治骨干培养的基本问题

培养青年政治骨干在党的青年工作中占据着基础性和战略性地位，并在长期实践过程中逐渐升华为党的执政智慧。青年政治骨干的培养造就，不仅促进了广大青年的全面成长成才，更确保了红色江山后继有人、代代相传。立足新时代历史方位，继续提升青年政治骨干培养的质量和效果，必须厘清青年政治骨干的概念、理论溯源和本质内涵等基本问题。

（一）青年政治骨干的概念

2020年6月2日，共青团中央、教育部、民政部、农业农村部、国务院国资委印发《关于深入实施青年马克思主义者培养工程的意见》，对新时代深入实施青年马克思主义者培养工程（以下简称"青马工程"）作出全面部署。其中，明确强调实施"青马工程"培养体系的主要目标为"在各行业各领域切实为党培养和输送一批具有忠诚的政治品格，浓厚的家国情怀，扎实的理论功底，突出的能力素质，忠恕任事、人品服众的青年政治骨干"。由此可见，青年政治骨干与青年马克思主义者在核心概念内涵上具有高度一致性，青年群体中的政治骨干就是青年马克思主义者，即真学、真懂、真信、真用

---

[1] 鞠鹏：《习近平在同团中央新一届领导班子成员集体谈话时强调切实肩负起新时代新征程党赋予的使命任务 充分激发广大青年在中国式现代化建设中挺膺担当》，载《人民日报》2023年6月27日，第1版。

[2] 习近平：《高举中国特色社会主义伟大旗帜 为全面建设社会主义现代化国家而团结奋斗——在中国共产党第二十次全国代表大会上的报告》，载《人民日报》2022年10月26日，第1版。

[3] 习近平：《在二十届中央政治局常委同中外记者见面时的讲话》，载《求是》2022年第22期。

马克思主义的青年人才。

从精神内涵来看,青年政治骨干崇尚信仰,将马克思主义作为人生信条;崇尚奉献,传承和弘扬民族精神;崇尚实干,投身社会主义现代化火热实践。从思想品质来看,青年政治骨干坚持真理,具有高尚的理性和价值追求;追求卓越,敢于走在时代前列;实现大我,关注全人类整体利益。从行为特点来看,青年政治骨干勇于担当,以实现中华民族伟大复兴为己任;善于学习,钻研体悟马克思主义中国化时代化最新成果;敢于斗争,在反对外部势力压迫中自觉维护社会主义制度。

(二) 高校青年政治骨干培养的理论溯源

1. 马克思的青年培养理论

早在1866年,马克思就强调,最先进的工人完全了解,他们阶级的未来,从而也是人类的未来,完全取决于正在成长的工人一代的教育。[1]他认为,无产阶级政党要充分认识到青年培养同时代发展具有紧密关系,将青年力量集合于自身事业建设,把青年组织建设成党的后备人才基地,从而更好地引导青年改造现实世界。

2. 中国共产党执政基础理论

党的十八大以来,习近平总书记强调要发挥党的优良传统,一如既往地重视青年与青年工作。"共青团要把加强对广大团员和青年的政治引领摆在首位"[2],"紧扣服务青年的工作生命线,履行巩固和扩大党执政的青年群众基础这一政治责任"[3]。这些重要论述强调了青年是我们党执政的重要基础,对青年政治骨干的培养是保持党的执政思想先进性、提高党的执政能力的关键举措之一。

3. 高校思想政治教育根本任务理论

帮助青年树立正确的世界观、人生观和价值观是思想政治教育的根本目的,"高校思想政治工作关系高校培养什么样的人、如何培养人以及为谁培养

---

[1] 参见《马克思恩格斯全集》(第16卷),人民出版社2010年版,第217页。

[2] 鞠鹏:《习近平在同团中央新一届领导班子成员集体谈话时强调切实肩负起新时代新征程党赋予的使命任务 充分激发广大青年在中国式现代化建设中挺膺担当》,载《人民日报》2023年6月27日,第1版。

[3] 习近平:《在庆祝中国共产主义青年团成立100周年大会上的讲话》,载《人民日报》2022年5月11日,第2版。

人这个根本问题"[1]。面对纷繁复杂的社会思潮，用党的创新理论和伟大成就教育引导青年坚定正确的政治信念、保持正确的政治站位，是高校思政工作的必然追求。

（三）中国政法大学青年政治骨干培养的本质内涵

1. 核心目标：社会主义建设者和接班人

培养德智体美劳全面发展的社会主义建设者和接班人是习近平总书记在党的二十大报告中做出的战略部署，也是对团中央新一届领导班子成员的工作要求。中国政法大学必须把培养社会主义建设者和接班人作为青年政治骨干培养的核心目标，培养一代又一代坚定信仰马克思主义、忠诚拥护中国共产党领导和中国特色社会主义制度，并矢志为中华民族伟大复兴不懈奋斗的优秀人才。

2. 鲜明特点：德法兼修、明法笃行

2017年5月，习近平总书记在中国政法大学考察时强调，坚持以马克思主义法学思想和中国特色社会主义法治理论为指导，立德树人，德法兼修，培养大批高素质法治人才。[2]中国政法大学青年政治骨干应当坚持德法兼修、明法笃行，具有坚定理想信念、强烈家国情怀、高尚道德情操、扎实理论功底和卓越实践能力，在法治中国建设中绽放青春光芒。

3. 素质底色：有理想、敢担当、能吃苦、肯奋斗

"广大青年要坚定不移听党话、跟党走，怀抱梦想又脚踏实地，敢想敢为又善作善成，立志做有理想、敢担当、能吃苦、肯奋斗的新时代好青年。"[3]习近平总书记的殷切教诲为当代青年描绘出了青春底色，激励着中国政法大学青年政治骨干用脚步丈量祖国大地，用真情感应时代脉搏，继续创造无愧于时代、无愧于人民、无愧于历史的青春业绩。

---

[1] 张烁、鞠鹏：《习近平在全国高校思想政治工作会议上强调把思想政治工作贯穿教育教学全过程 开创我国高等教育事业发展新局面》，载《人民日报》2016年12月9日，第1版。

[2] 参见王晔、李学仁：《习近平在中国政法大学考察时强调立德树人德法兼修抓好法治人才培养 励志勤学刻苦磨炼促进青年成长进步》，载《人民日报》2017年5月4日，第1版。

[3] 习近平：《高举中国特色社会主义伟大旗帜 为全面建设社会主义现代化国家而团结奋斗——在中国共产党第二十次全国代表大会上的报告》，载《人民日报》2022年10月26日，第1版。

二、中国政法大学青年政治骨干培养的现实要求

培养青年政治骨干是一项具有历史性、长期性和根本性的重要战略工程。西方哲学家恩斯特·卡西尔在《人论》开篇中就指出，认识自我乃是哲学探究的最高目标——这看来是众所公认的。即使连最极端的怀疑论思想家也不否认认识自我的可能性和必要性。[1]同样，中国政法大学青年政治骨干培养也需要对自身现状进行分析。

（一）中国政法大学青年政治骨干培养的基本现状

1. 培养规模持续扩大

共青团中国政法大学委员会多年来持续加强培养力度，正努力将青年政治骨干培养覆盖到全体在校青年学生。在原有以学生干部为主要培养对象的基础上，将培养范畴逐步扩大到在志愿服务、社会实践、学科竞赛等方面取得突出成就的学生。同时，指导院级团组织、各级学生组织加强组织建设，架构具有自身特色的人才培养体系，将更多的普通大学生纳入了青年政治骨干的培养范围。

2. 培养内容丰富发展

一是更加注重哲学社会科学的整体教育，在开展马克思主义理论教育的同时，将党史革命史、形势政策分析、法律知识普及等纳入培养内容。二是更加注重综合素质的提升，将思想道德提升作为首要要求，开拓科学、人文、艺术领域内容，激发想象力与创造力。三是强化实践锻炼、对外交流及课题研究，鼓励青年政治骨干将理论知识内化于心、外化于行，在社会大课堂中增强适应力和责任感。

3. 培养形式趋向优化

一方面，发挥思想政治教育学科优势，加强"两课"教学主渠道建设，开展先锋团校、主题团日等学习实践活动；另一方面，依托"中国政法大学'1502'新时代青年知行社""新时代理论研习社"等思想政治类学生社团，组织学生进行常态化朋辈式学习交流。同时，通过开展青年五四奖章、优秀共青团干部、优秀共青团员等评选活动扩大青年政治骨干培养的辐射范围。

---

[1] 参见［德］恩斯特·卡西尔：《人论》，甘阳译，上海译文出版社1985年版，第3页。

(二) 中国政法大学青年政治骨干培养的典型实践

1998年，中国政法大学积极响应团中央、教育部号召，组建成立了中国政法大学研究生支教团（以下简称"法大研支团"）。由最初的4人成团至现在每届25人，先后共有340名法大青年秉承"厚德、明法、格物、致公"的校训，笃信"用一年不长的时间，做一件终生难忘的事"，奔赴祖国各地展开支教服务。近年来，法大研支团积极落实共青团中央工作要求，自第24届起将全体成员纳入"青马工程"培养体系，探索打造出"培德计划"育人体系，搭建起"在校培养—实践锻炼—后续追踪"的三阶段贯通式培养模式，成为中国政法大学青年政治骨干培养的典型代表。

在校培养阶段，通过理论学习、仪式教育、实习见习等多种方式，将思想政治教育和专业能力提高相结合，引导研支团成员"矢志不渝，用一生来践行跟党走的理想追求"[1]，全方面、多维度提高研支团成员的理论素养和实践本领。实践锻炼阶段，研支团成员奔赴祖国和人民需要的地方，围绕第一课堂教育教学和第二课堂素质拓展，开展"明法计划""'法大班'励志助力计划"等品牌服务项目，在投身基础教育、法治建设和乡村振兴的过程中放飞青春理想、书写奋斗答卷。值得一提的是，法大研支团坚持发挥自身优势，积极通过开展思政宣讲、担任少先队校外辅导员等多种方式参与服务地青少年教育，为党团队育人链条相衔接贯通提供了"法大研支团做法"。后续追踪阶段，法大研支团以内部"结对"帮扶方式实现了新老成员的双向奔赴、共同成长，同时鼓励成员返校后积极担任团学骨干、开展课题研究、参加社会实践，切实发挥青年政治骨干的积极引领和示范带动作用。

(三) 中国政法大学青年政治骨干培养的主要问题

1. 对青年教师与普通学生关注较少，培养范围尚不广泛

在新时代背景下，面对青年群体在思想层面的新特点新问题，实现有效覆盖成为提升青年政治骨干培养工作实效性的关键所在。然而，目前我们对青年教师与普通学生的关注度仍有待提升，培养工作覆盖群体和数量仍过于局限，青年政治骨干培养在广大师生群体中的重视度和影响力亟须增强。

---

[1] 参见王晔、李学仁：《习近平在中国政法大学考察时强调立德树人德法兼修抓好法治人才培养 励志勤学刻苦磨炼促进青年成长进步》，载《人民日报》2017年5月4日，第1版。

2. 对青年个性发展关注较少，培养措施尚不多元

"青年是社会上最富活力、最具创造性的群体"[1]，需要从每位青年的性格等实际出发，"量体裁衣"式制订更为丰富的培养举措。在当前青年政治骨干培养上，仍然以"漫灌式讲述"为主要手段，过分强调青年的纪律性和服从性，忽视了青年的自由发展和个性追求。

3. 对青年后续发展关注较少，培养体系尚不健全

青年政治骨干的培养是一个长期的过程，应当在集体培养结束后设置跟踪培养期，保持与学员的常态化联系，随时关注学员后续成长发展情况并提供必要支持帮助。积极地完善跟踪调查和后续反馈举措，对进一步提升青年政治骨干的培养效果大有裨益。

三、中国政法大学青年政治骨干的未来发展

2020年6月2日，共青团中央、教育部等五部委联合印发《关于深入实施青年马克思主义者培养工程的意见》，在一定程度上标志着"青马工程"进入新阶段，也意味着高校青年政治骨干培养需要立足新的发展阶段，分析宝贵机遇、确定培养原则、积极实践探索。

（一）中国政法大学青年政治骨干培养的宝贵机遇

1. 历史性机遇：中国特色社会主义进入新时代

中国特色社会主义进入新时代，标志着中华民族已经从站起来、富起来走向强起来的新征程，这为青年发展拓宽了平台，也要求青年政治骨干应当培养大格局意识，站在世界社会主义运动全局锚定自己的历史使命，推动科学社会主义理论逐步成为现实。

2. 实践性机遇：以中国式现代化全面推进民族复兴

在新中国成立以来的长期探索和实践基础上，我们党坚持理论创新和实践创新，成功开创了中国式现代化道路，创造了人类文明新形态。中国式现代化的火热实践为广大青年政治骨干提供了无比丰富的学习案例，更搭建了实现梦想、人生出彩的广阔舞台。

---

[1] 习近平：《在同各界优秀青年代表座谈时的讲话》，载《人民日报》2013年5月5日，第2版。

3. 开放性机遇：构建人类命运共同体

2017年习近平总书记在联合国总部发表了《共同构建人类命运共同体》主题演讲，对形成多边的世界格局、解决全球发展问题提供了借鉴，使得新时代中国青年能够更加以开放自信的精神风貌融入世界，与世界各国青年携手创造人类美好的未来。

（二）中国政法大学青年政治骨干培养的重要原则

1. 坚持以马克思主义为培养工作的核心内容

"为实现中华民族伟大复兴的中国梦而不懈奋斗，是中国青年运动的时代主题。"[1]在确定青年政治骨干的培养内容时，必须牢牢把握育人的基本导向，坚持以马克思主义信仰为核心内容，深刻学习马克思主义中国化时代化的理论创新、实践创新和制度创新，形成个性化解读、丰富青年化阐释。

2. 坚持以多元形式为培养工作的实现路径

在广大团员和青年群体中开展主题教育，需要加强理论学习、组织交流研讨、开展实践体验、激发建功立业。[2]这就要求青年政治骨干的培养要在思想政治理论学习的基础上，开展内容丰富、形式多样的培养课程，创新运用新媒体技术，强调多学科交叉融合，提高培养路径与青年需求的契合度和关联度。

3. 坚持以实效质量为培养工作的最终导向

坚持实效质量是在根本上解答"培养什么样的人、如何培养人以及为谁培养人"。青年政治骨干的培养效果要努力实现"知识传授、情感升华、意志巩固和道德实践的统一"[3]，引导广大青年将个人志向同中国式现代化的时代浪潮相结合，为实现第二个百年奋斗目标、实现中华民族伟大复兴的中国梦贡献青春力量。

---

[1] 习近平：《在同各界优秀青年代表座谈时的讲话》，载CPC. People. com. cn/n/2013/0505/c64094-21367227.html，最后访问日期：2023年5月5日。

[2] 参见《关于面向广大团员和青年开展学习贯彻习近平新时代中国特色社会主义思想主题教育的通知》（中青发〔2023〕15号），2023年9月12日发布并施行。

[3] 参见邱吉、孙树平：《理想信念内化的理论与实践创新》，载《教学与研究》2007年第7期。

(三) 中国政法大学青年政治骨干培养的实现路径

1. 发挥思想政治理论课的主渠道作用

高校培养青年政治骨干的平台众多，既有传统媒体和新兴媒体，也有党团课程和社会活动。这些平台对于青年马克思主义者的培养发挥了重要作用，但作为经常性、稳定性和系统性的培养平台来说，高校思想政治理论课的作用是不可替代的，是青年政治骨干培养的主渠道。然而，目前思政课的供给难以满足青年群体的需求，应当聚焦问题、锐意进取，持续推动思政课教育改革，努力将思政课打造成大学生青年"真心喜爱、终身受益、毕生难忘"的优秀课程。

2. 构建青年群体实践教育体系

高校青年政治骨干培养，不仅是让青年师生接受理论学习，提升自身理论素养和综合素养，更是要让他们从中掌握正确的世界观和方法论，提高他们分析问题和解决问题的能力，从而更好地运用到社会实践中去。在未来的培养工作中，需要构建完善的实践教育体系，进一步突出学校特色、拓宽实践渠道，加强组织协调、完善激励机制，有机整合资源、长效开展实践，最终实现引导青年政治骨干在实践中检验、巩固和升华所学理论知识的培养目标。

3. 构建青年政治骨干培养的话语体系

青年政治骨干培养话语体系的建构，灵魂是马克思主义对人生意义、人生价值和人类社会命运前途的深刻思考，基础是中国特色社会主义丰富、具体而鲜活的伟大实践。[1]构建青年政治骨干培养的话语体系最为关键和重要的便是要适应青年文化的特点，将高尚的人生志趣、深沉的家国情怀通过简约时尚、灵动明快、亲切谦和的语言表达出来。这就要求深入青年、深入实践，想青年之所想，急青年之所急，从而讲出贴近青年、青春朝气、感人至深的话语。

结　语

伟大时代召唤青年，辉煌事业期待青年。回首过往，在马克思主义及马克思主义中国化时代化理论成果指引下，一批又一批青年政治骨干在实践中

---

〔1〕参见倪邦文：《新时代青年马克思主义者培养论纲》，中国青年出版社2020年版，第236页。

成长起来，投身于中国共产党领导的中国青年运动，为实现共产主义远大理想和中国特色社会主义共同理想不懈奋斗。展望未来，广大青年要深入学习习近平总书记关于青年工作的重要论述，不断充实自己、完善自己、提高自己，切实担负起党和人民赋予的历史重任，在以中国式现代化全面推进中华民族伟大复兴的火热实践中坚定信仰、锐意进取、矢志奉献，努力成长为青年政治骨干，书写无愧于时代的壮丽篇章！

参考文献

［1］习近平：《论党的青年工作》，中央文献出版社2022年版。

［2］倪邦文：《新时代青年马克思主义者培养论纲》，中国青年出版社2020年版。

［3］王宝鑫：《青年马克思主义者培养路径研究》，中国社会科学出版社2019年版。

［4］惠成刚、徐川：《身份、主体、使命：青年马克思主义者培养的三重意识》，载《沈阳工程学院学报（社会科学版）》2023年第4期。

［5］马振清：《中国化时代化马克思主义青年观探析》，载《新疆师范大学学报（哲学社会科学版）》2023年第3期。

［6］杜玉华：《中国青年发展与新时代青年马克思主义者培养的再出发》，载《中国青年研究》2020年第9期。

［7］张红霞、孙振：《新时代青年马克思主义者培养的价值目标及实现路径》，载《思想政治教育研究》2020年第1期。

［8］倪邦文：《新时代青年马克思主义者培养研究》，载《中国青年研究》2018年第12期。

高校学生党员先锋模范作用评估指标的构建

吴晓涵 *

【摘　要】 为探索高校学生党员先锋模范作用发挥现状，促进高校学生党员全面发展，从思想政治素质、学习工作情况和身心健康水平角度出发，构建高校学生党员先锋模范作用评估指标。

【关键词】 高校党建　学生党员　党员先锋模范作用　评估指标

一、问题的提出

党员先锋模范作用，是指在日常生活、学习和社会实践中，党员通过自身的思想觉悟和积极行动，为周围人群树立榜样和表率。对于高校大学生党员而言，发挥先锋模范作用主要体现在他们的入党动机、思想状态、学习状况、服务意识等方面。[1]学生党员是高校中有共产主义信仰的佼佼者，他们在思想、行动等多方面的表现都会直接或间接地影响着身边的同学，因此，促进高校学生党员先锋模范作用的发挥具有重要的意义。

目前，许多高校存在过于关注党员转正前的教育发展而忽视学生正式成为党员之后的持续培训与监管评价的问题，也就是说，在高校党员发展过程中，更注重对学生入党前的培育、教导及考察，却在某种程度上忽视了转正之后的继续教育和监督管理工作。高校学生党员先锋模范作用的发挥既是高

---

* 中国政法大学社会学院。
[1] 参见李娅、韩长志：《大学生党员先锋模范作用评价体系研究综述》，载《重庆科技学院学报（社会科学版）》2013年第5期。

校党组织建设的基石，同时也是推动学生党员教育工作高质量发展攻坚的关键因素。综合多项相关研究发现，现有的学生党员评估指标普遍缺少身心健康维度的考量，本文在遵循高校学生成长成才的规律基础上，以促进高校学生党员全面发展为目标，尝试构建更加全面的学生党员先锋模范作用评估指标，形成一套行之有效的学生党员先锋模范作用发挥评价体系。

二、高校学生党员先锋模范作用评估指标的构建

由于党员身具双重特质，一方面是其作为党员的政治身份，另一方面是其事业领域的专业身份[1]，且大学生的身体素质及活动能力日益明显呈现下降趋势[2]，心理健康状况也不容乐观[3]，因此在划分高校学生党员先锋模范作用评估指标的维度时，本文从思想政治素质、学习工作情况和身心健康水平三个方面着手。

（一）思想政治素质

习近平总书记在2016年全国高校思想政治工作会议上指出，要不断提高学生思想水平、政治觉悟、道德品质、文化素养，[4]因此，高校学生党员的思想政治素质可以从思想水平、政治觉悟、道德品质、文化素养这四个二级维度进行评估，致力于促使学生党员成长为具备优秀思想政治素质、全方面发展的人才。

1. 思想水平

习近平总书记指出，青年时代树立正确的理想、坚定的信念十分紧要，[5]据此，理想信念可以作为思想水平的一个二级维度。此外，高校学生党员的

---

[1] 参见吴东姣等：《高校教师党员质量评价指标体系构建与实证研究》，载《黑龙江教育（高教研究与评估）》2023年第4期。

[2] 参见王凯：《校园足球提升大学生身心健康水平的途径研究》，载《农家参谋》2018年第22期。

[3] 参见陈勇钢、秦娟华：《基于文献计量学的大学生心理健康研究现状》，载《中国学校卫生》2016年第9期。

[4] 参见《习近平在全国高校思想政治工作会议上强调：把思想政治工作贯穿教育教学全过程 开创我国高等教育事业发展新局面》，载 http://dangjian.people.com.cn/n1/2016/1209/c117092-28936962.html?ivk_sa=1025883i，最后访问日期：2024年2月23日。

[5] 参见《让青春在奉献中焕发绚丽光彩——习近平总书记关于青年工作重要论述综述》，载 https://www.gov.cn/xinwen/2021-05/03/content_5604566.htm?eqid=cb0b3edb00026df400000006645da5ec，最后访问日期：2024年2月23日。

价值观塑造深刻影响未来社会的价值导向，鉴于其正处于价值观形成与确立的关键时期，这一阶段的价值观养成也至关重要，因此，思想水平的考察也需包含价值取向，即践行和传播社会主义核心价值观，树立群众观念和为人民服务的思想意识。

此外，学校和院系定期组织的入党积极分子、发展对象、预备党员培训考核成绩及后续的党史知识竞赛成绩、理论学习成果等理论武装情况也可以作为高校学生党员思想水平的二级维度参考要素。

2. 政治觉悟

政治觉悟包括政治信仰、政治敏锐性和政治鉴别力。[1]结合习近平总书记在"不忘初心、牢记使命"主题教育工作会议上的重要讲话精神，共产党员的初心是通过不断学习、不断实践，经过长时间艰苦的量变修养获得和保持的，因此要加强思想政治熏陶，引导学生党员坚马克思主义信仰，始终忠诚于党和人民。提升政治敏锐性和政治鉴别力，则需要学生党员在面对复杂多变的政治形势时，能够透过现象看本质，做到眼睛亮、见事早、行动快，提升预见性和反应迅速性。

3. 道德品质

习近平总书记在2018年的全国教育大会上指出，加强品德教育，既有个人品德，也有社会公德、热爱祖国和人民的大德，[2]并明晰了新时代高校学生明大德、守公德、严私德的要求。在考察高校学生党员的道德品质时，也应以此为基础，注重考察其个人品德、社会公德和家国大德。

4. 文化素养

根据习近平总书记在北京文化传承发展座谈会上的讲话，要在新时代的征程上，肩负新的文化使命，坚定文化自信，创造新时代的新文化，因此，担当文化使命、坚定文化自信，是评估新时代高校学生党员文化素养的重要维度。

（二）学习工作情况

高校学生党员的学习工作情况主要包括自觉遵纪守法、优秀的学习成绩、

---

[1] 参见简福平、谭寒月：《高校思政工作的四项重任》，载《光明日报》2017年11月14日，第13版。

[2] 参见《习近平出席全国教育大会并发表重要讲话》，载 https：//www.gov.cn/xinwen/2018-09/10/content_ 5320835.htm，最后访问日期：2024年2月24日。

积极参与学生工作和志愿活动等,并获得相关的荣誉。

1. 遵纪守法

作为党员,遵守党的纪律是必然的责任,遵守国家法律是必要的规范,作为学生党员,遵守校纪校规也是必需的要求[1],因此,高校学生党员应自觉遵守和维护党纪国法,包括社会、学校和学术中的相关规则与制度。

2. 学习情况

由于高校中存在部分学生党员发展成为预备党员后,对自己的专业热情减退,学习不够刻苦,学业学习自我要求降低,学习成绩下降的问题,[2]并没有起到学生党员应有的先锋模范作用,因此在考察高校学生党员的学习情况时,应着重考察其学习态度、学习成绩和学业上的相关荣誉,如课程的出勤状况、听课状态、作业完成情况、成绩排名、文章发表和学业获奖情况等。

3. 学生工作

党支部的组织生活是加强学生党建工作的有力平台,它构成了对学生党员进行教育、管理和监督的基石。[3]然而,目前的组织生活面临一些问题,比如部分学生党员对于参加党组织生活的热情不足,执行组织生活制度不严,参与度不高,主动性不强。因此,高校学生党员的学生工作考察应以支部工作为基础,全面考察其支部活动、学校、班团工作的积极性、参与度及相关工作中所获荣誉。

4. 生活表现

高校学生党员在学习和工作之余,日常生活表现也是其发挥党员先锋模范作用的重要体现,如具备昂扬向上的精神风貌、积极参与志愿活动,并在日常生活中具备一定的群众基础。学生党员在日常生活中应牢固树立服务意识,密切联系师生群众,积极为群众服务,其中班主任、辅导员、班团干部、党员群众等对学生党员的评价尤为重要。

---

[1] 参见张南生:《创先争优 大力构建"五带头"的大学生党员模范作用评估机制》,载《怀化学院学报》2011年第9期。

[2] 参见王本成:《构建高校学生党员先进性建设量化考核体系研究》,载《学校党建与思想教育》2018年第12期。

[3] 参见蔡娜等:《提升高等医学院校学生党支部组织生活实效性的研究》,载《青年与社会(下)》2014年第9期。

(三) 身心健康水平

高校学生党员的身心健康水平主要包括体质健康及心理健康，如良好的身体素质、一定的体育活动、健康的心理状态以及一定的心理能力。

1. 体质健康

高校学生党员要发挥多方面的先锋模范作用，其身体状况是必须关注和提升的。根据《国家学生体质健康标准》，身体形态、身体机能、身体素质构成了高校学生体质健康水平的评定指标，可以作为本文中高校学生党员身体状况的评估指标。由于体质是机体多种能力的综合表现，尤以运动能力表现最为突出，[1]因此运动能力也应作为高校学生党员体质健康的重要评价标准。此外，目前高校学生在生活上的一些不良习惯导致体质健康水平的下降，因此生活方式也应作为一项重要的评估指标。

2. 心理健康

《2023年度中国精神心理健康》蓝皮书显示，随着我国的社会转型，生活和工作的节奏都在不断加快，社会竞争也在急速加剧，导致国民心理压力大幅增加，心理健康问题凸显，其中，学生群体的心理健康问题也日益突出。心理状态和心理能力是评价心理健康的重要标准，高校学生党员应保持良好稳定的心理状态，并具备对新环境的适应能力、压力应对能力、人际交往能力等心理能力。

(四) 高校学生党员先锋模范作用评估指标

综上所述，高校学生党员先锋模范作用评估指标由思想政治素质、学习工作情况和身心健康水平3个一级维度、10个二级维度及31个指标构成，具体内容如表1所示。

---

[1] 参见朱赛等：《高职学生体质健康有效监测与干预对策研究》，载《运动精品》2023年第2期。

表 1　高校学生党员先锋模范作用评估指标

一级维度	二级维度	指标	具体内容
思想政治素质	思想水平	理想信念	树立正确的理想、坚定的信念
		价值取向	践行和传播社会主义核心价值观，树立群众观念和为人民服务的思想意识
		理论武装	培训考核成绩及后续的党史知识竞赛成绩、理论学习成果等
	政治觉悟	政治信仰	坚定信仰马克思主义，坚定中国特色社会主义信念，积极传承红色革命精神与优良传统
		政治敏锐性	准确把握政治因素，具备透过表面现象洞察事物本质的能力，保持敏锐的洞察力，及早预见事态发展，并迅速采取行动
		政治鉴别力	提升在大是大非问题面前的识别力，特别是互联网上的政治论调和信息舆论。面对错综复杂、变幻莫测的全球大势，保持清醒的头脑，不人云亦云、盲目跟风
	道德品质	个人品德	注重个人德行，锤炼意志品质，立足于新时代中国特色社会主义的伟大实践，将个人的不懈奋斗融入中国人民和中华民族的价值体认和价值追求之中
		社会公德	承担社会责任，树立担当意识
		家国大德	厚植家国情怀、民族情怀、人民情怀，具备爱国情怀，立志报效祖国，服务人民
	文化素养	文化使命	积极参与文化实践，勇做推动新时代文化创新发展的生力军，积极参与校园文明创建、社会文化实践
		文化自信	深入理解和学习中华优秀传统文化、革命文化、社会主义先进文化，坚定文化自信

续表

一级维度	二级维度	指标	具体内容
学习工作情况	遵纪守法	党纪国法	自觉遵守和维护党的纪律、国家法律
		学校制度	自觉遵守学校的各项规章制度,并积极配合学校的管理工作
		学术规范	遵守学术活动中的相关规范,积极践行优良学风和文明考风
	学习情况	学习态度	学习态度端正,上课时认真听讲、积极发言、不玩手机,课后认真完成作业
		学习成绩	学习成绩优秀,在专业必修课和选修课中取得优异成绩
		学业荣誉	公开发表论文、考取技能证书、学习获奖或获得奖学金等
	学生工作	支部活动	积极参与支部活动,主动投身支部建设
		学校工作	在学校和学院的部门或社团担任职务,保质保量完成学校和学院交给的任务,履职尽责
		班团工作	在班团工作中担任职务,认真负责,配合老师完成各项任务,具有较高的奉献精神
		活动荣誉	因担任学生干部或者参加各项学生活动而取得的荣誉
	生活表现	精神风貌	具备积极进取、文明有礼、严于律己、尊师重道等美德与品质
		志愿服务	带头参与志愿服务,充分弘扬奉献、友爱、互助、进步的志愿精神
		群众基础	密切联系和服务师生群众,获得来自师生群众的广泛好评

续表

一级维度	二级维度	指标	具体内容
身心健康水平	体质健康	身体状况	由身体形态、身体机能、身体素质组成，如由身高和体重计算出的BMI值水平、肺活量水平和50米跑、坐位体前屈水平等
		运动能力	掌握某项体育运动的技能，并能够长期坚持进行此项运动，在运动中表现出力量、速度、耐力、柔韧性和灵敏性等能力
		生活方式	保持合理的生活方式，有合理的锻炼计划，保证睡眠时间、规律作息、合理膳食，避免沉溺网络、久坐不动、节食熬夜等
	心理健康	心理状态	保持稳定的、良好的、健康的心理状态，如乐观情绪，并通过每学期心理健康测试
		环境适应	适应校园集体生活，适应自身在不同环境中的角色定位
		压力应对	掌握适合自己的压力应对方法，具备一定的压力应对能力
		人际交往	妥善处理与老师和同学的关系，建立良好的人际关系，具备良好的沟通协调和团队合作能力

三、结论与展望

学生党员是高校学生群体中的中坚力量，其队伍建设是高校党建工作的基石。在新时代背景下，构建高校学生党员先锋模范作用发挥评估指标，对于做好学生党员发展和教育管理服务工作，提升学生党员队伍的整体素质，培养一批合格的社会主义事业建设者和接班人，具有重大而深远的意义。

但本文构建的高校学生党员先锋模范作用评估指标仍需进行测量题目的编制，并进行信度和效度的检验以及各维度权重的确定，需在后续研究中进行因子分析和权重计算。根据完善之后形成的《高校学生党员先锋模范作用评估指标》，高校可定期开展问卷调查，对学生党员先锋模范作用的发挥进行测量，根据测量结果评估学生党员发挥先锋模范作用的现状，了解学生党员当前的优势与不足，及时发现薄弱环节，以实证研究结果指导后续党建工作的侧重部署，进行相关维度和具体内容的保持和针对性提升。

新时代高校学生会改革路径探析
——以 Z 大学为例

张宇飞　孙宏毅[*]

【摘　要】高校学生会是党领导下的青年群团组织，学生会工作是党的青年工作的重要组成部分。自 2017 年始，一系列学联学生会改革文件的出台，为新时代学生会深化改革指明了方向。与此同时，时代发展、信息更迭、学生特质等因素的变化也产生了学生会改革的外在和内生动力。改革的进程中，必然会遇到困境与困惑，需要认真研究和思考，以探索新时代学生会改革的实践路径。笔者以 Z 大学为例，在学联学生会改革背景之下，探析 Z 大学校学生会（以下简称"Z 校学生会"）改革的内生动力，并分析 Z 校学生会改革中面临的困境，结合学校实际情况，提出改革路径，以期为新时代学生会深化改革有所贡献。

【关键词】高校学生会　深化改革　学生骨干

高校学生会作为党领导、共青团直接指导的学生组织，是学校联系广大青年学子的桥梁和纽带，在高校落实立德树人根本任务，培养德智体美劳全面发展的新时代青年中具有不可或缺的作用。学生会深化改革的序幕已经拉开，并将持续推进，在危机中育生机，于变局中开新局，推动学生会改革落地生根，需要针对当前学生会改革现状及面临困境，分析探索改革路径。[1]

---

[*] 中国政法大学校团委。

[1] 参见魏安康：《新时代高校学生会组织改革与发展对策研究——以安徽农业大学为例》，载《哈尔滨学院学报》2022 年第 5 期。

一、学生会组织改革的内生动力

按照马克思主义的矛盾论观点，所有的制度变迁都包含内部动力和外部动力两个方面[1]。2017年，共青团中央、教育部、全国学联共同印发了《学联学生会组织改革方案》（中青联发〔2017〕4号），拉开学生会改革序幕。2019年，共青团中央、教育部、全国学联印发《关于推动高校学生会（研究生会）深化改革的若干意见》，明确提出了10项深化改革的重点举措。而后，相关部门先后印发了《关于学联学生会工作人员改进作风服务同学的若干规定》《关于巩固高校学生会（研究生会）改革成果的若干措施》等文件。上述改革文件的出台为学生会深化改革指明了方向，也提供了改革的外部动力。同时，随着社会的发展，青年学生的特质变化，学生会也催生了自我变革的内生动力。

在经济社会的飞速发展、社会生活的丰富化、网络传播的快速化、传播媒介的更新、学生知识体量储备的增加等一系列背景因素的作用之下，学生会的工作遇到了新的挑战。在以往的历史中，大部分同学都愿意加入学生会，并且在其中奉献和锻炼自己。且由于Z大学（本科校区）地处北京城郊，校外的生活比较乏味，同学们参与学生工作和校园活动的热情和积极性都比较高。但是随着交通和信息技术的进步，同学们的活动范围更广，也不再把目光聚焦在校园当中，同时借助网络平台，可以接收到更多的文化知识，校园生活也更加丰富多彩，因此我们传统的学生活动，如讲座类，受到了很大的影响。

以近年来学生会招新为例，其中比较突出的一个特征便是报名人数较少，特别是相对于之前的学生会而言，报名人数从1000余人，逐步减少。2017年报名校学生会的同学约为600人，2022年报名校学生会的同学约为100人，而各学院学生会招新也存在同样的问题。而从横向角度看，相比于学生会组织，青年志愿者协会、法律援助中心等兴趣社团的招新规模远远高于学生会组织，即便设置了笔试和两次面试的选拔程序，同学们依旧热情不减。

通过以上分析，我们可以发现以往以服务学生会内部同学为特征，交往

---

[1] 参见芮慧娟、何淑通：《论我国高校学生会的制度变迁与改革之路》，载《煤炭高等教育》2021年第3期。

式的学生会组织不再适应当前社会发展的需要。目前，同学对学生组织的黏性下降，对集体付出的追求变小，对个人获得感需要更高的背景下，我们的选择方式也要相应地变化，选择有能力、有精力、甘于奉献、热心服务的同学加入学生会。换而言之，背景形势的变化，学生会也需要调整，要吸纳更适合做学生工作的同学加入学生会，而不是像往届学生会一样，规模庞大。除此之外，如何依托30余名学生骨干，发挥好学生会思想政治引领、服务同学成长成才、繁荣校园文化的作用，也是学生会改革的题中之义。

二、学生会组织改革中存在的困境

Z校学生会严格落实学联学生会改革要求，出台《Z大学关于推动学生会（研究生会）深化改革的实施意见》，明晰职能定位，改革运行机制，精简组织机构，严格学生会成员遴选程序，规范召开学生代表大会，坚持从严治会，初步实现改革的既定目标。但是在改革过程中，由于Z大学学科背景等原因，也存在一些共性和个性的问题。

（一）具有Z校特色的学生委员制度

校学生委员会和校学生会并存，齐心协力，分工合作，共同致力于服务广大同学，维护同学权益。1983年，Z大学召开第一次校学生代表大会，成立校学生会，作为校学生代表大会的执行机关。校学生会秉持为同学服务的宗旨，构建致美Z大美育体系、大众体育文化体系、学术思辨文化体系、实践育人体系，致力于繁荣校园文化，服务同学成长成才。1987年，Z大学召开第三次校学生代表大会，成立校学生委员会，作为校学生代表大会的常设机关，下设秘书处及监察、维权、兼听、自律四个工作委员会，在校学生代表大会闭会期间代行其部分职权。历年来，校学生委员会作为实体组织机构，在维护同学权益、联系学生代表、引领校园风尚等方面作出了重要贡献，得到Z校同学的高度认可和肯定。

（二）学生会主席团选拔制度

Z校学生会主席按照德才兼备、品学兼优的标准公开选拔，经过报名自荐、资格审查、群众评议、面试考察、秘书长提名并通过校学生代表大会差额选举产生，坚持公平、平等、竞争、择优的原则。校学生会主席团成员经报名自荐、学院（党）团组织推荐，校团委考察，由校学生委员会主任委员和校学生会主席提名并经学生委员会选举产生。Z 校学生会主席团的选拔标准和程序较为严格和完善，若主席团成员径直由校学生代表大会制度差额选举产生，相较于原制度则降低了校学生会主席的选拔标准，同时将取消校学生会主席候选人需具备学生委员候选人的资格限制，从而打破学生代表、学生委员、学生委员会和学生代表大会制度设计的交错和衔接，因此，调整的难度和成本都比较大。

（三）校院同质化现象

由于 Z 大学法学学科优势显著，在学院设置上，存在四个法学院，相较于综合性院校，校学生会主要面向全校同学服务和开展校园文化活动，各学院依托学院专业优势，服务各学院学生和举办校园文化活动。Z 校学生会和各院学生会，以及学院学生会之间，特别是在举办校园文化活动中，活动的性质较为类似，从而面向的学生群体也具有交叉和重叠。校院同质化现象导致部分活动存在恶性竞争，从而导致校院联动协同发展存在一定的困境。校院学生会缺乏纵向到底的信息传递渠道和对优秀活动、实践成果及案例的推介、交流和分享，难以在活动中形成合力[1]。

三、以问题为导向的学生会组织改革路径对策探析

新时代提出新要求，新视野创造新成绩。推动学生会组织深化改革，把学生会打造成为党领导下的，以思想政治引领为根本、以全心全意服务学生为宗旨的先进学生组织，并使之牢固树立问题导向思维，直面挑战，攻坚克难，在实践中破解难题[2]。

（一）严格成员遴选，发挥学生骨干先锋示范作用

学联学生会改革要求"明确遴选条件"，对学生会成员的思想政治素养，政治面貌，学习成绩等方面作出了明确要求。在选拔学生骨干时，不仅要选拔甘愿投入学生工作的同学，还要选拔学有余力的同学，特别是对于学生学业成绩的要求，有利于检验学生骨干的学习能力，选拔综合素质能力较强的

---

[1] 参见蔡颖蔚等：《新形势下高校学生会组织深化改革路径研究》，载《高校共青团研究》2020 年第 Z1 期。

[2] 参见庞世华：《新时代高校学生会组织深化改革路径探究》，载《湖州职业技术学院学报》2021 年第 4 期。

同学进入学生会，同时也能够确保参与学生工作的成员有足够的时间精力。那么，对于热爱学生工作并且愿意参与学生工作的同学，如何构建其参与学生会工作的路径，学联学生会改革中指出，学生会探索建立切实有效的项目化志愿者招募、培训和管理机制，按照"因事用人、事完人散"的原则，广泛吸纳同学参与学生会的工作。学生会应当坚持开门办公，根据学生会章程的规定，学生会会员是全体在校学生。

朋辈一般指年龄相仿具有相近的价值观念、生活背景、共同语言以及相同的兴趣爱好而且易于结成同伴的人群，朋辈关系即朋友同辈间依托各种媒介方式建立起来的联系。依托校园大学生朋辈关系提升学生骨干榜样示范作用的影响力，为周围同学树立正面典型，使学生骨干在实现自我教育、自我提升的同时能够带动周围同学朋友乃至同辈群体共同进步[1]。在学生会组织内部，要提升成员的引领性和表率性，在学业发展、学生工作、志愿实践等各个方面，能够发挥榜样作用，进而提升学生会组织的引领作用。

（二）加强成员培训，以提升工作效能和服务水平

做好学生会成员培训，是贯彻落实从严治会要求，进一步强化思想教育培训、提高各学生骨干的综合素质，保持和增强学生组织的政治性、先进性、群众性，提升学生组织成员的工作效能和服务水平的必然要求。Z校学生会充分继承发扬已有的"青苗计划""春蕾计划""导师制计划"系列进阶培养方案，创新设置"理论研讨+交流会"的培训形式，严格考核机制。随着学生会进一步以志愿者工作模式吸纳广大同学参与学生工作，高质量、多层次的培训是广大常态化志愿者、项目化志愿者能够提升综合素质，凝聚服务合力的基础保障，也是让广大同学在学生工作中实现自我成长、自我发展的重要举措。为切实提升培训实效，Z校学生会引入优质团队，邀请兼具丰富学生工作经历与突出综合素质的榜样模范担任讲师，严选课程内容，设置多方面互补的讲授领域。同时，开展优秀成员笔记展示、模拟策划大赛等活动，在实际工作中检验培训成果。

（三）强化校院联动，构建协同机制促进融合发展

Z校学生会完善校院协助机制，搭建信息交流共享平台，加强校院学生

---

[1] 参见马翠堃、李伟：《发挥大学生党员榜样示范作用的路径探析——以朋辈效应为视角》，载《知与行》2017年第7期。

会合作交流，促进学生会组织融合发展、共同进步。定期召开校院联席会议，校院学生会就近期工作进行汇报交流，围绕学生会主责主业开展交流，凝聚组织发展共识，合力破解工作难题。建立校学生会主席团成员定点联系各学院学生会机制，推动校级学生会成员下沉到院级学生会，直接针对活动开展等方面工作开展交流，有力推动校院协同走深走实。联合学院学生会开展形式多样、格调高雅的校园文化活动，先后与人文学院学生会等院级学生会合作，举办拾艺体验馆等系列活动。规范召开学生代表大会，通过校院民主形式搭建校院互通桥梁，建立学院学生代表大会向校学生会备案制度，校学生代表大会召开期间充分听取各院学生代表意见建议。

四、新时代学生会改革成效及检验标准

深化学生会改革，是新时代高校学生会组织建设的重要任务，需紧随时代步伐，准确把握新时代青年学生的特点，顺应发展规律[1]。学生会应当引领青年勇担时代责任，健全组织体系和运行机制，切实服务广大同学成长，努力成为同学们想得起、找得到、靠得住的温暖家园。

（一）做好思想引领，引导同学把准青春航向

中国青年的奋斗目标和前行方向归结到一点，就是坚定不移听党话、跟党走，努力成长为堪当民族复兴重任的时代新人。学生会组织要坚持不懈以习近平新时代中国特色社会主义思想武装青年学生头脑，坚定对马克思主义的信仰、对中国特色社会主义的信念，要动员广大同学学校史、知校情，争做"知校、爱校、荣校"的青年学子。要用好网络平台，强化榜样带动，创新设计特色网络思政教育宣传产品，开展形式多样、主题明确、特色鲜明的学习实践活动，为同学们确立起生活、学习、成长的参照系。

（二）健全运行机制，夯实学生会组织基层基础

立足新起点，展望新征程，学生会组织要压茬推进深化改革再出发。学生会组织要把牢正确方向，深刻领会学生会组织的政治定位，自觉坚持和加强党的全面领导，积极主动把各项工作融入党领导下的青年组织体系；要发

---

[1] 参见孙璐：《新时代高校学生会深化改革探究——以华东理工大学学生会为例》，载《高校共青团研究》2020年第Z1期。

挥组织职能，强化"校—院—班"三级工作体系联动，协同正向发声，推动校院学生会工作深度融合，打造具有学校学科特色和文化特点的品牌活动；要积极创新工作方法，以项目化工作形式，组建专项工作组，成员由学生会成员根据意愿自主报名，以志愿者身份开展工作，实现跨领域优势互补、力量协同以及优质资源的整合；[1]要塑造清新形象，高标准高质量推进从严治会，打造朝气蓬勃、务实进取、干事创业的组织文化。

（三）践行服务宗旨，助力同学练就过硬本领

青年时期是学习知识、增长才干的黄金时期，当代青年身处各项事业蓬勃发展的新时代，只有不断学习和实践，才能成为堪当民族复兴大任的时代新人。引导广大同学坚持把学习同思考、实践结合起来，不断用新知识、新思想、新技能充实自己，使视野、观念、能力跟上越来越快的时代发展。学生会组织要在新的时代背景下，立足同学发展实际需求，以主旋律引领校园文化建设，广泛开展形式丰富、健康有益的文化艺术和体育锻炼活动，打造丰富多彩的校园"第二课堂"，塑造健康向上、格调高雅的校园文化，助力同学们努力成长为德智体美劳全面发展的社会主义建设者和接班人。

参考文献

［1］喻凯：《新时代背景下高校学生会组织改革再出发——基于学联学生会改革的政策文本梳理》，载《青少年研究与实践》2023年第3期。

［2］刘磊、封华：《在学生会组织改革中提升党的思想引领力——以上海市部分高校学生会组织为例》，载《领导科学论坛》2022年第4期。

［3］庞世华：《新时代高校学生会组织深化改革路径探究》，载《湖州职业技术学院学报》2021年第4期。

［4］刘晓婧、唐浚泷：《"三全育人"视角下高校学生会组织改革实践研究》，载《高校共青团研究》2020年第Z2期。

［5］孙璐：《新时代高校学生会深化改革探究——以华东理工大学学生会为例》，载《高校共青团研究》2020年第Z1期。

［6］张淑艳等：《新时代高校学生会改革如何"再出发"——以吉林大学为例》，载《营销界》2020年第43期。

---

〔1〕参见王铭泽：《基于学联学生会组织改革大背景下医学院校学生会组织改革路径研究》，载《中国多媒体与网络教学学报（上旬刊）》2022年第6期。

［7］高大伟：《新形势下高校学生会组织改革与转型发展探索——以南京某高校为例》，载《文化创新比较研究》2020年第4期。

［8］赵雅兰：《高校学生会管理工作的改革与创新》，载《文学教育（上）》2018年第10期。

［9］杨智博、吴莎：《高校学生会组织改革攻坚的难点和对策》，载《教育观察》2018年第13期。

新时代青年法治人才培养路径研究*

黄秋雨　先　进　蒋露芳**

【摘　要】 习近平新时代中国特色社会主义思想对青年法治人才培养提出了新要求，共青团应在培养青年法治人才中发挥重要作用，培养方式应与时俱进。共青团培养法治人才工作应秉持青年法治人才"德法兼修"的培育要求，落实理论实践教育双管齐下、思想政治导引为主以及提升国内外责任意识的青年法治人才培养方针。通过反思当下我国青年法治人才的培养情况，共青团应着重提高青年法学知识运用能力，明确思政教育主线，增强青年国内外法治责任担当意识，在法学基础教育、思想政治教育与道德价值教育中推进法治人才培养现代化。

【关键词】 习近平新时代中国特色社会主义思想　共青团　青年　法治人才培养　德法兼修

一、问题的提出

2023年2月，中共中央办公厅、国务院办公厅印发《关于加强新时代法学教育和法学理论研究的意见》，强调依法治国与以德治国相结合，培养德才兼备的高素质法治人才。习近平总书记指出，全面推进依法治国，建设一支

---

*　本文为中国政法大学2023年"青年发展研究"团学课题研究成果。
**　中国政法大学证据科学研究院。

德才兼备的高素质法治队伍至关重要。[1]教育部、中央政法委也曾发布文件，明确厚德育、强专业、重实践、强德能等 8 项改革任务，青年法治人才培养需全面铺开、面面俱到。[2]当下青年法治人才处于发展的黄金时期，拥有良好的物质和精神成长环境。但在青年法治人才培养局势总体向好的情况下，同样也存在着诸多问题。青年法治人才虽然接受了更为系统的法学课程教育，但在培养过程中仍存在培养主体责任不明晰、知识基础不扎实、应用导向不足、思想教育主线不明确等问题，与之相关的理论研究较为欠缺。在我国社会主要矛盾转变的背景下，习近平新时代中国特色社会主义思想强调的"德法兼修"是否也面临着变与不变的问题。本文将对上述问题进行梳理分析，并以习近平新时代中国特色社会主义思想为指导，提炼共青团培育新时代青年法治人才的原则并提出可行的进路，以促进形成德法兼修的高素质青年法治人才队伍。

二、当下青年法治人才培养所面临的难题

（一）知识运用能力亟待提高

习近平总书记指出，法学学科体系建设对于法治人才培养具有重要意义。当前，法学专业教学质量国家标准采用了"10+X"课程分类模式，保证 10 门专业必修课的同时尊重专业点的资源和学生的个性。有部分院校已设置公司法务、司法实务、涉外法律多方向的培养方案，并增设了模拟法庭、模拟仲裁等特色课程以提高培养的针对性和实用性。但经过长时间的"填鸭式"教育以及受随手可获得答案的各类搜索引擎的影响，导致学生对专业知识的理解仍然不够深入——了解法条"是什么"，却不了解立法原因和背景，也就无从谈起"如何应用"。单就法学教材，其难以对日新月异的法律问题作出全方位的解答，校园内设置"实践向"的特色课程作用有限，法学生的知识运用能力难以得到真正的提高。

---

[1] 参见中共中央宣传部编：《习近平总书记系列重要讲话读本》，学习出版社、人民出版社 2016 年版，第 258 页。

[2] 参见《关于坚持德法兼修实施卓越法治人才教育培养计划 2.0 意见》，载 http：//www.moe.gov.cn/srcsite/A08/moe_739/s6550/201810/t20181017_351892.html，最后访问日期：2023 年 7 月 1 日。

(二) 思政教育方式尚待改进

成为国家的青年法治人才，首先要树立正确的价值观、人生观及世界观。青年法治人才成长的物质环境充裕，精神环境价值观林立。在变化的意识形态和国际形势下，有不少国家和地区通过干扰青年思维等方式意图颠覆国家政权。因此，旗帜鲜明地确定教育方向是第一位的。

思政教育在青年法治人才培养中具有重要作用，但不同法学专业点对其重视程度不同，思政教育主线尚未完全明确，呈现形式化和职业化倾向。思政教育主线不明晰导致法学思政课程形式僵化，老师教学目的不一致，难以为建立法治人才的价值观、道德观提供明确指引，有可能损害党和人民事业。将职业教育与思政教育结合起来有利于实现因材施教，但在没有理清思政教育主线时，容易将思政教育变成单纯的职业教育。部分新教师所接受的入职思政教育课本就有"形式化"问题，又将其继续传导至其教研活动中，使教研活动同样出现了"满堂灌""形式化"现象，未明确思政教育主线对"师生联动"的要求。

(三) 责任担当意识有待增强

青年人才往往更倾向在物质资源富足的发达地区生活和工作。这一特点也体现在法治人才的就业去向上，法学生往往难以对贫困地区法律服务的需要感同身受，不愿意去偏远贫困地区建功立业。在整个成长和发展的过程中，青年法治人才受工具理性的支配，如效率最大化、成本收益计算、性价比最优等，青年法治人才"坚定跟党走""立志做大事"的初心逐渐磨损。从国际视野看，涉外法律人才的培养已经步入正轨并正在有序推进中，双语青年法治人才不断涌现，但是有些青年法学生为追求财富而媚外，缺乏世界眼光和家国情怀，缺乏个人对国家和国际社会的奉献精神。

(四) 共青团发挥作用受限制

习近平青年人才思想强调要为青年人才成长树立正确的政治方向，[1]但当前学术研究中较少涉及共青团在青年法治人才培养方面的重要性，实践中亦未充分重视。习近平总书记在全国高校思想政治工作会议上就曾指出，要

---

[1] 参见蒲冠州、马志霞：《略论习近平青年人才思想及指导意义》，载《思想理论教育导刊》2016年第12期。

注重充分发挥共青团、学生社团、学生自治组织的作用。通过实地考察 A 地某高校青年人才培养方式，发现该地区高校虽然注重马克思主义法学思想以及中国特色社会主义法学理论指导青年法治人才培养的思想引领作用，但未特别注重加强团干部法律知识的教育以及法律能力的建设，未对共青团助力青年法治人才培养明确工作重点。[1]

三、习近平新时代中国特色社会主义思想下共青团培养青年法治人才的方针

（一）理论实践教育双管齐下

青年法治人才的先进性体现在理论知识先进、政治素质先进以及实务技能先进。在理论知识和实务技能的培养方面，应坚持理论实践双管齐下的原则。作为"五通文科"的新文科重视对知与行的打通，[2]法学来源于社会生活，也影响着社会实践，强调知行合一。青年法治人才的培养对象主要是专业实践经历尚浅、研究时间较短的青年法学生，贯彻落实理论实践双管齐下的培养原则体现了习近平新时代中国特色社会主义思想对培养高素质法治队伍的要求，也有助于提高法治人才进入法律实践中的适应度。

（二）发挥思想政治导向作用

青年法治人才培养应坚持"德法兼修"原则，以思想政治教育为首要任务。党全面领导教育事业是教育事业发展的"定海神针"。[3]高素质法治工作队伍中最有朝气和潜力的青年法治人才必须忠于党和人民，忠于国家和法律。[4]青年思政教育主线应贯彻习近平新时代中国特色社会主义思想中的"德法兼修"原则，其中的"德"是有层次的德。习近平新时代中国特色社

---

[1] 参见共青团中央书记处：《人民日报：充分发挥高校共青团在大学生思想政治工作中的生力军作用——深入学习习近平总书记关于高校思想政治工作的重要论述》，载 http://opinion.people.com.cn/n1/2017/0126/c1003-29049660.html，最后访问日期：2023 年 6 月 2 日。

[2] 参见徐显明：《新文科建设与卓越法治人才培养》，载《中国高等教育》2021 年第 1 期。

[3] 参见本书编写组编：《习近平总书记教育重要论述讲义》，高等教育出版社 2020 年版，第 16~41 页。

[4] 参见《习近平在中央全面依法治国工作会议上强调 坚定不移走中国特色社会主义法治道路 为全面建设社会主义现代化国家提供有力法治保障》，载 http://www.legaldaily.com.cn/zt/content/2020-11/17/content_8358393.htm，最后访问日期：2023 年 6 月 2 日。

会主义思想下的思政教育教导青年法治人才要明大德、守公德、严私德。明大德强调充分理解真正规则并遵守，不是简单地循规蹈矩。守公德要求青年法治人才明白法律不是特权来源，树立学法致用、学法助民的服务意识。严私德强调在任何诱惑面前坚守原则，牢固树立底线意识。要实现习近平新时代中国特色社会主义思想对青年法治人才培养指引作用最大化，必须贯彻落实思想政治导向原则，明确思政教育主线。

（三）展现国家内外责任担当

青年法治人才在实现"两个一百年"奋斗目标和中华民族伟大复兴中国梦的历史责任中，应当强化国内政治和法治责任担当，将个人利益置于社会公共利益之后。了解我国相对贫困落后地区的法律需求，针对性地进行学习，解决部分地区法律人才不足、法治力量薄弱的问题，将青春投入最需要的地方。进入21世纪后，由世界上多种力量相互交织而形成的相对稳定的政治格局与经济格局已经发生了深刻的变化。高素质的青年法治人才应当在秉持中国立场的前提下，拥有国际视野，培养世界公民意识，有效解决国内法治问题的同时，在世界法治角力场上通过国际法律规则维护我国合法利益，并对侵犯人权等共识性问题，勇敢发出中国青年的声音[1]。

四、习近平新时代中国特色社会主义思想下共青团培养青年法治人才的路径

（一）法学基础教育中增强实务学习

法学学科的实践性要求打破校园和社会之间的壁垒，充分沟通各实务工作部门与法学专业点，避免将法学教育限定在课本和校园内。实务领域的专家经历过法学教育和知识运用阶段，了解学习专业知识到应用知识会面临的痛点和难点。实务导师可以通过包括但不限于实务经验分享讲座等方式与青年法学生进行交流。对于校内教育者而言，应与时俱进更新所教授的知识，也可通过挂职锻炼等方式充分把握现实法律实践发展情况，结合互联网新技术更新教学方式，避免教学方式照本宣科和过度延伸。如有条件，可以采取

---

[1] 参见杨宗科：《习近平德法兼修高素质法治人才培养思想的科学内涵》，载《法学》2021年第1期。

双师同堂或多师同堂的形式，邀请实务导师进入课堂，补充实务知识。法学专业点可将实习活动和调研活动与毕业论文研究课题相融合，鼓励法学生进行实习活动和实地调研活动。例如，鼓励法学生担任"法律明白人"工作，使其既温故知新，又吸收基层治理经验。共青团推出的"青年大学习"通过以点带面，推出特色教育、主题教育内容，也可以补充目前法学生的社会知识短板。

（二）思想政治教育中打好理解基底

习近平新时代中国特色社会主义理论是基于马克思主义理论，结合法治中国实践提炼而成，是具有丰富内容且逻辑严谨的法治理论，共青团应注重对青年思想的形成起到引领作用。充分理解习近平新时代中国特色社会主义思想，并能够将这一极富有价值的理论充分运用于实践并发挥其指导作用并非易事。在思想政治教育方面，应坚持马克思主义学风，[1]共青团应推动习近平新时代中国特色社会主义思想进教材、进课堂，更要进头脑。[2]青年法治人才应充分理解并运用习近平新时代中国特色社会主义思想指导学习和实践，将其深深铭刻于心，实践于行。

（三）道德价值教育中提升责任意识

充分发挥共青团组织、动员青年建功新时代的作用，帮助青年法治人才成长之初就拥有家国责任意识。道德价值观是法治素养的根基，只有将个人价值融入党和国家法治建设的伟业之中，在大有可为的新时代有所作为，提升责任意识，承担社会责任。在道德价值教育过程中，可以通过开展研究生支教团、法律援助中心活动，为在校法学生提供了解群众需求、锻炼实践技能的机会，让青年法学生接触法律服务需求的人群，促使其认识到知识仍有不足之处，进行补充学习。习近平新时代中国特色社会主义思想同样关注涉外法治的情况，青年法治人才在平时应多多关注国际新闻，了解域内外法治运行规律的不同之处，积极参与联合国等国际组织提供的实习机会以及国内外院校的国际访学活动，[3]前期通过观察各国和地区法律运行情况，思考角

---

[1] 参见程铂瀚：《青年法治人才培养要点》，载《人民论坛》2019年第17期。
[2] 参见马怀德：《完善法治人才培养体系》，载《民主与法制》2022年第14期。
[3] 参见马怀德：《贯彻习近平法治思想 培养高素质法治人才》，载《中国教育报》2020年12月17日，第6版。

色定位,形成客观认识,提升中国特色社会主义法治体系建设的主人翁意识。

五、结语

习近平总书记在中国政法大学考察时曾指出,未来党和国家各级领导干部出自今天的青年,青年应形成良好的思想政治素质、道德素质和法治素质。[1]共青团在新时代的改革方向需关注变化,有效回应法治人才培养需求。习近平新时代中国特色社会主义思想揭示了培养青年法治人才的原则和方向,共青团应承担主体责任,坚持双管齐下、思政导引为主、提升责任意识的培养原则。在这些原则下,要解决目前青年法治人才培养所面临的难题,共青团要重视在法学教育中传授实务技能,在思政教育中建设好教与学的理解基础,在道德价值教育中提升责任意识。

参考文献

[1]中共中央宣传部编:《习近平总书记系列重要讲话读本》,学习出版社、人民出版社2016年版。

[2]蒲冠州、马志霞:《略论习近平青年人才思想及指导意义》,载《思想理论教育导刊》2016年第12期。

[3]《立德树人德法兼修抓好法治人才培养 励志勤学刻苦磨炼促进青年成长进步》,载《共产党员》2017年第12期。

[4]蒋姗姗、任静:《共青团百年征程的实践样态、主要成就与未来路向》,载《今传媒》2023年第4期。

[5]徐显明:《新文科建设与卓越法治人才培养》,载《中国高等教育》2021年第1期。

[6]本书编写组编:《习近平总书记教育重要论述讲义》,高等教育出版社2020年版。

[7]《习近平在中央全面依法治国工作会议上强调 坚定不移走中国特色社会主义法治道路 为全面建设社会主义现代化国家提供有力法治保障》,载http://www.legaldaily.com.cn/zt/content/2020-11/17/content_ 8358393.htm。

[8]习近平:《习近平在北京大学考察时强调青年要自觉践行社会主义核心价值观 与祖国和人民同行努力创造精彩人生》,载《人民日报》2014年5月5日,第1版。

[9]杨宗科:《习近平德法兼修高素质法治人才培养思想的科学内涵》,载《法学》

---

[1] 参见习近平:《论坚持全面依法治国》,中央文献出版社2020年版,第180页。

2021年第1期。

[10] 程铂瀚:《青年法治人才培养要点》,载《人民论坛》2019年第17期。

[11] 马怀德:《完善法治人才培养体系》,载《民主与法制》2022年第14期。

[12] 马怀德:《贯彻习近平法治思想 培养高素质法治人才》,载《中国教育报》2020年12月17日,第6版。

[13] 习近平:《论坚持全面依法治国》,中央文献出版社2020年版,第180页。

[14] [德]黑格尔:《法哲学原理》,范扬、张企泰译,商务印书馆1982年版。

[15]《马克思恩格斯全集》(第23卷),人民出版社1972年版。

[16] [美] C. 赖特·米尔斯:《社会学的想象力》,李康译,北京师范大学出版社2017年版。

[17] 习近平:《在哲学社会科学工作座谈会上的讲话》,载《人民日报》2016年5月19日,第2版。

[18] 杨耕:《历史决定论:历史的考察和现状的分析》,载《求是学刊》2002年第6期。

高校党建带团建机制探索

关于高校学生党员培养的思政课堂研究
——基于教育场域理论分析

许慧芳[*]

【摘　要】 改进、完善党员培养思政课堂，师生关系是核心。聚焦学生个体思想成长需求，以师生信任关系为基础，依托教育场域理论，以"点对点"深度辅导、"线连线"小组研讨分享和"面对面"群体理论学习和实践体验等多层次、多元化形式，形成涵盖师长指导、朋辈互助、党团联动、共建共赢的学生党员培养思政课堂。

【关键词】 党员培养　思政课堂　教育场域

课堂教育是学生培养的主要教育形式，占据了学生在校的主要学习时间，是学生获取知识和能力的主途径。思政课堂是学生思想政治教育的主场域，是培育学生党员的主渠道。牢牢把握思政课堂，亟须不断增强课堂教学的思想性、理论性和实效性，不断提升思政教学的针对性和亲和力。

一、问题界定：构建党员培养的思政课堂

（一）党员培养：长期阶段性工程

实践中，党员培养是一个长期阶段性工程，从学生提交入党申请开始，培养教育启动，经过党组织指派专人进行谈话，思想政治理论学习、实践锻炼、志愿公益等阶段培养，学生不断提升党性修养，依次通过入党积极分子推荐、党校学习、发展对象推荐、党校学习、中共预备党员推荐选拔、考察

---

[*] 中国政法大学外国语学院。

期满转为中共正式党员。但身份的转变,并不意味着党员培养的结束,成为中共正式党员,是新的党员培养教育阶段的起点。党员培养是终身教育,终身学习。限于研究资源,本文的研究限于在校学生的党员培养。

(二)研究综述:关于思政课堂的解读

关于思政课堂,不同的学者给出了不同的解读,而不同的解读决定了思政课堂构建的方式不同。以刘晓阳为代表的学者认为,思政课堂就是教授思想政治理论知识的课时和课室,[1]因此,在其关于思政课堂的研究中,所关注的焦点是课程的设置和课程内容的设计。以黄冬霞为代表的学者应用传播学的理论,认为思政课堂是思想政治理论教授传播的"场景",是"场"和"景"的复合产物,是一种"同时涵盖基于空间和基于行为与心理的环境氛围"[2]。在信息全球化的大数据时代,思政课堂是一种场景化的传播,"在一定时空条件下以受众的需求为出发点,构建能够激发受众主观感受的场景,并综合运用各种手段将各种场景要素进行有效连接,提升受众的信息体验,以此实现个性化信息与服务适配"[3]。以刘生全为代表的学者则提出从"教育场域"来研究思政课堂。以刘生全、曲建武等为代表的学者认为"场域范畴对观察、理解和深入分析教育活动与教育现象具有非常重要的本体论和方法论意义"[4],教育场域即"在教育者、受教育者及其他教育参与者相互之间所形成的一种以知识(knowledge)的生产、传承、传播和消费为依托,以人的发展、形成和提升为旨归的客观关系网络"[5]。作为教育场域的思政课堂不仅仅是课时、课室或"场景"要素,更是一定时空中思政教育的各类主体在进行思想政治教育过程中所形成的客观关系网络。

本文认为作为高校学生党员培养的主渠道,思政课堂的研究已经不能再局限于静态的课时、课室以及"场景"要素的研究。

(三)研究综述:思政课堂教学关系网络的构建

事实上,学者们已经在尝试对受教育者所处客观关系网络的构建进行探

---

[1] 参见刘晓阳:《学校思政课堂中法治教育一体化研究》,喀什大学 2020 年硕士学位论文。

[2] 参见黄冬霞:《场景化传播背景下高校思想政治理论课建设面临的挑战与对策》,载《思想教育研究》2022 年第 1 期。

[3] 参见黄冬霞:《场景化传播背景下高校思想政治理论课建设面临的挑战与对策》,载《思想教育研究》2022 年第 1 期。

[4] 参见刘生全:《论教育场域》,载《北京大学教育评论》2006 年第 1 期。

[5] 参见刘生全:《论教育场域》,载《北京大学教育评论》2006 年第 1 期。

讨。王国炎认为要树立"大思政教育观","突出主动适应性、全员参与性、时空延续性与拓展性、教育教学体系的开放性与发展性";[1]侯勇、孙其昂认为思政课应围绕教学各要素实现"教学内容的时代化、教学方式的生活化、教学主体的主体间性化、教学环境的文化化、教学体系的系统化,不断提高教学的针对性、实效性"。[2]董前程认为思政课教学模式改革"要突出素养导向、课题导向和合作导向三个教学导向","挖掘中国传统文化、时事热点和地方教育资源三种教学资源","拓宽理论社团、实践基地、校园网络三个教学载体","推进教学模式链条化、网格化、立体化三项改革"。[3]

关于思政课堂构建的研究都兼具理论支持和实践验证,确认思政课堂是生产、传承、传播和消费思想政治理论的教育场域。"教育活动的各个要素及它们之间的联系,基本上都是通过知识而实现的","教师是通过知识的组织和讲授而与学生互动的,而学生也是通过对知识的学习而实现与教师及其他教育者的交往的,教育管理者的活动也是通过对知识的组织、控制和评价等形式来实现的"。[4]

本文的研究将从教育场域的角度切入,从学生党员培养思政教育体验回溯党员培养的思政课堂构建,反思党员培养中对于学生的关注和引导。

二、实践调研：学生党员培养思政教育体验

（一）调研对象和访谈提纲

为深入了解学生党员思政课堂教育体验,实践调研以学生访谈方式进行。调研群体涵盖某政法院校某学院2019级至2022级本科生186人,涵盖入党积极分子、发展对象、中共预备党员和中共党员不同党员发展阶段的学生。访谈提纲包括入党动机,对党的认知途径,对党的认知程度,党的知识学习体验,对学生党员思想行为表现的感知。

---

[1] 参见王国炎：《思想政治理论课"大思政"教学改革与建设探索》,载《思想教育研究》2010年第5期。

[2] 参见侯勇、孙其昂：《思想政治理论课教学改革的现代转型》,载《思想政治教育研究》2014年第1期。

[3] 参见董前程：《高校思想政治理论课教学模式改革研究》,东北林业大学2017年博士学位论文。

[4] 参见刘生全：《论教育场域》,载《北京大学教育评论》2006年第1期。

表 1　思政课堂教学体验调研对象

中共正式党员	中共预备党员	发展对象	入党积极分子
29 人	24 人	34 人	99 人

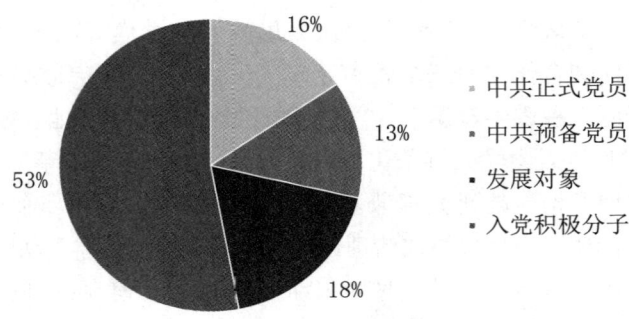

图 1　思政课堂教学体验调研对象

（二）被调研对象的社会体验

和其他年级相比，2019 级至 2022 级本科生在校学习期间，经历了国家和社会的重大事件，庆祝中华人民共和国成立 70 周年大会、庆祝中国共产党成立 100 周年大会、北京冬奥会等，这四年，中国处于中华民族伟大复兴的关键时期，处在转变发展方式、优化经济结构、转换增长动力的攻关期，面临着结构性、体制性、周期性问题相互交织带来的困难和挑战，以及应对疫情对国家政治和经济带来的巨大压力。[1]而同时期的国际社会也在经历百年未有之大变局，频发的地区冲突，使得国际形势更加多变莫测。

（三）被调研对象的主要学习情境

和其他时段的在校生相比，2019 级至 2022 级在校的学生 80% 以上的学习是通过线上完成的，疫情防控期间由于校园环境的局限，90% 以上的学生在疫情防控期间选择离校回家，只能以线下方式开展的实践、实习活动暂缓或暂停。

---

[1] 参见习近平：《高举中国特色社会主义伟大旗帜　为全面建设社会主义现代化国家而团结奋斗——在中国共产党第二十次全国代表大会上的报告》，载 http://www.dangjian.com/shouye/zhuanti/zhuantiku/xuexiguancheershida/zhongyangjingshen/202211/t20221111_6510819.shtml，最后访问日期：2023 年 3 月 20 日。

表 2　学生学习方式

校园线下学习人数	网络在线学习人数
37 人	149 人

（四）被调研对象的思政教育体验

在有限的线下访谈和线上调研中，学生入党的积极性增强，95%以上的学生入学即提交了入党申请书，但入党动机有功利化倾向，其中 56 人是受家庭的影响，祖父母或者父母兄姊是党员，党员是榜样模范，45 人是基于党史的解读产生对共产主义的崇尚，85 人是基于就业的考量，为了获得相对稳定的生活，进入国家机关或事业单位工作。

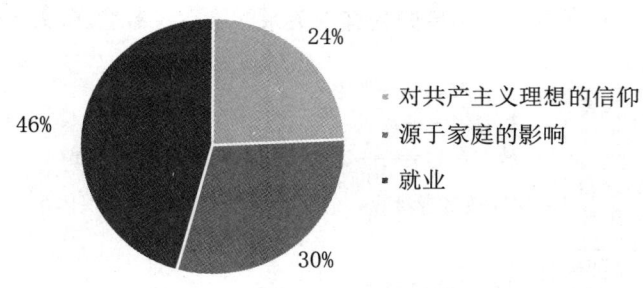

图 2　关于入党动机的调研

在获取党的认识的途径上，同学们主要通过课堂学习、家人言传身教、实践活动、志愿公益、朋辈研讨和网络时政等方式。被调研同学中，15 人将课堂学习排在首要学习途径，38 人将家人言传教排在首位，34 人主要通过实践志愿获得党的认识，63 人将朋辈研讨列入第一位的学习方式，36 人认为自己主要通过网络进行学习。

课堂教育、朋辈研讨以及公益实践已经日益成为学生主要的党的理论的学习渠道。在对于学生学习体验的访谈中，76%以上的学生更愿意参加实践体验教育，82%以上的学生认为通过小组访谈或者研讨的方式的学习获得感更强。

在关于党员思想行为表现的感知调研中，90%以上的学生认为党员同学是学生群体中的优秀分子，在党性认识、学习成绩、学生工作、志愿公益服务、社会实践等方面表现突出。

从整体调研结果来看，学生是在不断成长中，从课堂学习和实际生活体验中萌发入党动机，在持续的学校学习和朋辈研讨中提升党性修养。大学期间，思政课堂、公益实践以及朋辈互助等逐步替代家庭教育成为影响学生政治意识成长的主要因素。

三、模型构建：作为教育场域的思政课堂

（一）思政课堂教育场域的构建：主体、媒介资本、主题和培养目标

在学生党员培养实践中，家人、朋辈、师长是学生政治意识成长的主要影响群体，家庭、学校和网络是学生成长的主要影响情境。在家庭、学校和网络所形成的学生培养社会情境中，教育者师长、受教育者学生与其他教育参与人家人、朋辈、教辅支持人员等形成了以知识的生产、传承、传播和消费为依托，以学生的发展、形成和提升为旨归的客观关系网络——教育场域。[1]

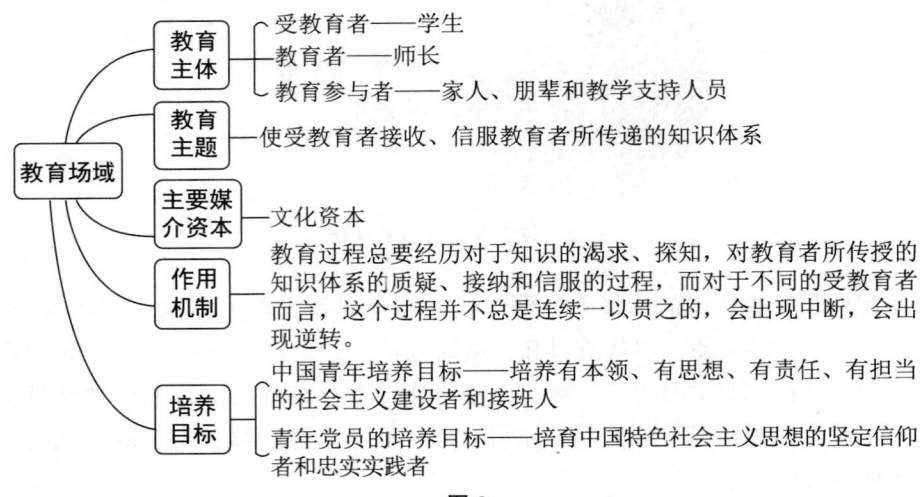

图3

作为分析学生党员培养的理论预设和方法论工具，教育场域的主体是作为受教育者的学生、作为教育者的师长，以及作为教育参与人的家人、朋辈和教

---

〔1〕刘生全认为，就其作为一种客观性社会存在而言，教育场域系指教育者、受教育者以及其他教育参与者相互之间所形成的一种以知识的生产、传承、传播和消费为依托，以人的发展、形成和提升为旨归的客观关系网络，引自刘生全：《论教育场域》，载《北京大学教育评论》2006年第1期。

学支持人员；教育场域中的主要媒介资本是文化资本[1]，教育者、受教育者与教育参与人通过政治理论知识的生产、传承、传播和消费实现受教育者政治意识的培养和政治素养的提升；教育场域中的主题是使受教育者接收、信服教育者所传递的知识体系，而受教育者的受教育过程总要经历对于知识的渴求、探知，对教育者所传授的知识体系的质疑、接纳和信服的过程，而对于不同的受教育者而言，这个过程并不总是连续一以贯之的，会出现中断和逆转。

和其他的学生培养体系不同，学生党员的培养目标更为严格、专一、特定。中国青年的培养目标是培养出有本领、有思想、有责任、有担当的社会主义建设者和接班人[2]，而青年党员的培养目标是培育党的创新理论的坚定信仰者和忠实实践者。因此，作为学生党员培养教育场域的思政课堂依存于普通学生培养的教育场域，但又区别于普通学生的教育场域。

学生党员教育培养对象来自普通学生，受到普通学生培养的教育场域的作用，同时是承认党的纲领和章程，愿意参加党的一个组织并在其中积极工作、执行党的决议的学生中的优秀群体。[3]因此，学生党员培养的思政课堂要区别于普通学生培养的教育场域，而不是趋同。

（二）学生党员培养的思政课堂教学要点：点对点培育，聚焦学生思想成长

在学生党员培养的思政课堂中，基于目前高校学生党员选拔标准和发展规模，本科期间学生党员培养对象一般为入学学生人数的35%，学生党员的培养更为精细化、深入化。作为受教育者的学生党员培养对象是思政课堂的核心。基于党员培养是"在人的头脑里搞建设"[4]，通过理论学习和实践锻

---

[1] 刘生全认为，教师是通过知识的组织和讲授而与学生互动的，而学生也是通过对知识的学习而实现与教师及其他教育者的交往的，教育管理者的活动也是通过对知识的组织、控制和评价等形式来实现的，引自刘生全：《论教育场域》，载《北京大学教育评论》2006年第1期。

[2] 参见习近平：《决胜全面建成小康社会 夺取新时代中国特色社会主义伟大胜利——在中国共产党第十九次全国代表大会上的报告》，载http://cpc.people.com.cn/n1/2017/1028/c64094-29613660.html，最后访问日期：2023年3月20日。

[3] 参见《中国共产党党章程（全文）》第一章党员第一条，载https://www.12371.cn/special/zggcdzc/zggcdzcqw/，最后访问日期：2023年3月20日。

[4] 参见《铸造实现民族复兴的先锋力量——党的十九大以来党员教育工作迈出高质量发展步伐》，载https://www.12371.cn/2022/07/07/ARTI1657159108460407.shtml，最后访问日期：2023年3月20日。

炼，引导学生坚定马克思主义的信仰、对中国特色社会主义的信念，践行全心全意为人民服务的宗旨，培育无私无畏的奉献精神和坚忍不拔的斗争精神，保持共产党人艰苦朴素、公而忘私、守公德、严私德、清正廉洁的政治本色。[1]这不仅对教育者的思想政治素质和理论知识素养提出了要求，更是对教育模式的有效性和深入性提出了要求。"浇花浇根，育人育心"，学生党员培养不仅是全员、全过程和全方位的教育引导，而且需要点到点、线连线、面对面的"滴灌式"精心培育。[2]唯有如此，才能更好地确保学生中的优秀青年顺利完成从普通学生到合格共产党员的成长转变。正是基于学生党员培养的特殊性和专一性，学生党员培养的教育模式的有效性和深入性在于以学生培养对象为核心，聚焦学生的思想成长，点对点针对性辅导深度访谈，即使是大规模的群体学习教育和实践锻炼也必须与小组研讨和实践分享相结合，才能将党员培育的思政教育落到实处。

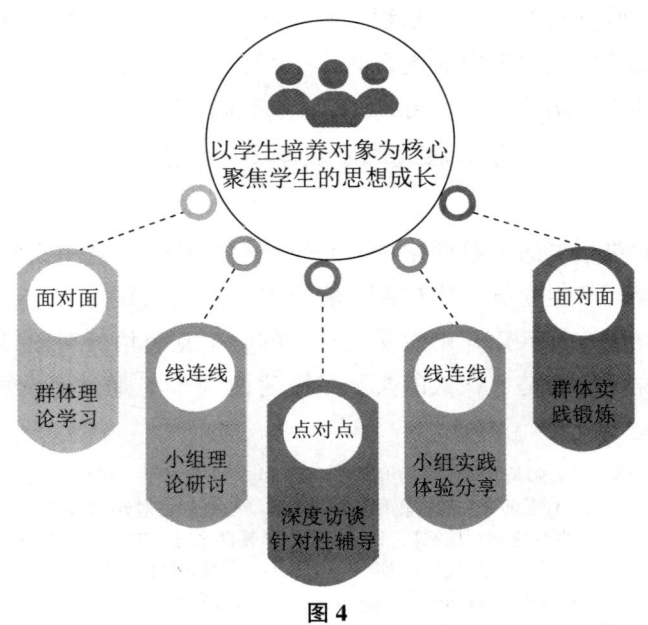

图 4

---

[1] 参见习近平：《在"七一勋章"颁授仪式上的讲话》，载 https://www.12371.cn/2021/06/29/ARTI1624962942356261.shtml，最后访问日期：2023 年 3 月 20 日。

[2] 参见郭健：《构建"大思政"人才培养格局——访河北大学党委书记郭健代表》，载《光明日报》2022 年 10 月 23 日，第 10 版。

因此，党员培养的思政课堂设计应以学生党员培养对象为核心，依循党员培养的进阶历程，从提交入党申请书起，学生就进入学生党员培养思政课堂中，作为入党介绍人的两名正式党员就承担了教育者的职责，认真了解申请人的思想、品质、经历和工作表现，向申请人解释党的纲领和党的章程，说明党员的条件、义务和权利，在进行连续性的考察、教育的基础上，向党组织作出负责的报告。[1]党团组织从培养对象的成长需求出发，通过多元、多层次的理论学习和实践体验，开展针对性的培训，并组织朋辈互助提升和逐一成长辅导，将拘囿于教室的思政教育拓展到学生学习、工作、志愿实践和生活等校园生活的各个方面，延展思政课堂的教学空间，为学生培养对象的全面发展提供更广阔的平台，为入党介绍人、党的支部委员会对学生培养对象的考察提供更为全面的参考信息。

四、模型构建：思政课堂的教学资源和教学策略

（一）思政课堂的教学资源反思

学生党员培养思政课堂的内容是多层次的，不仅包含作为教学主阵地的思想政治教育系列课程的课堂，还应涵盖与学生生活紧密联系的网络空间，建设与线下授课同步化的网络教学平台，以及实践专题教学活动。在教学资源方面，教育者主要采用专家编写的理论教材，教师整理的时政资料、影音资料，红色革命教育基地的实践素材和经典案例。

长期以来，理论教材是教师思政课堂上最主要的教育资源。让很多学生昏昏欲睡的思政课堂往往是教师照本宣科讲解教材理论或者阅读课堂讲义。在学生访谈中，有学生提及有些相同的思政主题，高中政治课堂比大学的思政课堂会更生动、更深刻，更具有启发性。相对于中学时期严苛的"中考""高考"压力，学分制下的大学思政必修课对于学生而言并不具有更大的吸引力。单一化的理论灌输，不仅很难让学生感到亲近、缺乏学习体验，更无法直击心灵、实现立德树人的育人效果。

思政教育是引导学生树立正确理想信念，学会正确思维方法。互联网时代，知识和信息的获取已经不是困扰学生的难题，青年学生所需要的是在纷

---

[1] 参见《中国共产党章程（全文）》第5条，载 https://www.12371.cn/special/zggcdzc/zggcdzcqw/#diyizhang，最后访问日期：2023年3月20日。

繁复杂的信息和知识中学会辨识、评判和选择的能力,而以何种世界观、人生观和价值观去辨识、评判和选择则应该是思政课堂所要解决的问题。因此思政课堂中不仅要有教材,还要结合青年学生在中小学时期的政治学习,引入时政评述、历史影像、实践素材和经典案例,情景化党史主题学习,聚焦问题研读思政经典,案例导入评述明理辨义,合理运用网络教学平台,实现网络学习同步化,通过学生所熟悉的虚拟情境体验,所便宜的线上调研和模拟演练,所常用的网络时政讨论等,引导学生用理论去分析、研判他们所熟悉的信息、知识和掌故,去辨识、评述他们所关注的新闻时政和争议事件。同时通过开展红色教育基地参观学习,焦点问题实践调研和学以致用志愿奉献等各类多元主题活动,全面深入社会实践,结合实际进行总结反思,从而在辨析中确认共产主义信仰,确认中国特色社会主义理论和实践对于国家富强和民族复兴的重要意义。

(二)思政课堂的教学策略反思

"一言堂"式的课堂教学策略是最简单也是最为常见的课堂教学策略之一,但对于思政课堂而言,它不应成为最主要的教学策略。思想政治教育,是通过师生之间、学生之间思想与思想的碰撞,心灵与心灵之间的对话,使学生获得深刻的学习体验,从而引导学生树立正确的理想信念,学会正确的思维方法。因此面向党员培养潜在群体的高校青年学生,思政课堂绝不是教师的"独角戏",思政课堂所担负的使命需有学生的参与,需有教师与学生之间经常性的互动和互通。

好的思政课是学会辩证唯物主义和历史唯物主义,创新课堂教学,给学生深刻的学习体验,引导学生树立正确的理想信念、学会正确的思维方法。要不断增强思政课的思想性、理论性、针对性以及亲和力。思想性是根本,理论性是原则,针对性是切口,亲和力是手段。讲好思政课不容易,组织好思政课堂教学更为不易。在一定的时空限制中,引导学生形塑世界观、人生观和价值观,不仅需要教师不断提升政治修养和理论水平,强化教学技能训练,而且需要教师花时间、花心思做好课前学生情况调研,组织好学生理论预习,策划好课堂教学活动,安排好课堂师生研讨,设计好课后学生的理论作业和实践体验。

五、案例研究：聚焦学生个体的党员培养思政课堂

在多年的党员培养经验基础上，某政法学校的某学院党委聚焦学生个体，从思政课堂教育场域的角度切入，依托辅导员深度辅导建立师生教学关系，根据学生调研确定思政指导方向，在传统思政教学必修课学习和党校定期培训、主题党日、团日活动的基础上，重新规划党员培养对象的学习小组，拓展思政教学资源，邀请校、院等部门党政研究骨干和榜样学生，培根铸魂，启智润心，构建学生党员培养的思政课堂。

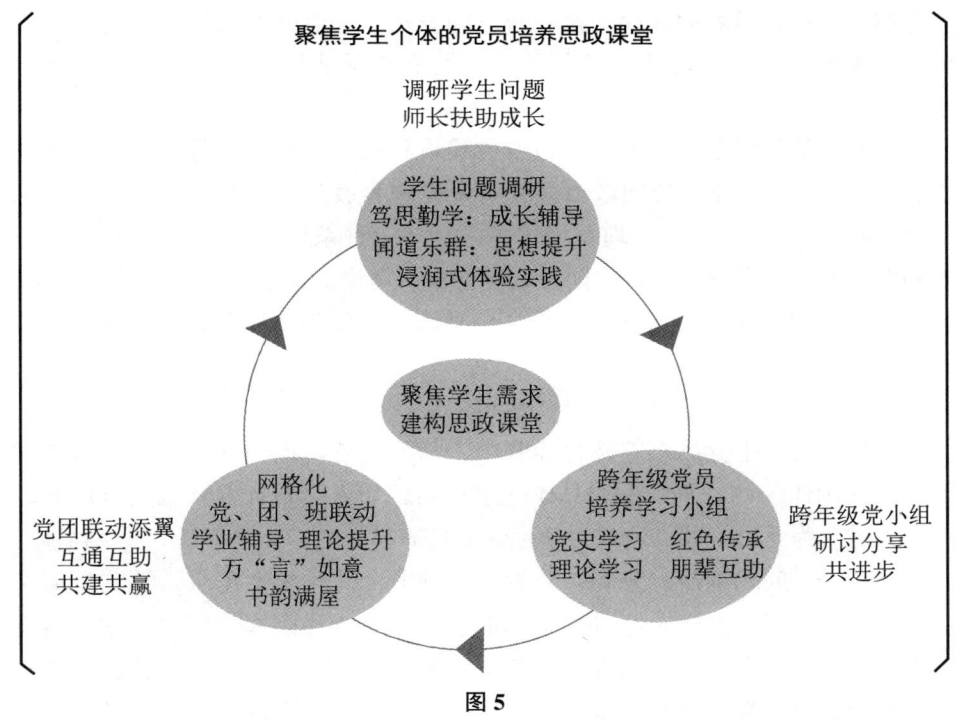

图 5

1. 聚焦学生需求，建构思政课堂

思政教育中常用的一个词是"入脑入心"，而"入脑入心"的前提是受教育者接受并认可教育者所传授的知识、所传递的思想，而不是"接收"。生活中，我们常常发现，一句话，不同的人说，听者的感受截然不同。不是语言内容的差异，仅仅是因为说话的人不同。听者更愿意因为说话的人与自己之间关系的亲疏之别而决定是否接受他/她的建议或者意见。我们也常常会发现我们更愿意且更容易接受并记住与自己所熟悉或者熟知的事物相关的内容，例如当我们讨论疫情防控期间对经济的影响时，对于涉世未深的学生而言，外卖种类的选择范围缩减，送货速度的迟滞乃至限定让学生们直观地感受到疫情给生活带来的影响，从而关注经济形势的起落，并进行理论反思。脱离学生所熟悉的具体实际生活，单纯从宏观的理论和大数据统计进行解读，则可能让人感到不知所谓，更遑论"入脑入心"。

因此，某学院在进行党员培养的第一步就是通过辅导员的深度访谈、入党介绍人与培养对象的多次交流，建立辅导员、入党介绍人与培养对象之间的信任关系，并了解培养对象的具体品行和生活实际，从而确立培养教育焦点。

同时，学院将学生党员培养与专业建设相结合，在学院范围内深入推进课程思政建设，将学生思想政治教育与专业课程教学相结合，将《习近平谈治国理政》多语种版本、《理解当代中国》多语种系列教材引入专业教学中，规划调整专业教学方案，将中国特色社会主义理论的讲解融入专业教学课堂，以春风化雨润物无声的形式，传承红色基因，扶助学生提升人生厚度，夯实专业技能。

2. 调研学生问题，师长扶助成长

在长期的学生党员培养教育经验中，学院党委认识到学生党员培养是需要"精耕细作"的，从学生的具体需求和问题切入，是有效开展党员培养教育的关键。为此，问题调研成为学生党员培养教育的必要前提。

在对学生问题调研、分类、分析的基础上，针对学生需求，学院邀请相关专家、学者和学生榜样与相关学生进行6人~8人小规模"笃思励学，培英咖啡"专题座谈分享，逐一讲解，答疑分享，逐步深入，以求"入脑入心"。

为全面提升学生党员培养对象的政治思想水平，开展"闻道乐群"主题学习教育，邀请校、院两级党政领导和党务专家，与同学们共同研学中国共产党章程、党的二十大报告等理论文件，溯源理论背后的故事，以求明理辨义。

为增强党的理论学习教育实效，积极推进浸润体验式学习实践，策划、指导学生党员培养对象先后参观中国共产党历史展览馆、首都博物馆庆祝中国共产党成立100周年特展、国家博物馆"复兴之路"特展及"人格的力量——中国共产党人的家国情怀"特展、北京展览馆特展等，组织、支持学生党员积极参加庆祝中华人民共和国成立70周年大会群众游行、庆祝中国共产党成立100周年大会志愿活动以及2022年北京冬奥志愿服务，引导学生重温历史，亲历党和国家发展的重要事件，以求不忘初心、牢记使命，矢志不渝传承好党的奋斗精神。

3. 跨年级党小组，研讨分享共进步

针对学生支部由跨年级组成，高年级党员居多，低年级以预备党员、发展对象、入党积极分子为主的情况，为助力高低年级学生交流互助，凝聚力量同心同向，学院党委建立了26个跨年级党员培养学习小组作为学习教育的主要组织形式，小组内以正式党员或预备党员同学为组长或副组长，每个小组人数均在10人以内，涵盖各个发展阶段和各个年级的同学，朋辈互助，共同进步。在建党百年教育学习中，各个党员小组通过红歌嘹亮、诵读经典，重温革命故事，传承红色基因；在二十大报告学习中，各党员学习小组通过理论学习、研讨，学习心得分享、交流，积极充实知识储备，不断提升政治修养。

4. 党团联动添翼，互通互助共建共赢

学生党员培养对象来自班、团，班、团同样是思政课堂的重要组成部分。为促进党、团、班协同培养，融通学生党员培养教育空间，学院党委指导学生党支部与学生会、学委会、新闻中心联动，与班团组织协作，以求互通互助、共建共赢。在2020年~2022年"防疫抗疫"期间，学生党支部与学生组织、团支部、班级联动，先后策划、组织了"爱'拼'才会赢"长跑打卡活动，面向全校师生发出长跑打卡活动的邀请，鼓励大家增强锻炼，提高免疫力，抵御病毒；策划、举办了考研、保研、出国经验分享交流会活动，邀请优秀的师兄师姐为同学们解答困惑，分享经验；组织开展了"书韵满屋——共读一本好书"活动，通过宿舍同读一本书，丰富同学们的宿舍学习生活，提高外语阅读能力；倡议"万'室'如意——寝室评比"活动，在疫情常态化防控下，鼓励大家分享宿舍温暖日常。学生党员和班团骨干，分工协作，每人负责联系3名~4名同学，常联系，常关怀，在网格化的党、团、班联动网络中，以温情、友情积聚力量，师生携手共克时艰，勇毅前行。

六、结语：师生教学关系是党员思政课堂构建的核心

改进、完善高校学生党员培养的思政课堂建设，以先进性目标要求大学生中的先进分子和骨干力量，是增强党的阶级基础和扩大党的群众基础，不断提高党在全社会的影响力和凝聚力的需要。[1]师生教学关系是思政课堂构建的核心。唯有将学生党员培养对象作为思政教育的焦点，将学生的问题和需求作为思政教育的起点，将师生之间信任关系的建立作为思政教育的基础，思政课堂才能发挥学生党员培养的实效，思政教育才能真正地"入脑入心"。

参考文献

[1] 习近平：《决胜全面建成小康社会 夺取新时代中国特色社会主义伟大胜利——在中国共产党第十九次全国代表大会上的报告》，载 http://cpc.people.com.cn/n1/2017/1028/c64094-29613660.html。

[2] 习近平：《高举中国特色社会主义伟大旗帜 为全面建设社会主义现代化国家而团结奋斗——在中国共产党第二十次全国代表大会上的报告》，载 http://www.dangjian.com/shouye/zhuanti/zhuantiku/xuexiguancheershida/zhongyangjingshen/202211/t20221111_6510819.shtml。

[3] 习近平：《在"七一勋章"颁授仪式上的讲话》，载 https://www.12371.cn/2021/06/29/ARTI1624962942356261.shtml。

[4] 《中国共产党章程》，载 https://www.12371.cn/special/zggcdzc/zggcdzcqw/。

[5] 《铸造实现民族复兴的先锋力量——党的十九大以来党员教育工作迈出高质量发展步伐》，载 https://www.12371.cn/2022/07/07/ARTI1657159108460407.shtml。

[6] 郭健：《构建"大思政"人才培养格局——访河北大学党委书记郭健代表》，载《光明日报》2022年10月23日，第10版。

[7] 宫志峰等：《大学生社会主义核心价值体系建设研究》，人民出版社2012年版。

[8] 刘生全：《论教育场域》，载《北京大学教育评论》2006年第1期。

[9] 侯勇、孙其昂：《思想政治理论课教学改革的现代转型》，载《思想政治教育研究》2014年第1期。

[10] 董前程：《高校思想政治理论课教学模式改革研究》，东北林业大学2017年博士学位论文。

---

[1] 参见宫志峰等：《大学生社会主义核心价值体系建设研究》，人民出版社2012年版，第113页。

［11］王国炎：《思想政治理论课"大思政"教学改革与建设探索》，载《思想教育研究》2010年第5期。

［12］刘晓阳：《学校思政课堂中法治教育一体化研究》，喀什大学2020年硕士学位论文。

［13］黄冬霞：《场景化传播背景下高校思想政治理论课建设面临的挑战与对策》，载《思想教育研究》2022年第1期。

探索基层团组织党史学习教育的新路径

桑 迪*

【摘 要】 本文立足于高校基层团组织学校教育的现实需求，审视因社会发展和工作模式僵化带来的团组织思想教育工作困境，充分考虑结合新时期特点、党的优秀精神与大学生思维方式、现实需求，期望探索出科学高效的党史学习教育新路径新体系。目前党史学习教育已成为思想政治工作体系的重要组成部分，有效融入了高校教育教学改革全过程。高校共青团是高校思想政治教育工作的前线，也是接触青年学生思想的第一线。出于对达成党史学习教育的目的和作用考量，坚持党的领导必须作为高校共青团乃至基层团组织进行学习教育工作的核心要义。在此种社会背景下，笔者认为基层团组织推进党史学习教育相关工作既要坚持党的领导，培育科学教育理念，增强学生自主学习兴趣，也要挖掘身边红色资源，开发丰富主题活动，合理规制教育活动，从而探索出符合高校工作要求的路径体系。

【关键词】 党史学习教育 高校共青团 思想政治工作

一、绪论

习近平总书记在主持十八届中央政治局第七次集体学习时指出，历史是最好的教科书。学习党史、国史，是坚持和发展中国特色社会主义、把党和国家

---

* 中国政法大学社会学院。

各项事业继续推向前进的必修课。这门功课不仅必修，而且必须修好。[1]为了认真学习习近平同志一系列重要讲话精神，中共中央党史研究室编写了《历史是最好的教科书——学习习近平同志关于党的历史的重要论述》一书，汇集了党史研究的权威机构、省部级领导、专家学者学习习近平总书记关于党的历史的重要论述的一系列文章。由此可见，党史学习教育事关党和国家工作全局的重要战略部署。

习近平总书记关于党的历史的重要论述指出，坚持辩证唯物主义和历史唯物主义的立场观点方法，以宏阔的世界眼光和深远的历史视野，对历史经验进行科学总结，对历史规律进行深刻揭示，对现实问题进行透彻分析，对未来发展进行深入思考，为我们学习党的百年历史提供了科学的历史观和方法论。[2]学习习近平总书记关于党的历史的重要论述，就要坚持党性原则和科学精神的有机统一，坚持站在党和人民立场上认识和对待党的历史；就要坚持党的实事求是的思想路线，坚持历史的观点、实践的观点和辩证唯物的观点，正确看待党走过的道路；就要正确处理政治与学术、历史与现实、研究与宣传的关系，旗帜鲜明地反对历史虚无主义，真正学习好、研究好、宣传好、捍卫好党的百年历史。[3]只有教育者旗帜鲜明，立场坚定，才能从根本上建立良好的党史学习教育的新模式。

二、目前高校开展党史教育的现状

党史作为中国共产党一部践行党的初心和使命的奋斗史，作为我国自新民主主义革命时期一直拼搏进取走向社会主义社会的奋斗轨迹的见证，能够帮助学生树立正确的世界观、人生观、价值观以及历史观，明确政治站位，激励学生坚定理想信念和社会主义追求。

（一）当前高校党史学习教育工作模式

当前高校已经形成了一整套基本的党史学习教育工作模式，总结各地高校的具体实践，当前高校的党史教育工作是一个逐级调配的过程，首先由学

---

[1] 参见逄立左：《立足党史工作实际 深入学习贯彻习近平总书记系列重要讲话精神》，载《福建党史月刊》2014年第3期。

[2] 参见欧阳淞：《认真学习党的百年历史》，载《湘潮》2021年第5期。

[3] 参见欧阳淞：《认真学习党的百年历史》，载《湘潮》2021年第5期。

校校级党团组织酝酿主题，形成方案和指导意见并下发至下级党委，下级党组织经讨论与会议将其形成符合自身工作模式、工作特点的具体计划并通知下属党团支部，其中高校基层团支部在其中起到了重要的作用。

（二）高校基层团支部在开展党史学习教育实践活动的特点

高校基层团支部在开展党史学习教育实践的过程中，其主要工作特点可以归纳为以下两点：

1. 从工作主体来看，一般是由基层团组织内教师作为指导教师，引导学生骨干以及优秀团员自行开展；学习形式较为固定，一般以专题研讨会或者读书分享会的方式进行，重点学习内容会补充电子声像材料加以巩固。

2. 绝大部分的活动依托学校现已开展的思想政治教育课程进行，通过这种方式一方面基层团组织希望通过学生必须修读的课程内容强化其学习热情，另一方面思政课与团组织党史教育课程相结合，将党史教育与爱国主义教育、中华民族传统美德等教育结合起来，也有助于双方形成合力共同将该方面教育内容推进得更为深入。

三、高校基层团组织开展党史学习教育工作的意义

目前我国正处在"两个一百年"奋斗目标历史交汇的关键时期，为此，在基层团组织开展党史学习教育尤其有必要。

（一）发挥历史本身的作用

历史是有力量的，它不仅是我们用来观察过去、体察人情的窗口，也是我们体会自身、明确目标的重要途径。意识形态领域的建设无论何时都是党与国家努力的重要领域，如果能正视历史，梳理正确的历史观，就能明确党一直以来的政治策略，有利于明确政治站位。高校基层团组织开展党史学习教育工作正是出于这种考量。共青团接受党的领导，是党的助手与后备军，基层团组织又是共青团最基层的一级组织。通过层层领导的组织结构，党与基层团员建立了联系，也同群众建立起联系。借助基层团组织的宣传与动员作用，党史的学习教育深入人心，有助于广大群众正确认识党和国家的历史，树立我国向前发展的自信心。而着眼于高校基层团组织党史学习教育新路径的探索能够响应时代与政治要求，为高校共青团实行思想政治工作提供帮助，对此方面的研究便具有实际意义。

（二）实现社会主义核心价值观的重要途径

在高校开展党史育人工作，是社会主义核心价值体系建设的重要途径，是党史研究和宣传的应有之义，是党史工作者义不容辞的责任。[1]对于这项工作的基本内容在高校通过传播党的奋斗历史，弘扬党的优良作风，宣传党的成功经验，普及党的思想理论，其根本目的是培养学生正确的三观，树立坚定的觉悟，凝聚党史、新中国史共识，增强学生对党的路线、方针、政策的认同。[2]

（三）高校意识形态工作的补充

高校的人才培养工作是一个理性化的教育过程，而党史教育工作则更偏于感性化。所谓党史育人，主要是指其中的宣传教育作用。对于基层团组织来说，一般的工作模式是积极引导广大师生通过浏览、阅读党史书籍、报纸、杂志、影像资料等，对学生的心理产生积极影响，激发他们爱国、爱党的热情，从而确定自己的人生目标和理想，或者是知道一件事或者一个问题怎么处理，才既有利于自己更有利于社会，特别是在"利己"与"利他"发生矛盾冲突时，怎样去把握，才能实现最大的社会价值，从而使人朝着有利于社会和历史发展的趋向而发展，得到社会的普遍认同。[3]只有具体的记忆和切实的感动，才可能孕育出感性的认知，有了感性的认知，才可能出现理性的认同。[4]

因此，对于高校基层团组织而言，重视党史学习，注重对学生的教育工作就占据不可替代的位置。

四、高校基层团组织党史学习教育工作新路径探索

根据习近平总书记在党史学习教育动员大会上的重要讲话精神和《中共中央关于在全党开展党史学习教育的通知》的相关要求，党史学习教育已成

---

[1] 参见《中央文献研究室副主任陈晋：党史育人的两个关键途径》，载《福建党史月刊》2010年第23期。

[2] 参见《中央文献研究室副主任陈晋：党史育人的两个关键途径》，载《福建党史月刊》2010年第23期。

[3] 参见曹礼龙：《高校党史育人的途径与方法》，载《文学教育（中）》2012年第6期。

[4] 参见《中央文献研究室副主任陈晋：党史育人的两个关键途径》，载《福建党史月刊》2010年第23期。

为思想政治工作体系的重要组成部分，有效融入高校教育教学改革全过程，在发挥示范引领作用、引导青年学生坚定理想信念、担负发展使命方面起到不可替代的作用。

（一）坚持党的领导，将党的领导作为学习教育工作的核心要义

高校共青团是高校思想政治教育工作的前线，也是接触青年学生思想的第一线。出于对达成党史学习教育的目的和作用考量，坚持党的领导必须作为高校共青团乃至基层团组织进行学习教育工作的核心要义。

（二）发挥基层团组织的作用，将学习教育活动深入学生学习生活的方方面面

从现实角度来说，将党史学习范畴框定在党委或党支部层面，会导致党史育人工作的缺失，容易忽视团组织在其中的重要性，因此从高校层面给予基层团委团支部必要的政策、人员、场地支持十分必要。科学的、可操作性强的、有指向性的指导意见与客观帮助有利于高校团组织将党史学习教育相关内容深化到日常工作的方方面面，从而激发基层团组织的工作活力。这是基层团组织探究党史学习教育相关工作新路径新体系的前提。

（三）培育科学教育理念，增强学生自主学习兴趣

目前来看，党史学习教育中不论是教育者还是高校学生在这一过程中均不能感受到真正意义上的"教育"功效而仅仅是在完成任务。

通过对某校以往不同党史学习小组学习成果的观察对比发现，一些指导教师本身对于党史理论学习的重要性认识不足，虽然能够组织基层团组织学生进行党史学习，但是学习过程僵化死板，缺乏对党史中的重要革命精神、爱国精神、时代精神的传达与解读，使得参与者难以将党史学习教育同日常生活联系起来，致使党史学习教育缺乏真正落地生根的现实土壤。另外，某些参与党史学习教育的学生对于该教育的认识也稍显不足。由于当前基层团组织开展党史学习教育实践一般均以读书研讨会的方式进行，参与其中的学生对于党史学习的认识仅仅停留在"会看、会背"的阶段——只作为知识掌握而未能将其深化到认知层面，自然也就不能与日常的学习、工作、生活相联结。总的来说，通过调查与分析，我们发现当前高校基层团组织在思想教育组织上僵化的主要原因在于，高校老师、学生社团与普通学生之间虽然建立了组织与合力关系，在队伍组织上已经形成了一整套相对完善的模式，但

是对于教育的重要性尚未有清醒认识，工作普遍建立在"达标"的目的之上，没有树立"三位一体"的思想高度。要解决僵化问题，探索高效的、创新化的、充分有利于党的精神在高校学生内弘扬发展的党史宣传教育路径，最根本的是要对高校基层团组织内指导教师的思想政治教育工作持续发力，使相关工作人员深入领会科学的思想政治教育理念，对党史学习教育的主体形式与实际策划进一步创新，从而激发学生认识党史、学习党史的主观兴趣与能动性，营造良好的党史学习教育氛围。

（四）挖掘身边红色资源，开发丰富主题活动，合理规制教育活动

红色资源融入高校党史学习教育有利于夯实大学生理想信念根基、淬炼大学生优秀意志品质、增强大学生时代使命担当的价值，能够促使大学生以党史滋养初心、厚植情怀、激励担当，推进学史铸魂、学史育人，在全面建设社会主义现代化国家伟大实践中建功立业。[1]

党史育人的两个途径，其一是通过具体的史实素材增强人们的红色记忆，其二是通过党史的精神魅力强化人们的红色感动。[2]那么如何才能增强人们的红色记忆、强化人们的红色感动呢？据经验来看，只有让人感动的东西才有可能被记得住，也只有真正让教育者和被教育者体会到党史的精神魅力，才可能升华对党史的感知并接受先进价值观发生的作用。[3]因此，党史育人应该遵循记忆的传播和感染规律，更多地考虑被教育者——高校学生的感受程度，用叙述方式来传播党的奋斗历史，塑造党的生动形象，弘扬党的优良作风，展示党的成功经验，普及党的思想理论。[4]

树立我们党的形象，传播党的优秀价值观，当然要取决于经济文化等的发展，但也取决于我们在党史教育工作的过程中能不能使"党的故事""中国故事"产生广泛的感染力。[5]当今高校学生出于各种原因更为习惯接受西方

---

[1] 参见苑晓杰、李群玉：《红色资源融入高校党史学习教育的价值蕴涵与路径选择》，载《浙江理工大学学报（社会科学版）》2022年第6期。

[2] 参见陈晋：《我看党史育人》，载《百年潮》2011年第1期。

[3] 参见《中央文献研究室副主任陈晋：党史育人的两个关键途径》，载《福建党史月刊》2010年第23期。

[4] 参见《中央文献研究室副主任陈晋：党史育人的两个关键途径》，载《福建党史月刊》2010年第23期。

[5] 参见《中央文献研究室副主任陈晋：党史育人的两个关键途径》，载《福建党史月刊》2010年第23期。

的陈述方式与手法。然而，这个问题的关键在于，如果接受西方的叙事方式，在某些重大事件上无法展现党的精神与历史全貌；如果仍然坚持一直以来的普遍教育方式用文件语言叙述党史，那么在宗旨是"育人"的作品中，多少会降低读者和观众自觉接受的兴趣，也会弱化我们党百年来波澜壮阔历史对学生的吸引力。[1]

（五）发挥网络作用，让党史走进网络，贴近广大学生的学习生活

网络已成为现代大学生们学习和生活中不可或缺的因素，而让党史走进网络、贴近广大学生的学习生活也是做好党史教育的重要途径之一。[2]

所谓党史进网络，首先可以在自媒体平台（如抖音、微信公众号等）开辟红色教育主题板块，以优秀党员以及学生干部为骨干，做好网络的宣传和维护工作；在网上定期开展党史党课宣传，党史视频演示、图片展等多样的形式，吸引高校学生参与其中。通过活动来吸引学生的眼球，起到潜移默化的教育作用。其次，利用短视频等学生喜爱的宣传途径，增强宣传力度，使得学生的学校生活与党史教育密不可分。[3]另外，通过讲座研讨会、读书分享会等多种线下模式，组织开展"党史知识竞赛""红色精神传承学习"等活动，广泛普及党史知识，引导广大学子了解党的知识，从而使学生对党的认识逐步加深。由此方式，我们可以看到，传统的党史教育模式，往往偏重理性与口号性的主题，辅之以形式丰富的宣传，但是内容本质难以引起学生的共鸣。[4]那么，如何能在目标明确，形式丰富的基础上，积极利用学校、社会的热点问题，挖掘党史资源，构建出能够吸引学生、打动学生的内容主旨，就成为探索党史学习教育新路径的重点。

（六）引导广大学生"自我管理，自我组织"的党史学习教育模式

在基层团组织内学生对于"自我管理，自我组织"的党史学习教育活动热情较高，而在团组织的组织生活中，引导学生挖掘个人的、故乡的红色教育资源则是提升学生自主学习党史的最佳方式。同时，将理论与实践相结合，

---

〔1〕参见逄立左：《在庄征、李铁两位烈士纪念文集出版发行仪式上的讲话》，载《福建党史月刊》2013年第21期。

〔2〕参见曹礼龙：《高校党史育人的途径与方法》，载《文学教育（中）》2012年第6期。

〔3〕参见曹礼龙：《高校党史育人的途径与方法》，载《文学教育（中）》2012年第6期。

〔4〕参见曹礼龙：《高校党史育人的途径与方法》，载《文学教育（中）》2012年第6期。

文字与媒体资料相补充的内容策划，能够切实增强基层团组织内青年学生的思想意识和行动意识。

总的来说，在充分发挥青年团员学生的能动性的前提下，结合线上线下活动，基层团组织能够举办内容丰富、形式多样的党史学习教育活动，有利于团组织"善"用、"活"用学教阵地丰富学教形式，激发组织内学生的参与主体性和热情，引发学生情感共鸣，不断提升党史学习教育效果。

五、结论

高校基层团组织发展符合当前工作模式的党史学习教育路径的重要性不言而喻，在当前学习工作"逐级调配"的大方向指导下，对高校基层团组织内指导教师的思想政治教育工作需持续发力，不应维持现状而更应进一步加强与提升；对党史学习教育的主体形式与实际策划也需进一步创新，将参与主体性返还给基层团组织学生，使学生学习变被动为主动。可是我们也应当看到，要达成上述目标，探索科学高效的工作方法，一味增加基层团组织学习教育工作的任务量是不可取的，更不能以"完成任务"作为量化目标而无节制地提升党史学习教育的频率。如不以"弘扬党的优良作风，指导学生培育正确三观，坚定政治觉悟，提升学生对党的路线、方针、政策的认同"为目标，反而舍本逐末单纯追求数据上的"光鲜亮丽"会对高校的思想政治教育工作产生负面影响。

因此，当前高校基层团组织的党史学习教育实践，还是应当在坚持此前已经打好的基础上，合理安排学习内容与学习频率，进一步开发形式多样的主题活动，激发学生自主学习、自主探索的热情，教师从旁进行辅助与指导而不进行过多干涉，从而探索出符合高效工作要求的路径体系。

参考文献

［1］逄立左：《立足党史工作实际 深入学习贯彻习近平总书记系列重要讲话精神》，载《福建党史月刊》2014年第3期。

［2］欧阳淞：《认真学习党的百年历史》，载《湘潮》2021年第5期。

［3］曹礼龙：《高校党史育人的途径与方法》，载《文学教育（中）》2012年第6期。

［4］《中央文献研究室副主任陈晋：党史育人的两个关键途径》，载《福建党史月刊》2010年第23期。

［5］苑晓杰、李群玉：《红色资源融入高校党史学习教育的价值蕴涵与路径选择》，载《浙江理工大学学报（社会科学版）》2022年第6期。

［6］陈晋：《我看党史育人》，载《百年潮》2011年第1期。

［7］逄立左：《在庄征、李铁两位烈士纪念文集出版发行仪式上的讲话》，载《福建党史月刊》2013年第21期。

大学生党支部建设路径思考

代丽丹 *

【摘　要】基层党支部是中国共产党自我革新、建设的实践平台和载体，高校是培养社会主义事业接班人的主战场，大学生党支部建设是实现全面从严治党的重要环节。因此，梳理大学生党支部建设的现状和问题，分析问题出现的原因，找寻新时代背景下大学生党支部建设的可行性路径，必然具有重大的理论意义和现实价值。

【关键词】大学生　党支部　路径

高校肩负着培养社会主义合格建设者和接班人的重大历史使命，是开展思想政治和意识形态教育的主阵地，大学生党支部作为党在高等院校的基层组织，是发挥学校党组织作用的基础，是提高高校学生党员党性观念、增强学生党组织凝聚力和战斗力的重要途径，[1]同时也是高校开展思想政治教育和学生工作的重要倚仗和抓手。由此可见，认清新时代背景下大学生党支部建设的现状和存在的问题、探索支部建设的模式和规律、发掘大学生党支部建设的科学路径并落到实处，对提高大学生党员党性修养、增强大学生党支部战斗堡垒作用、推进大学生思想政治教育工作高效开展，有着重大深远的意义。

---

* 中国政法大学民商经济法学院。
〔1〕参见王元彬、李航敏：《创新高校大学生党支部建设的实践探索》，载《思想理论教育导刊》2017年第1期。

一、大学生党支部建设的现状和问题

（一）对党支部建设重视不够，缺乏顶层设计

基层党支部建设的重要性不言而喻，如今大多数高校党委都明确表示高度重视大学生党支部建设。但很多时候，重视仅仅停留在"会议上"或"口头上"。建设工作缺乏科学合理的顶层设计，大多流于表面，很难在实际工作中真正实践并发挥实效。大多数高校更为重视教学科研核心工作，各类专业知识讲座和主题实践活动丰富多样，营造出浓厚的校园氛围，吸引众多学生党员参加。而党支部的"三会一课"和支部活动在校园生活中占比很少、形式单一、参与人数有限、影响力也较弱。

（二）低年级无法建立支部，组织管理困难

2015年以前，高中可以发展党员。入学伊始，大学低年级便可以建立党支部或者党小组，统筹协调整个年级的组织建设和党员、入党积极分子的教育、培养和管理。最主要是由于同一个年级的同学相对较为熟悉，有党小组和支部为组织依托，便于开展支部建设的各项工作。然而从2015年开始，进入大学的学生绝大多数都是共青团员，即使入校年满18周岁就向党组织提交入党申请书，根据中国共产党发展党员工作流程要求，成为预备党员至少需要1年零2个月的时间，成为正式党员至少需要2年零2个月的时间，也就是说，要到了大三，才能以年级为单位建立党支部。大一、大二的低年级学生，只能挂靠在高年级的党支部下，由高年级党支部代为培养。事实上，年级之间的差异，使得同学之间认识了解甚少，许多高年级党员同时还在准备着实习、修双学位、考证、英语考级等，毕业班党员还面临着毕业、论文等多重压力。目前严峻的就业形势早已经将压力提前带到校园内，部分党员出国交换，部分党员则在最后一年长期奔波于全国各地的求职路上。[1]这些因素都使得高年级党支部书记、支委、党员们无法真正静下心来，认真思考支部建设的路径和方法，也没有热情和精力投入对低年级党员、积极分子的培养发展中，导致低年级党组织较为涣散，凝聚力、战斗力不足。

---

[1] 参见王元彬、李航敏：《创新高校大学生党支部建设的实践探索》，载《思想理论教育导刊》2017年第1期。

（三）没有专业的指导队伍，辅导员分身乏术

目前大学生党支部的建设和管理基本都是由辅导员负责，而高校辅导员所带的学生人数较多，同时需要处理大量的学生日常事务和突发应急事件，没有过多的时间和精力投入党支部的建设和党员的培养教育当中。教育党员是党支部建设的基础工作，对党员的教育包括"政治理论教育、政治教育和政治训练、党章党规党纪教育、党的宗旨教育、革命传统教育、形势政策教育、知识技能教育"，[1]党员教育是一个丰富详实的专业体系，而辅导员的专业背景差异较大，很多辅导员缺乏马克思主义理论和思想政治教育的专业知识，在指导党支部建设和教育培养党员方面自然缺乏系统性和科学性。

（四）重发展，轻培养，党员的教育管理不严格

大学生党支部承担着比较繁重的党员发展任务，尤其是文科类院校。大学二、三年级发展党员数量较大，这使得发展党员成为党支部的主要工作。基层党支部普遍重视积极分子的学习、引导和培养，而忽视了对党员的继续教育和管理。入党积极分子要想发展成为一名党员，需要完成理论学习、上机考试、党校培训课程、党校结业考试等严格的培养考察程序，还需要定期提交书面的思想汇报，积极主动地向党组织汇报个人的思想动态。每一个积极分子需要2名正式党员作为培养联系人，定期对积极分子进行考察，填写《入党积极分子培养考察表》。但在正式成为一名党员后，支部对其的学习、教育、管理明显松懈了，学生党支部的作用大多停留在组织接收入党积极分子的思想汇报、收取党费等方面。甚至传统的支部管理制度如"三会一课"、民主评议党员、定期召开组织生活会等制度都没有得到很好的落实。[2]一些党员入党后便"躺平"，放松了对自己的要求，表现甚至不如其他同学。

（五）过于重视实用性，弱化了党支部的思想政治引领作用

传统的观念下，大家对支部建设形成了较为单一的认识，觉得党组织的学习活动普遍枯燥、乏味，很难激发大学生的参与热情，影响范围有限。于是，大学生党支部为了吸引更多党员参与支部的建设，创新活动内容和形式，

---

[1] 参见吴珊：《"三全育人"视域下大学生样板党支部建设的实践与创新》，载《学校党建与思想教育》2022年第14期。

[2] 参见王元彬、李航敏：《创新高校大学生党支部建设的实践探索》，载《思想理论教育导刊》2017年第1期。

把支部活动和大学生的专业课学习、升学、就业等结合起来,将实际工作和党组织的思想引领工作杂糅,将支部建设"泛工作化",较少关心大学生党员的理想信念锻造、道德情操陶冶、家国情怀涵养。由此可见,党支部建设可以丰富多样,但是必须提高政治站位,触及思想灵魂,如果将团学活动与党员活动糅合在一起,甚至用团学活动替代党员活动,就会弱化思想政治理论教育的政治性和严肃性,不能很好地达到组织生活的目的。[1]

二、大学生党支部建设现状的深层原因

(一)缺乏战略思维,各自为战

学生党员有着双重身份,既是党员,也是学生。大学生党支部既要为党育人,也要为国育才,党支部作为组织育人的一个载体,其育人功能的发挥覆盖教育、科研、管理、服务等各项工作,涉及价值塑造、知识传授、能力培养等多个方面。[2]古语道,不谋万世者,不足谋一时;不谋全局者,不足谋一域。[3]由此可见,大学生党支部建设不是一时之事,也不是一人之事,不是各学院、各年级各自为战,更不能只依靠辅导员个人之力。重视大学生党支部建设不能只是口头上说说,而应该真抓实干,有实实在在的投入,有能落到实处的保障制度。

(二)党员发展数量过多,发展理念保守,能进不能出

高校党支部党员发展数量较多,按照30%的发展要求,一个400人的年级,最终需要发展120名党员。繁重的发展任务占据了辅导员、学生党支部书记大部分的时间和精力,无暇静下心来思考党支部自身的思想建设和组织建设,导致对政治理论学习、理想信念教育、价值观塑造重视程度不够,践行能力不足。大学生党员的双重身份使其更多地注重自己的学生角色,往往忽略了在组织中的党员身份。在缺乏党员主体意识引导的情况下,大学生党员较难自觉主动地学习政治理论、加强党性锻炼、体现宗旨服务,无法在大

---

[1] 参见王元彬、李航敏:《创新高校大学生党支部建设的实践探索》,载《思想理论教育导刊》2017年第1期。

[2] 参见吴珊:《"三全育人"视域下大学生样板党支部建设的实践与创新》,载《学校党建与思想教育》2022年第14期。

[3] 参见程奎:《新时代高校党员如何培养战略思维》,载《人民论坛》2020年第14期。

学生活、学习和工作中发挥共产党员的先锋模范作用。[1]

在党员的发展过程中，大多数党支部重视对积极分子的培养考察，却放松了对党员的继续教育。党员的考核评估机制不尽完善，在党支部建设中，除了《预备党员教育考察表》之外，几乎没有对党员的考核标准和办法。学生党员如果不以党员的标准严格要求自己，不认真履行党员义务，不积极参加组织活动，不能发挥先锋模范带头作用。辅导员和党支部书记除了进行谈话引导之外，并没有其他可以采取的惩罚措施。再加上大学生就业形势越来越严峻，学校迫于就业率的压力，使得大学生党员教育管理和支部建设举步维艰。

（三）党支部建设缺少科学合理的制度保障，说得多，做得少

一些学校自身资源有限，将经费和场所更多地投入教学科研中，没有给党支部建设提供充足的保障和支持，支部活动很难开展，繁琐的经费报销机制消磨了党员们的热情，使得很多支部因为嫌麻烦而不愿意组织活动。其他相对丰富的第二课堂活动也没有与党建工作直接挂钩，组织活动缺乏保障，影响了大学生党员教育管理的开展。[2]

校院两级在打造宣传平台和载体上，更多地倾向于与学生学业相关的突出事迹和代表人物，较少大范围、成规模地宣传优秀学生党员的先进事迹。学生在校园生活中对身边的党员认识很少，对党支部的工作了解也不多，有的低年级党员甚至不知道自己的党支部书记是谁。党支部与党员、群众的联系不紧密，在学生中较难发挥作用，影响力较低。

三、大学生党支部建设的可行性路径

（一）建立全程化教育培养体系，加强对党员的教育管理

基层党支部建设要顺利开展，从根本上说，是要强化党员的主体意识，培养教育出一批政治立场坚定、思想进步、品德高尚、本领高强、肯吃苦有担当的党和国家事业的继承者和接班人。由此可见，党支部建设，归根到底

---

[1] 参见涂荣：《从严教育管理大学生党员的实现路径探究》，载《中共福建省委党校学报》2017年第8期。

[2] 参见涂荣：《从严教育管理大学生党员的实现路径探究》，载《中共福建省委党校学报》2017年第8期。

是做党员的工作，高校学生党支部作为党组织紧密团结联系大学生的桥梁纽带，直接关系着能否解决好"培养什么人，怎样培养人，为谁培养人"这个根本问题。[1]

第一，改变重发展、轻教育的模式，加强对学生党员的教育管理。要从思想上真正重视党员的培养教育和管理。结合不同学院、不同专业、不同年级的特点，设计制订完整的大学生党员培养方案，规定不同时段的学习内容、形式和时长，主题活动的参与要求和标准，联系群众的人数和范围。在学生提交入党申请书后，第一时间进行专门的培养方案讲解，让每一个积极分子对未来的党员身份有一个清晰的认识，对党员的权利和义务做到心中有数，引导帮助每一个学生党员建立充分的身份认同，加强党性锻炼，提升党性修养，敢于亮身份、表立场。

第二，改变"碎片化"的学习模式，加强学生党员的政治理论学习。迅速发展的网络新媒体改变了当代大学生获取知识、信息的手段和方式，也逐渐改变了大学生的思维方式和学习习惯。微党课等新媒体党建平台的兴起，一方面，改变了单一、陈旧的学习形式，打破了时空的限制，使党员的学习更为方便、自由；但另一方面，这种"碎片化"的阅读，无法全面系统地了解党的历史、理解党的理论、路线和方针，限制了党员的独立思考能力，使他们不求甚解，无法真正地提高政治理论水平。

因此，在开展形式多样的新媒体平台学习的同时，更要教会学生党员"读经典、读原著"。在党员培养方案中，规定每一个党员每个学期要精读一本马克思主义理论著作，组成读书小组，定期进行交流和讨论，让党员充分认识到政治理论学习的重要性，真正把理论学习和专业学习"一起抓"。高校党员学会读书，需要注重两方面的问题。一方面，读书要注重宽度。我们共产党员要注重从代表中华优秀传统文化、革命文化、社会主义先进文化和世界其他一切先进文化的书籍中，汲取养分，得到启迪。另一方面，读书要注重方法。每一个领域，我们都要认真分析，挑选出本领域最需阅读的一些经典读本仔细研读、细细领会。在阅读的过程中，我们也不能盲目地阅读，走马观花，要树立问题意识，带着问题去阅读。读完一本书，要弄清楚这本书

---

[1] 参见王泽兵、汪斌：《新时代高校学生党支部政治建设的理论内涵与实践路径》，载《学校党建与思想教育》2021年第11期。

的写作背景、主要内容、理论支撑和解决的问题。〔1〕

第三，改变"重学业、轻党建"的宣传模式，加强学生党员榜样模范作用发挥。基层党支部是中国共产党推进"全面从严治党"的依靠和抓手，学生党员是高校开展思想政治教育工作的主要力量。大学生党支部充分发挥自身的战斗堡垒作用，大学生党员强化自身的榜样模范作用，做到"一个党员，就是一面旗帜"，班级设立"党员宿舍先锋岗"，一个党员带动一个宿舍，年级成立"党员班级先锋岗"，一百个党员带动一个年级，将党员的先进性辐射出去，把党员的优秀事迹宣传出去，让越来越多的学生认识身边的党员，愿意跟随身边的党员同学一起学习，共同进步。

（二）健全大学生党支部的评价考核机制，强化组织纪律观念

学生党员之所以是大学生中的先进群体，是"召之即来，来之能战"的战斗队伍，是因为有严格的制度规范和纪律要求。要保障党支部的战斗力，必须不断强化集体观念和纪律意识，提醒党员不能放松懈怠，要严格要求自己，时刻接受党员和群众的监督。党支部要按照党员培养方案定期对党员进行考核，考核的范围要涉及思想、学习、工作、生活等各个方面。考核的方式要多样化，除了支部民主评议、自我评价之外，还应该多听取党外群众的意见和看法，尤其是要深入班级、社团、宿舍中去，全面了解学生党员的思想状态和综合表现，形成客观、真实的评价。

高校党委要重视党员的考核结果，形成"能进能出"的机制，让党员常存危机意识，永葆初心，自我反省、自我更新，严格要求自己，不断学习进步。对表现优异的学生党员代表，要积极给予肯定和鼓励，并在学生的成长规划方面提供帮助。目前各高校的支教保研、优秀学生干部的选拔，主要集中于各类学生社团等学生自治组织，极少考虑到基层学生党支部书记和支委，学校应该适当加大优秀学生党务工作者、优秀学生党员的比重，激发学生党员参与党支部建设的热情，调动党支部书记、支委工作的主动性和自发性，让"党旗高高飘扬"真正成为一种校园文化，营造出浓厚的党建氛围。另一方面，对表现不好的学生党员，要及时、严肃、慎重地进行批评教育，更要给予适当的处罚，改变"入党前积极向党组织靠拢，入党后任何活动不参加"

---

〔1〕 参见程奎：《新时代高校党员如何培养战略思维》，载《人民论坛》2020年第14期。

的不良作风，督促学生党员真正从思想上入党，言行一致，保持党支部的先进性和纯洁性。

（三）打造党支部建设各类基地，创新开展支部活动

党支部建设是与时俱进的工作，不能局限于校园，更应该"走出去"，更多地接触社会，了解实际，"从群众中来，到群众中去"。要用好红色教育基地，引导大学生党员知党恩、听党话、跟党走；建好国情教育基地，引导大学生党员知国情、晓社情、察民情；建强行业教育基地，引导大学生党员立大志、成大才、担大任。[1]生动感人的故事、栩栩如生的人物形象、震撼人心的现实场景，比单一的文本讲述更能打动人心，增强学生党员的使命意识，涵养家国情怀，勇于肩负起时代赋予的使命担当。

高校应该加大投入，选派马克思主义专业授课教师、专职党务工作者、退休党员、班主任，成立专门的"党支部建设工作室"，设立专门的"党员活动基地"，利用好微信、微博、抖音等网络平台，对党支部建设进行指导，协调各部门资源和人员，制订详细的全程化、全方位支部建设方案，一开始就对低年级的党小组做好思想引领、党员干部培养、组织建设督导，为高年级的党支部建设打下坚实的基础，使支部真正成为习近平总书记所说的团结群众的核心、教育党员的学校、攻坚克难的堡垒。

参考文献

[1] 王元彬、李航敏：《创新高校大学生党支部建设的实践探索》，载《思想理论教育导刊》2017年第1期。

[2] 吴珊：《"三全育人"视域下大学生样板党支部建设的实践与创新》，载《学校党建与思想教育》2022年第14期。

[3] 程奎：《新时代高校党员如何培养战略思维》，载《人民论坛》2020年第14期。

[4] 涂荣：《从严教育管理大学生党员的实现路径探究》，载《中共福建省委党校学报》2017年8期。

[5] 王泽兵、汪斌：《新时代高校学生党支部政治建设的理论内涵与实践路径》，载《学校党建与思想教育》2021年第11期。

---

〔1〕 参见吴珊：《"三全育人"视域下大学生样板党支部建设的实践与创新》，载《学校党建与思想教育》2022年第14期。

强化入党宣誓仪式感筑牢理想信念根基

吴紫夷　王文霞 *

中国共产党是以共同理想信念为纽带而组织起来的马克思主义政党。自登上历史舞台起，中国共产党就以马克思主义为行动指南，把共产主义确立为远大理想。坚定的理想信念指引着共产党人砥砺前行，是中国共产党人的政治灵魂。在中国共产党第十九次全国代表大会上，习近平总书记强调，要把坚定理想信念作为党的思想建设的首要任务，教育引导全党牢记党的宗旨，挺起共产党人的精神脊梁[1]。如今，为了响应时代的号召，圆满完成全面建成社会主义现代化强国、实现第二个百年奋斗目标，凝心铸魂，强化理想信念教育，增强党的凝聚力和向心力，培养不忘初心、牢记使命的社会主义建设者和接班人，是实现中华民族伟大复兴中国梦的重要前提。

党的十八大以来，习近平总书记先后两次带领党员领导同志，面向鲜红的党旗，庄严地重温入党誓词，掀起了重温入党誓词的热潮，引发了广大党员对入党宣誓仪式意义的思考。作为理想信念教育的重要载体，入党宣誓仪式标志着党员政治生命的开始，发挥着独特的思想政治教育功能。习近平总书记亲自带头重温入党誓词，再次宣告了党中央领导集体坚定不移践行初心使命的政治信念，并带动各级党支部组织重温入党誓词活动，党员反响热烈，由此可见入党宣誓仪式切实地发挥着理想信念教育的重要作用，并被广泛地运用在实践中，承担着党员教育的重要任务。新时代新征程，党组织需要有

---

* 中国政法大学人文学院。
〔1〕 参见《习近平：决胜全面建成小康社会 夺取新时代中国特色社会主义伟大胜利——在中国共产党第十九次全国代表大会上的报告》，载 https://www.gov.cn/xinwen/2017-10/27/content_5234876.htm? eqid=f973933b002c2bb9000000036458d4e0，最后访问日期：2021年10月27日。

效利用入党宣誓仪式这一重要形式,充分挖掘仪式中所蕴含的价值理念,借助仪式感将其内化到党员心中,筑牢党员的理想信念根基。

一、入党宣誓仪式和仪式感

从古至今,仪式一直客观存在并活跃于中华文明发展的历程中。大多数研究者认为"仪式"一词最早出自《诗经·周颂·我将》,为效法之义。《现代汉语词典》将仪式定义为举行典礼活动的形式、程序[1]。仪式在《简明文化人类学词典》被解释为按照一定文化传统将一系列具有象征意义的行为集中起来的安排或程序[2]。由于仪式本身涉及的领域众多,研究者对仪式的定义未能达成一致,大部分人认为仪式一定包含明确的动作指示,多个且重复的步骤和象征性元素[3]。由此可见,仪式具有特定的象征意义与文化意义,而非简单的、重复化的形式。

仪式通过象征、隐喻和重复的方式来阐释其被赋予的意义,使参与者感受到仪式中所蕴含的价值理念。研究发现,人们在参与仪式并融入仪式后产生的仪式感能够影响思维、行为和情感表达。[4]仪式本身并不具备教育引导作用,参与者如果没有真正融入仪式中,仅仅是机械化地采取行动,则很难认可仪式所承载的价值观点,从而使预期中的教育引导失效。正是这种充分融入仪式而产生的仪式感,激发参与者的情绪和认同,引导参与者深刻领会仪式传递的信息,最终实现仪式以育人为目标的功能表达。

入党宣誓仪式是党员加入中国共产党、完成身份转变的必要环节,它是党员在组织上入党的标志,更承担着引导党员在思想上入党的重任。早在1949年,《中央组织部关于入党手续和入党仪式问题给华北局的批复》中明确指出,入党仪式是教育的一种方式。[5]自此,入党宣誓仪式便作为党内教育的一种实践形式,在党员的党性教育过程中切实发挥着教育功能,并一直

---

[1] 参见中国社会科学院语言研究所词典编辑室编:《现代汉语词典》,商务印书馆2006年版,第1604页。

[2] 参见陈国强主编:《简明文化人类学词典》,浙江人民出版社1990年版,第476页。

[3] See Legare C. H., Souza A. L., "Evaluating Ritual Efficacy: Evidence from the Supernatural", *Cognition*, 2012, Vol. 124, No. 1, pp. 1–15.

[4] 参见石慧:《从观演关系浅谈戏剧的仪式感与营造》,载《艺术科技》2013年第11期。

[5] 参见中共中央组织部等编:《中国共产党组织史资料-第八卷,上(1921.7~1949.9)-文献选编》,中共党史出版社2000年版,第722页。

沿用至今。入党宣誓仪式本质上是一种具有教育意义的政治仪式，它运用具有特定意义的符号组合，如党旗、党徽等，通过固定的程序，在特定的时间节点和环境中激发出党员的仪式感，使入党誓词宣誓于口、认同于心，用外在言行深化内在党性，进而达到理想信念教育所期待的效果。

二、入党宣誓仪式的发展历程

回顾百年党史，中国共产党对入党宣誓仪式的规定顺应着时代的发展，在不断地发生改变。入党宣誓仪式从无到有再到成熟规范的发展历程，深刻地烙印上了中国共产党结合实际进行自我教育、自我调适和自我约束的特点，具有鲜明的政治和时代特色。[1]

入党宣誓仪式的发展历程可以被划分为三个阶段：萌芽阶段、初试阶段和发展阶段。学者们普遍认为这三个阶段能够很好地展现出入党宣誓仪式经过长期未经统一的探索，逐步推广并且发展成熟的演变。

（一）萌芽阶段

学者们认为从1920年8月上海第一个共产党早期组织成立到1925年7月广州国民政府成立这一段时间是入党宣誓仪式的萌芽阶段。在这一阶段中，入党宣誓仪式实现了从无到有的突破，总体的特点是简单、不固定、形式多样。

在中国共产党创建初期，并没有采用这种宣誓仪式。中国早期组织的创建者们不需要经历特别的入党仪式，在创立共产党性质组织的过程中便以事实依据自然入党，身份转变成为党员。1921年7月，中国共产党正式成立，结合革命的时代背景，根据慎重进行组织发展和党员吸纳的原则，入党的程序逐渐变得严格起来。中共一大通过的《中国共产党第一个纲领》第4条和第5条明确规定，被介绍人必须经由一名党员介绍，并通过所在地委员会的考察，大多数党员同意，再经执行委员会批准，才能被接收成为党员[2]。随着逐渐规范的入党程序被运用，较为成体系的入党仪式也应运而生。在这一

---

〔1〕参见陶沙、闫树军：《入党宣誓仪式：从无到有到成熟的演进》，载《党史博览》2021年第4期。

〔2〕参见本书编写组编：《中国共产党章程汇编：从一大到十七大》，中共党史出版社2007年版，第1~2页。

阶段，主要有两种不同的入党仪式：第一种是谈话式，这种形式是当时发展党员的主要方式。具体来说，首先由入党介绍人与入党人谈话，随后入党介绍人宣布党组织的决定就意味着入党人正式加入党组织。第二种是表决式，这种形式主要用于发展原来的团员。在党团员都参加的支部大会中，大家举手表决来决定是否发展党员。中共二大通过了《中国共产党章程》，进一步规范了入党程序，需要经过五个环节，即介绍、许可、报告、再报告和审查，才能够正式入党。[1]

第一次国内革命战争时期，在国共合作的背景下，中国共产党快速发展，人民入党热情高涨，党员数量快速增长。为了更好地规范党员的言行，保持党的纯洁性和先进性，入党程序变得更加严格和规范。1924年，新党员入党需要填表登记，这一方式从书面上明确了入党人成为共产党员的政治身份，有利于对党员身份进行统计。

在萌芽阶段，入党仪式还没有宣誓这一步骤，仅仅是简单的入党程序，可以被认为是对以后的入党宣誓仪式的酝酿。

（二）初试阶段

1925年8月到1927年7月，这一段时期被认为是入党宣誓仪式的初试阶段。在这一阶段，宣誓这一形式被学习并应用，入党宣誓仪式逐渐发展成为相对固定的、具有中国特色的形式。

1847年，由马克思、恩格斯起草的第一个无产阶级政党章程，即《共产主义者同盟章程》第十章第50条明确规定，在接收盟员时，支部主席需要向被接收加入盟会的人宣读和说明同盟章程，被接收者必须表示愿意加入同盟，并宣誓保证尽盟员的一切义务，才能成为盟员。[2]俄国十月革命的一声炮响，将马克思列宁主义送到了中国大地上，马克思主义在中国得到了广泛的传播，中国共产党应运而生。随着中国共产党逐渐发展壮大，在党员队伍的建设和发展方面，中国共产党把共产主义者同盟的先进经验吸收并转化为入党宣誓仪式这一相对规范的形式，并进一步将入党宣誓仪式应用到发展党员的实践中。

1925年8月，中共中央下达了《中央通告第五十三号——介绍新党员之

---

〔1〕 参见本书编写组编：《中国共产党章程汇编：从一大到十七大》，中共党史出版社2007年版，第1~3页。

〔2〕 参见《马克思恩格斯全集》（第10卷），人民出版社1998年版，第744~745页。

变通办法，各团体中党的组织与任务》，该通告规定，新生入学时介绍二人中只需有一人是正式同学，且不限于入学半年以上者。唯新生入学时必须经过入学仪式，并立即编入某一支[1]。自此以后，党组织将入党宣誓仪式广泛运用在发展党员的过程中。这一阶段的入党宣誓仪式有两个基本步骤。首先，在宣誓仪式之前，增加了一段时间的考察期。考察期主要由入党介绍人通过谈话进行考察。在考察期间，入党介绍人多次与入党人进行谈心谈话，深入交流，了解入党人的基本状况，进而教育引导其以党员的标准严格要求自己。然后，为入党人举行入党宣誓仪式。主持人、介绍人和入党人参与仪式。这一阶段的入党宣誓仪式有两个要素，党旗和入党誓词。入党人在火红的党旗下诵读入党誓词，庄严地完成政治身份的转变。

在初试阶段，入党宣誓仪式已经具备雏形，并成为发展党员的硬性规定。

（三）发展阶段

从1927年8月南昌起义到1930年2月井冈山根据地失守的这一段时期，被认为是入党宣誓仪式的发展阶段。在这一阶段，入党宣誓仪式呈现百花齐放、各不相同的状况。由于革命进程不同，全国各地区因地制宜，结合具体的革命实践情况探索适合的入党宣誓形式。

由于第一次国内革命战争失败，党的革命进程遭遇严重挫折。国民党反动派四处镇压革命，残害共产党员。考虑到保密和安全的重要性，中国共产党的很多工作转到地下，入党仪式需要尽可能简化，因此弱化了入党宣誓仪式这一固定形式，取消了入党宣誓仪式的硬性要求。虽然受到革命形势的影响，在情况不是很严重时，各地发展党员仍然采用入党宣誓仪式。这一阶段，结合革命实践，入党誓词以特定历史为背景进行修改，强调严守纪律、保守秘密。入党宣誓仪式创造性地发展成为严谨规范的模式，首先由主持人宣布会议开始，然后介绍人介绍入党人的个人情况，接下来入党人面向党旗庄严宣誓，党员发表意见并对入党人进行鼓励、教育，最后以唱《国际歌》为仪式结束。

在发展阶段，入党宣誓仪式已经形成了固定的模式，并被广泛运用。

---

[1] 参见中共中央文献研究室 中央档案馆编：《建党以来重要文献选编——一九二一——一九四九》，中央文献出版社2011年版，第450页。

(四) 现在的入党宣誓仪式

虽然经过长期的实践，入党宣誓仪式已经发展得比较成熟，在取消发展党员必须举行宣誓仪式的硬性规定后，长期以来中国共产党把入党宣誓仪式看作对新党员进行教育的一种方式，而不是入党的必经程序。随着抗日战争和解放战争取得胜利，中国共产党成为执政党，严把党员入口关、做好党员的教育引导成为重要任务。因此，中国共产党重新把宣誓仪式作为入党的必经程序来看待。1982年，党的十二大通过了新的《中国共产党章程》，明确规定入党宣誓仪式是入党的必要手续，并且确定了统一的入党誓词。[1]自此，入党宣誓仪式正式被写入党章，并且被明文规定了相对规范和统一的程序和形式。

三、入党宣誓仪式的思想政治教育功能

百年以来，入党宣誓仪式经历了广泛的实践，具备吸引力和动员力，是思想政治教育的有效方式。入党宣誓仪式主要在政治认同、价值导向和情感升华方面发挥着重要作用。

(一) 政治认同功能

入党宣誓标志着党员政治生涯的正式开始，是实现由非党员到党员身份转变、获得党员身份认同的庄严形式和必经途径。入党宣誓仪式这一严肃的现场教育加深了参与者的政治文化认同，通过公开化的集体展示活动，给参与者留下了深刻的印象。入党宣誓仪式过后，参与者都有一个共同的身份，即中国共产党党员。身份的转变伴随着新的行为规范和准则，共同的政治认同对党员进行了行为规范。首先，在入党宣誓仪式中，参与者公开、庄严地说出自己的承诺，受到入党誓词的约束和集体的监督。入党宣誓仪式强化了党员对身份的认同和应该履行的责任的意识，形成道德约束力。其次，入党誓词的内容和党组织代表的总结发言，界定了党员的行为要求，引导党员牢记自己的政治承诺，时刻以党员的标准严格要求自己。然后，在领誓人领读、宣誓人跟读入党誓词后，宣誓人需要大声报出自己的姓名，独立做出承诺。

---

[1] 参见本书编写组编:《中国共产党章程汇编：从一大到十七大》，中共党史出版社2007年版，第11页。

通过"我宣誓"的承诺，化被动要求为主动作为，突出宣誓人的主体性，进一步加深了宣誓人对党组织的认同。承诺使入党誓词内化到宣誓人的心里，并由内而外，让宣誓人自发地按入党誓词行动。

（二）价值导向功能

入党宣誓仪式发挥着价值导向的功能。入党宣誓仪式作为党员入党的必要流程，其设置本身就是为了引导党员坚定政治信仰，对党员进行思想政治教育，激励党员牢记党的宗旨和党员的使命。入党宣誓仪式主要通过两方面来实现价值导向的作用。一是发挥象征符号的意义，传播党的政治价值。在入党宣誓仪式上运用了党旗、党徽等具有特殊意义的象征符号，这些象征符号本身就代表着中国共产党，具有深刻的教育意义。二是运用统一的入党誓词，实现意识形态的整合。入党誓词经过了长期酝酿、多次修改和实践验证，蕴含着中国共产党的价值理念。入党誓词将原本存在异质性的个体观念统一到中国共产党的集体精神之中，将党员们紧密团结在党的领导核心之下，汇聚集体力量。

（三）情感升华功能

入党宣誓仪式是一种共情体验，可以激发出宣誓人的仪式感，唤起宣誓人的积极情绪。入党宣誓仪式的各种符号的组合布景，如举办地点在正式的场合，台上必须悬挂党旗，播放并合唱《国际歌》等，营造了庄严、神圣的感觉，通过现场感使宣誓人感受到共产党人的使命和担当，进而带来强烈的情感共鸣，促进宣誓人思想观念的改变。此外，入党宣誓中集体性握拳宣誓的动作，加深了宣誓人的参与感，更进一步激发了政治情感认同。强烈的情感在入党宣誓仪式的各个环节里逐渐形成和推进，加深了宣誓人对入党宣誓仪式的印象，使仪式中所蕴含的价值观念根植到党员的灵魂深处，更好地实现入党宣誓仪式的教育功能。在入党宣誓仪式中，宣誓人的强烈情感是取得良好教育效果的重要条件。

四、对入党宣誓仪式政治教育意义的实践探索

入党宣誓仪式作为入党的必经程序，如何在具体的发展党员工作中更好地发挥其重要作用值得我们不断探索和实践。以中国政法大学人文学院党委为例，自2018年以来，已在毕业生"最后一次党课"、分党校集中教育培训以及利用革命旧址、历史人物等红色资源开展实地研学过程中，带领师生开展入党宣誓仪式，取得了不错的成效。

如人文学院本科生党支部将入党宣誓仪式与主题党日活动相结合，为入党宣誓仪式赋予红色教育意义。本科生党支部定期组织支部成员到红色教育实践基地参观学习，支部成员重温革命前辈百折不挠、艰辛求索的伟大历程，明确了青年党员身上肩负的责任与担当，之后在特定的红色历史背景和情境下，组织预备党员面向党旗宣誓，庄严做出承诺，铮铮誓言，表达出自己的赤诚初心，进一步激发支部成员们的使命感和责任感，提升对党员的教育培养实效。

再如人文学院行政党支部推动现场教育、体验教育和情景教育的多元组织生活模式，将"现场看""实地感""内心悟"等融为一体，强化党员的代入感和参与感，深化理想信念教育成效，着力提升党建工作的凝聚力、感染力和向心力。行政党支部联合教师党支部前往贵州遵义红色教育基地进行参观学习，在红军山烈士陵园举行了庄严的重温入党誓词仪式。党员们身穿红军服装整齐列队，先向英勇的革命烈士敬献花篮，然后怀着无比崇敬的心情共同重温入党誓词。庄严肃穆的烈士纪念碑让党员们对革命先烈顽强的革命精神和高尚的革命情怀有了更深刻的领悟，身上的红军服跨越时间的长河把党员们带回了那个战火纷飞的年代，仿佛自己置身于革命战场，肩负共产主义伟大理想努力前进。这种身临其境的震撼使党员们深切感受到自己身为党员的责任、使命和荣耀，赋予了重温入党誓词仪式更加深刻的教育意义。

在郑重开展宣誓仪式前，学院党委及各党支部首先组织党员同志学习入党誓词的演变和不同时期入党誓词的内涵。入党誓词自建党初期至今，经历了五个时期的演变，最初，"牺牲个人、永不叛党"为核心誓词，这与共产党人建党初期的目标和革命任务有着紧密联系。抗战时期的誓词强调"要做群众的模范、对党有信"，这与当时背景下，我们党的生存环境和战略任务的变化紧密相关。解放战争时期，誓词强调"坚决执行党的决议"，这一时期的入党誓词具有鲜明的时代意义，表现出了我们党对于革命胜利的高度自信，对民族解放、新中国成立的坚定信念，以及未来社会主义的无限向往。新中国成立至改革开放前，誓词着重强调"学习马列主义、毛泽东思想"，这与我们党一直以来重视思想理论建设是密不可分的，并且强调"积极工作，精通业务"，这与新中国成立后开始的大规模经济建设是分不开的。改革开放新时期，入党誓词正式载入十二大党章并沿用至今。总结这五个时期，入党誓词中永恒的主题词是"遵守党纪、永不叛党、为共产主义奋斗终身"，这也是我们党员永恒的使命。

面对鲜红的党旗，郑重举起右手在党旗下的庄严宣誓，是每位共产党员最为光荣和自豪的时刻。通过深刻领会入党誓词内涵，使师生党员们认识到入党誓词是党员对党和人民做出的庄严承诺，一诺千金，在任何情况下，都要不忘初心，铭记铮铮誓言，做到政治信仰不变、政治立场不移、政治方向不偏，从而进一步强化师生党员的党性观念和宗旨意识，更加坚定永远跟党走的信念，推动党支部和广大师生党员坚定拥护"两个确立"，坚决做到"两个维护"。尤其对于教师党员而言，通过入党宣誓仪式以及重温入党誓词的形式，进行自我教育，涵养师德师风，激励他们在自己的工作岗位上充分发挥好示范引领作用，做社会主义核心价值观的坚定信仰者、积极传播者、模范践行者，为筑牢学生理想信念根基提供坚强保证，勇担为党育人、为国育才使命，促进人才培养工作高水平发展，实现立德树人根本任务。

在做好入党宣誓仪式基础上，学院党委还在仪式之后增加了由入党介绍人为新宣誓的预备党员佩戴党员徽章环节。通过这样的形式，一方面，进一步强化了入党介绍人在被介绍人被批准为预备党员后对其继续进行教育、帮助的重要使命，不仅要帮助预备党员在组织上入党，而且应该在思想上入党；另一方面，对于预备党员而言，由入党介绍人为其佩戴党员徽章，这不仅是一种荣誉、一种激励，更是一种鞭策，增强了党员的荣誉感和责任感，使党员同志时刻牢记自己是一名共产党员，时刻践行全心全意为人民服务的根本宗旨。

新时代新征程，百年未有之大变局既是巨大的挑战，又是难得的机遇。当前国际国内政治形势正在发生深刻变化，照搬原有的思想政治教育理念和形式已经难以适应新的时代要求。入党宣誓仪式作为思想政治教育的有效方式，必须持续不断地在内容和形式上进行探索，以跟进时代发展，适应政治形势的变化，更好地发挥其思想政治教育作用。强化入党宣誓仪式的仪式感，提高党员的代入感和参与感，是发挥入党宣誓仪式理想信念教育作用的有效方式。

破解与探索：高校学生会功能型团支部的作用路径研究
——以中国政法大学法学院学生会团支部为视域

徐 泽*

【摘　要】 高校共青团作为大学生思想政治工作的主力军，在推动"大思政课"助力构建"三全育人"新格局中发挥着重要作用。学生会作为共青团思政工作的主要抓手，成为高校思政工作中不可或缺的一环。本文以中国政法大学法学院学生会功能型团支部为视域，旨在探索功能型团支部在支部定位、组织责任、专业特色等方面的作用路径，为高校团学组织功能型团支部发挥思想引领、组织育人、服务学生成长成才作用提供新思路。

【关键词】 高校学生会　功能型团支部　大思政　三全育人

一、前言

在高等教育机构中，共青团组织的工作不仅是党的建设和思想政治教育工作的关键组成部分，而且对于实现教育的根本任务——立德树人具有至关重要的作用。它是推动"大思政课"建设的核心力量，同时也是构建"三全育人"长效机制的关键环节。在这一背景下，高校学生会作为党委领导和团委指导下的主要学生组织，不仅代表了广大学生中的先进性，而且在推动和引导大学生思想政治素质的全面发展方面发挥着不可或缺的作用。

特别值得关注的是，以高校学生组织，尤其是学生会为平台建立的功能型团支部，具有独特的价值和显著的优势。这种功能型团支部的建立，不仅能够更加有效地整合资源，提高工作效率，还能够更好地满足学生个性化成

---

* 中国政法大学法学院。

长的需求[1]。

因此，深入研究高校学生会功能型团支部的作用路径，探索其在当前高等教育背景下的实际运作机制和效果，对于优化高校思想政治教育工作，提升学生组织的服务能力和水平，具有重要的现实意义和深远的理论价值。

二、引题：高校学生会功能型团支部产生背景及内涵价值

高校学生会功能型团支部朝气蓬勃，它的出现不仅在社会价值层面具有显著影响力，在理论基础层面也得到了广泛的认可与支持，逐渐成为我国青年工作中不可或缺的一环。欲探求其作用路径，首先应当厘清高校学生会功能型团支部产生的内在逻辑。

（一）背景：国家政策相继出台

2016年，共青团中央、教育部联合制定印发《高校共青团改革实施方案》（以下简称《方案》），《方案》指出，巩固和创新基层团组织建设[2]，要求构建特色化建团机制，推进社团建团，探索网络建团、实验室建团等，这是国家层面对于高校团组织改革的首次探索，在全面推进思政引领核心工作上的有益尝试。

2022年，共青团中央、教育部党组联合制定印发《关于改革创新高校共青团工作 切实增强思想政治引领实效的若干措施》（以下简称《措施》），《措施》在"构建党委领导下团组织主导的高校团学组织体系"中首次提出了"功能型团支部"的表述，通过设置贴近学生的功能型团支部，强化团组织思想政治引领，促进学生组织更好地服务同学，通过建立特色化团组织深度融入"大思政"工作体系，在"三全育人"工作格局中充分发挥作用。

在此背景下，通过建立功能型团支部，全面增强学生会的政治性、先进性和群众性，是新时代加强和改进大学生思想政治教育工作的再尝试、是对新时代高校共青团自身职能的再定位、是对"育人为本、德育为先"教育理念的再强化。

---

[1] 参见张安澜：《高校功能型团支部的探索与实践——以武汉音乐学院青年编钟乐团团支部为例》，载《科教导刊（中旬刊）》2020年第35期。

[2] 参见共青团中央、教育部：《高校共青团改革实施方案》，载http://www.moe.gov.cn/jyb_xxgk/moe_1777/moe_1779/201703/t20170320_300172.html，最后访问日期：2024年4月23日。

（二）内涵：功能型团支部属于第五种团支部类型

在学理层面，目前学界尚未对功能型团支部有明确的定义，但从其性质、特点等方面理解，并结合《中国共产主义青年团支部工作条例（试行）》（以下简称《条例》）进行体系分析，可以得出：功能型团支部属于独立的第五种团支部类型。

表1 《条例》第5条对团支部的设置基本形式的规定[1]

款目	内容	团支部形式
第1款	……分布聚集的特点，灵活设置团支部	无（总则性规定）
第2款	规模较大、跨地域……符合条件的，应当成立团支部	普通团支部
第3款	团员不足3人的单位……成立联合团支部	联合团支部
第4款	为期6个月以上的工程……应当成立团支部	临时团支部
第5款	流动团员较多……成立流动团员团支部	流动团支部
第6款	……积极探索依托企业、社会组织……载体成立团支部	功能型团支部

功能型团支部的主要功能为团员青年思想政治引领和价值引领，一般不发展团员，不处分处置团员，不收缴团费，不选举团代表大会代表，可参加团内评优评先工作，与临时团支部等团支部有较大的区别。

同时，根据功能型党支部的学理界定，结合功能型团支部的独特性质，可以将功能型团支部定义如下：功能型团支部，是指根据社会发展、产业转型和资源分布特点，通过科学整合基层团组织资源，依托不同类别、形式和功能的"两新"组织和群众性组织而建立起来的具有不同特色的团支部，以实现团组织资源的再分配、再组合、再优化。[2]

（三）意义：以"大思政课"构建"三全育人"新格局

在当今全球化和多极化的国际格局下，伴随着国内经济社会的快速发展与

---

[1] 参见《中国共产主义青年团支部工作条例（试行）》，载https://www.gqt.org.cn/tngz/tl/zzgz/202204/t20220422_787434.htm，最后访问日期：2024年4月23日。

[2] 参见胡锦涛、赵晓春：《高校学生会功能型党支部建设刍议》，载《学校党建与思想教育》2020年第2期。

深刻变革，构建"大思政课"已成为高等教育领域的一项重要战略任务。[1]这一任务的核心目标在于培养具备全面素质、能够担当民族复兴大任的时代新人，以适应和引领时代发展的新要求。

1. 高校学生会是开展第二课堂教育的主抓手。高校正式教育（第一课堂）是学生接受教育的主要形式，但存在着教学方法单一、学生参与度不足、资源分配不均等局限，无法锻炼学生的学习能力、社交能力、实践能力。此时，学生会通过组织课外活动等，弥合了学生的实践需求闭合缺漏，成为高校学生追求自我锻炼、自我超越的平台，现如今一度跃升为全国高校开展第二课堂教育的主要载体。[2]

2. 学生会建团敲响大思政"上课铃"。通过在学生会中建立功能型团支部，不仅为学生会提供了一个开展思想政治引领的有效平台，而且为广大同学搭建了一个共同参与和互动的空间。在此基础上，通过实施"三会两制一课"的工作机制，学生会能够从深层次和多维度开展丰富多彩的思想政治教育活动。通过各式各样的活动，学生会不仅能够加强学生的思想理论学习，还能够培养学生的社会实践能力和创新精神，从而上好一堂生动形象的"大思政课"。

3. 学生会建团助力构建"三全育人"新格局。在高等教育体系中，学生组织通常遵循"校—院（系）—班"的三级联动结构，这一结构为学生会的有效运作提供了坚实的组织基础。学生会通过其独特的组织架构，将成员网络化地覆盖至全体学生，确保了信息与资源的上下贯通、纵向深入、横向广泛地传播，形成了一个高效的网格化管理体系。[3]在此基础上，学生会建团作为一种创新的组织载体，能够充分发挥其在学生群体中的影响力和凝聚力，从而在学生中产生广泛而深远的教育影响，实现"三全育人"的教育目标。

---

〔1〕参见杨杨：《"大思政课"视阈下培养高职医学生红医精神的路径探究》，载《广西教育》2022年第24期。

〔2〕参见韩雪、李昉睿：《高校学生会思政教育功能分析》，载《中学政治教学参考》2023年第9期。

〔3〕参见刘晓婧、唐浚泷：《"三全育人"视角下高校学生会组织改革实践研究》，载《高校共青团研究》2020年第Z2期。

三、破解：高校学生会功能型团支部建设路径分析

在高校学生会中建立功能型团支部，探索高校学生会团支部建设工作，必须在功能定位、组织责任、专业特色、宣传引领、改革落实等方面下大功夫，在建设路径分析中找到"落脚点"，找准"发力点"，打通"堵塞点"。

（一）明确支部定位，提升工作效率

功能型团支部的核心作用在于强化思想政治和价值观念的引领，通过具体的管理教育和评优推优职能，促进团员的全面发展。与其他类型团支部不同，功能型团支部不承担传统团务如团员发展、团费收缴及组织关系转接等，团员的团组织关系维持在原班级团支部。功能型团支部的支委会严格依规组建，支部书记一般由学生组织的主要负责人兼任，确保团支部的政治性和先进性。同时，与上级团组织协同，规范团干部的选拔与培养，确保统一参加培训，提高工作效能，并通过细化并严格执行管理考核制度，保障学生会建团后的工作效率和质量。

（二）落实组织职责，激发支部活力

为提升高校学生会功能型团支部的管理效能，需要制定有针对性的管理办法，完善团支部基层工作机制，以此拓展团员教育和管理的新途径。首先，通过结合学生会日常工作与"青年大学习"平台，深化理想信念教育，积极参与"青年马克思主义者培养工程"，激发团员的责任感与使命感，提高理论素养；其次，利用第二课堂活动，创新实践平台，通过多样化的学生实践活动，全面提升团员的综合素质；最后，通过团支部的自我建设，建立评价体系，表彰先进，强化身份认同，激发团支部活力。

（三）打造专业特色，形成育人合力

高校学生会一般以"校—院"两级为主，校级学生会隶属学校，由不同院（系）的同学组成，具有多元性；院级学生会一般隶属各学院，均由本院（系）的同学组成，具有专业性，二者在发展过程中各有特色。通过学生会建团，一方面，校级学生会能够利用其多元性，引领各学院学生领袖，扩大思想政治教育的影响力；另一方面，院级学生会则可利用其专业性，深化特定领域的思政工作，共同推动思想政治教育的深入实施。二者在不同领域、不同阶段的有效衔接与配合，促使高校"大思政课"的落地生根，形成育人

合力。

（四）利用网络平台，宣传引领效果

高校学生会作为学生工作的前沿阵地，肩负着将建团后的思想政治引领效应广泛传播的重要使命。在这一过程中，宣传工作发挥着至关重要的作用，它不仅能够推动思政理念的普及，还能够实现价值观的共享与传承。在当前信息化时代背景下，网络平台的兴起为思政教育提供了新的传播渠道，通过将思政教育的成果以直观、生动的形式在网络平台上展示，我们能够以更接地气的方式与同学们进行互动分享，从而更好地满足"全员育人"的理念。这样的传播策略不仅避免了学习成果的孤立，而且能够像涟漪般将育人的水波传递至更广泛的领域，激发出更加深远的教育影响。

（五）落实改革要求，破除顽疾弊病

2017 年以来，团中央接连发布了一系列关于高校共青团改革的指导文件，明确了改革的方向和措施。改革的核心目标是强化学生会的政治性、先进性和群众性，同时去除机关化、行政化、贵族化和娱乐化倾向，确保学生会工作更加贴近党的教育方针和新时代青年工作的实际需求。学生会建团作为改革的重要组成部分，不仅响应了改革的内在要求，而且为改革提供了持续的动力和活力，这一过程在加强了学生会与广大青年之间联系的同时，也使得学生会的工作更加富有成效和影响力。

四、探索：高校学生会功能型团支部建设实践探索

为贯彻落实团中央、教育部改革《方案》与《措施》，中国政法大学法学院学生会于 2022 年 12 月建立了中国政法大学法学院学生会功能型团支部，作为学校第一批功能型团支部开展思政引领等工作，在支部建设的实践探索中，形成一系列工作成效，在以"大思政课"推动构建"三全育人"新格局过程中总结实践经验，重点体现在以下几个方面。

（一）深化理论学习，提升政治素养

团支部成立后，专注于加强团员的理论修养，通过分主题、分阶段、多层次的理论学习活动，深化团员的思想认识。以每周一的工作例会为契机，组织团员观看"青年大学习"并展开深入讨论，同时，根据团支部的特色，不定期举办主题团日活动和红色经典阅读活动，如研读《苦难辉煌》《星火燎原》等经典书目。此外，团支部将学习党的重要会议精神纳入长期学习规划，提升团员的政治素养，学习成效将定期进行总结和上报，并将参与度和完成情况作为评优的重要依据。通过这一系列的学习活动，确保团员在参与学生工作时具备扎实的理论基础，实现理论与实践的有机结合。

（二）双重组织生活，明确主体地位

团支部成员在双重组织框架下，既隶属于学生会团支部，又与本班团组织保持紧密联系。在现行工作模式下，学生会团支部专注于团员的教育与管理工作，而不涉及新团员的发展。学生会成员在投入大量精力于学生会事务的同时，仍需积极参与班级活动，与同学保持紧密联系。作为大学的基本组织单位，班级团支部与学生会功能型团支部各司其职，需明确区分，秉承"从学生中来，到学生中去"的原则，学生会成员应避免因工作而脱离班级，确保不违背团组织的本质和主次关系。在此基础上，学生会团支部成员应积极参与班级团支部活动，并在有余力的情况下参与学生会团支部的思想政治教育，以不断提升自身的政治素养。

（三）发挥专业特色，打造活动品牌

法学院学生会结合法学专业特色长期开展学术发展、文体生活、实践就业等多项服务青年成长成才的第二课堂活动，在团支部成立后，更加坚定向"立德树人"根本目标前进。开展"致知讲坛"，邀请校内外法学名家做客法大传道授业；开展"法雨计划——法律人职业发展交流会"，为同学职业选择与职业规划提供便利；开展"全国大学生行政法模拟法庭大赛"，充分促进理论结合实际，让高校法学学子获得实践的机会；开展"薪火"系列活动，将大学生全方位培养贯穿入学到毕业始终；开展"艺生不凡"活动，打造第二课堂美育教育……法学院学生会功能型团支部通过开展各式各样的活动，充分助力构建"三全育人"新格局，在专业背景的依托下，打造文化品牌，助力青年成长成才。

（四）拓宽志愿服务，参与社会实践

人生之意不在索取，而在奉献。法学院学生会团支部成立后，多次组织"公益"系列志愿活动，开展"共读民法典"普法活动，为社会各界人士普及法律知识；开展"微光漂流瓶"活动，为广大同学心理倾诉提供平台，保障心理健康成长；开展"公益·鹿鸣"动物园志愿服务，感受服务的美好与魅力。团支部开展的志愿活动广泛覆盖支部内成员和其他同学，使公益事业在每个人心中扎根，让公益之花开遍每个角落。除此之外，团支部鼓励支部全体成员利用寒暑期时间开展"三下乡"社会实践活动，通过调研、走访、开展活动等社会实践，提供学以致用的好机会，也让支部成员们深入了解社会基层，增强当代大学生的社会责任感和历史使命感。

（五）树立良好形象，传递榜样声音

团支部致力于发掘和表彰身边的榜样，以此传递积极向上的价值观和精神力量。通过开展"法学院之星"系列活动，形成"评选—表彰—采访"体系，发现培养一批有理想、有朝气的青年才干，扩大优秀青年的影响力。通过学习榜样，青年学生们能够找到成长的方向，获得前进的动力。学生会团支部鼓励同学们将榜样的精神内化于心、外化于行，不仅在学业上追求卓越，更在品德修养、社会责任等方面作出表率。让每一位同学都能成为新时代的奋斗者和追梦人。

五、结语

习近平总书记在2018年全国教育大会上强调：要把立德树人融入思想道德教育、文化知识教育、社会实践教育各环节。[1]功能型团支部的产生是对高校共青团组织形态和工作机制的一次重要创新，它突破了传统团支部的局限，适应了新时代高校思政教育工作的需求。高校在功能型团支部的建设过程中，应当紧紧把握以"大思政课"构建"三全育人"新格局的中心脉络，通过多元化的组织形态和活动方式，充分发挥共青团在青年学生思想政治教育中的引领作用。

---

〔1〕 参见习近平：《坚持中国特色社会主义教育发展道路 培养德智体美劳全面发展的社会主义建设者和接班人》，载 http：//www.moe.gov.cn/jyb_xwfb/s6052/moe_838/201809/t20180910_348145.html，最后访问日期：2024年4月23日。

共青团大中小学思想政治引领一体化路径方法研究*

陈逸婷** 倪雨琪***
霍祉含**** 刘美琪****

【摘　要】 深入推进大中小学思政课引领一体化建设是新时代思政课改革创新的重要着力点。发挥社会主义核心价值观"一体化"引领作用，在根本出发点上要把握大中小思想政治理论课一体化的辩证法。然而当前在大中小学思政理论课一体化推进的过程中，理论研究依然足够深入而在实践研究中却多有浮于理论的情况。本文期望通过对山西省吕梁市石楼县多所中小学的实证调研，同时结合中国政法大学思政教育，真实联络起大中小学思政引领现状，理性研究"一体化"当前所存在的实践困境，推进大中小学思政引领"一体化"建设的共识理解，进而在研究报告中提出具有实践价值的大中小学思政引领一体化的价值实效与实践措施。

【关键词】 共青团　大中小学思想政治一体化　思政教育

绪　论

党的十八大以来，以习近平同志为核心的党中央高度重视青少年思想政治教育。党的二十大报告中明确要求对新时代青少年思想政治教育进行创新，

---

* 本文为中国政法大学 2023 年"青年发展研究"团学课题研究成果。
** 中国政法大学法律硕士学院。
*** 中国政法大学法律硕士学院。
**** 中国政法大学刑事司法学院。
**** 中国政法大学法律硕士学院。

强调"完善思想政治工作体系，推进大中小学思想政治教育一体化建设"。多部门也印发文件，提出根据各年龄段和各学段青少年的特点以及成长规律，开展分层分类一体化思想引领工作[1]。

共青团大中小学思想政治引领一体化有着鲜明的特征和本质要求，其推进具有重要意义。除了在大中小学思想政治引领一体化中发挥决定性作用的共青团之外，中国青年志愿者研究生支教团更可以成为有效依托。

目前，关于共青团大中小学思想政治引领一体化的主题研究，无论是在学术理论探讨还是实践路径研究上均存在不充分、不全面、不规范的问题。本文在回顾总结前人研究的基础上结合中国政法大学研究生支教团赴支教地开展教育教学工作的实际情况，对共青团大中小学思想政治引领一体化的现实形态进行实证研究，进一步实地调研共青团有关思想引领的相关要求和各学段青少年的成长环境，运用理论联系实际的方法，探索新时代背景下大中小学生思想引领的工作原则与实施路径，提出可落实、可见效的思政引领一体化方案。

一、共青团大中小学思政引领一体化建设理论逻辑

将社会主义核心价值观作为大中小学思政引领一体化的精神引领，是落实立德树人根本任务、引导学生树立正确人生观的关键环节，也是深化思政课内涵式发展的重要举措，更是解决"培养什么人、怎样培养人、为谁培养人"这一根本问题的必要步骤[2]。

(一)大中小学的思政引领的阶段性遵循辩证统一的认识论

《关于深化新时代学校思想政治理论课改革创新的若干意见》中认为[3]，在小学教育阶段应侧重于学生知识情感的启蒙，在中学阶段教育则应奠定学

---

[1] 参见2018年共青团中央发布的《共青团大中学生分层分类一体化思想引领工作大纲（试行）》。

[2] 2019年3月18日，习近平总书记在学校思想政治理论课教师座谈会上强调，循序渐进、螺旋上升地在大中小学开设思想政治理论课是确保培养社会主义建设者和接班人的关键所在。他进一步指出，推动大中小学思政课一体化建设的内涵式发展，应作为重要工程来统筹推进。坚持问题导向成为思政引领导向研究的共识，通过发现问题、解决问题推动工作发展，并遵循实践与理论的双重逻辑，确保大中小学思政引领一体化建设的实效性。

[3] 参见《关于深化新时代学校思想政治理论课改革创新的若干意见》由中共中央办公厅、国务院办公厅联合发布，其中明确指出，需对思政课课程目标进行整体规划，确保在大中小学阶段循序渐进、螺旋上升地开设思政课，旨在引导学生逐步树立道德观念、立志成才。

生的政治思维基石,在高学段教育应提高学生的思想政治素质,在高校教育阶段则应强化对学校的责任与承担。这一规律充分考虑到人的各个年龄阶段对科学知识和思想的认识与吸收水平的不同,反映了思想政治素质从低向高层次的成长阶段。遵循"螺旋式"认知路径,是把握阶段性成长的基础。[1]

在育人工作中特别是思政引领工作中必须坚持以马克思关于人的科学理论为理论基础,树立"以人为本"理念,说到底也就是在思想政治工作中必须遵循学生成长规律,主动回应学生关切,满足学生需求。特别是学生期间是价值观塑造的重要阶段。正像习近平总书记所指出的一样,必须扣好青年价值观养成的第一粒扣子,否则剩余的扣子都会扣错。[2]因此各级学校要在青少年时期着重关注学生的思想精神塑造和人格品质的培养。

根据大中小学各学段学生的认知能力和接受程度这样的阶段性正符合"实践—认识—再实践—再认识"的事物认知辩证过程。整体与部分的观点是唯物辩证法中的重要思想。[3]客观事物是整体和部分的统一。把握大中小学思政课程设置的差异性、阶段性,结合"一体化"要求所必需,思政引领一体化遵循着整体与部分的辩证统一认识论。

(二)思政引领一体化遵循联系与发展的认识论

共青团大中小学思政引领一体化建设以实现衔接贯通为表现,同时作为建设中的关键一环与直接成果,推进各学段的衔接贯通是对联系和发展认识论的贯彻。大中小学思政引领一体化坚定将思政课程课程定位、课程目标、教学内容、育人过程进行衔接贯通,一方面,思政课一体化建设,将大中小学不同学段的思政课有机地结合在一起,将思政课进行统一的构建,并对不同学段的思政课进行了科学的安排,使各个学段的思政课有机衔接。另一方面,思政课一体化建设是基于大中小学不同学段思政课的递进与发展情况,在大中小学逐步开设思政课,课程内容、课程目标等也会逐步增加。[4]

---

[1] 正如列宁所言,人的认识并非直线进行,而是无限接近于一系列圆圈,即螺旋式曲线。引自《列宁全集》(第55卷),人民出版社2017年版,第311页。

[2] 参见王培洲:《习近平总书记强调要扣好的"第一粒扣子"》,载 http://theory.people.com.cn/n1/2021/1220/c40531-32311865.html,最后访问日期:2024年3月26日。

[3] 参见李伟:《大中小学思政课一体化建设的逻辑理路》,载《河南社会科学》2020年第8期。

[4] 参见李伟:《大中小学思政课一体化建设的逻辑理路》,载《河南社会科学》2020年第8期。

(三) 大中小学思政引领一体化建设具有价值逻辑

"培养什么人"[1]始终是我国社会主义教育始终关心的首要问题。青少年作为国家的未来与希望,从某种意义上说,青少年的价值取向决定了一国未来的社会价值取向,他们的价值观在一定程度上决定着一个国家的社会价值取向,他们的价值观与社会的繁荣发展、意识形态的安全息息相关。思政课一体化建设是坚持思政课在课程体系中政治引领和价值引领作用的重要抓手,必须坚持思政课在课程体系中的政治引领和价值引领作用。[2]

1. 坚持了马克思主义及其中国化的思想

通过坚持"以人为本"的基本立场践行了马克思主义历史唯物史观的价值追求,同时从体系改革和局部发展的关系上印证了马克思主义唯物辩证法的基本观点。

2. 尊重人的发展规律,符合立德育人的教育目标

人作为不断运动和发展的主体,需要的是动态的教育方法和评价体系,一体化的思政引领能够让学生从个体上最大程度地统一思想脉络,形成正确三观。

3. 利于培养担当民族复兴大任的时代新人,推进强国建设

青少年应当是思想政治教育中的重点对象,引导学生把爱国情、强国志和报国行自觉融入中国式现代化的建设中对于实现中华民族伟大复兴的重大事业有着不可替代的作用。

二、共青团大中小学思政引领一体化建设现实问题

本文通过设计问卷调研,以中国政法大学研究生支教团山西分团一线实践为推进原点,面向当地各学段团学专职教师、学生开展了详细的调研和访谈,深入了解山西省石楼县大中小学思政引领一体化开展的现状,展开推导当前共青团大中小学思政引领一体化建设的现实问题。

大中小学思政课各自为战现象日益凸显。所访谈的专职教师九成以上表

---

[1] 参见《习近平在全国教育大会上强调坚持中国特色社会主义教育发展道路 培养德智体美劳全面发展的社会主义建设者和接班人》,载《人民日报》2018年9月11日,第1版。

[2] 参见李伟:《大中小学思政课一体化建设的逻辑理路》,载《河南社会科学》2020年第8期。

示思政课程内容设置重复。初中思政课程与高中内容多存在"炒熟饭"的情况，大致一样的内容进行重复的编排与设置不仅会使得思政教育逐步落后于当下时代要求与发展，同时更会极大消磨学生对于思政学习的主动性与积极性。七成学生认为思政课程内容学习前后衔接跨越无端存在知识断层情况。课本教学中存在着许多与当前学生认知能力、学习能力并不贴合的知识内容。例如，调研中发现中学《经济与社会》教材中有关经济制度、去杠杆等专门术语。对于这些经济方面的专业术语，高中生是很难理解的，而且在中学时期，学生们也没有任何关于经济方面的知识和储备，这就造成了课程内容提供的不足。此外，学校与学校之间，不仅是同学段的学校，还有大学、中学、小学之间关于思政课程设置的交流是鲜少看见的。

伴随网络第三时代的到来，国际贸易往来推动了文化的进一步交流，在网络环境下，文化产品消费参差都渗透着资本主义意识形态因素。"享乐主义"、"拜金主义"及"个人主义"等资本主义环境下的思想意识形态以物质文化为展现形式进行渗透。它是一种极具迷惑性、欺骗性的力量，它正在瓦解着青年人的主流思想，给我们的青年价值观的形成带来了极大的消极影响。[1]

三、基于中国政法大学研究生支教团"培德计划"的案例分析

为深入学习贯彻党的二十大精神，推动学习贯彻习近平新时代中国特色社会主义思想主题教育开展的制度化、常态化，重点落实习近平总书记在学校思想政治理论课教师座谈会上的重要讲话精神和习近平总书记关于青年学生成长成才重要思想，完善中国政法大学"青马工程"培养体系，进一步发挥新时代高校共青团的育人功能。中国政法大学研究生支教团"培德计划"（以下简称"培德计划"）于 2023 年 3 月正式启动。"培德计划"依托中国政法大学研究生支教团临时团支部，自启动至今，"培德计划"已经基本形成"一个支部、两条框架、三个阶段"的实践模式。

（一）中国政法大学研究生支教团"培德计划"开展现状

1. 一个支部

一个支部，即中国政法大学各届研究生支教团于组建之处成立的临时团

---

〔1〕参见何茜：《西方文化渗透下我国网络意识形态安全发展态势与对策研究》，载《中国社会科学院研究生院学报》2018 年第 3 期。

支部。以临时团支部为单位，在牢牢把握和发挥支部的政治属性的基础上，结合支教服务地的各种主题教育资源，广泛开展理论学习、实践学习、主题团日等多种形式的支部建设活动，同时注重与服务地党团支部之间的合作与交流，进一步增强中国政法大学研究生支教团与服务地的联系、强化资源整合优势。

2. 两条框架

两条框架，即依据高校研究生支教团成员的"双重身份"，从服务对象的思政教育和团队成员的思政教育两方面推进"培德计划"具体实施，以'既做绘梦者，也做追梦人"的大思政观为指导，旨在结合中国政法大学研究生支教团成员既是思政教育讲述者、又是思政教育实践者的"双重身份"，引领更多青少年学子和同龄人树立与祖国同心同向的理想信念，进一步发挥新时代研究生支教团的育人作用。第一课堂由课程知识生发、拓展相关红色教育和思政引领内容；与中华优秀传统文化结合推进"阅读习惯养成计划"，培养学生的阅读习惯、增强学生的文化自信；以新疆阿勒泰、内蒙古科左中旗两处支教地为阵地，重点开展"石籽连心"民族团结工作，从思政教育、日常教学、心理关怀等多方面协同铸牢中华民族共同体意识方面的各项工作。同时，中国政法大学研究生支教团积极拓展第二课堂，运用班队会、国旗下讲话、社团活动等机会协助学校开展相关主题活动；扎实开展"明法计划"，讲授"人人都能听懂的普法课堂"，走进社区开设普法展台和法律咨询，为服务地基层法治建设注入新鲜活力；在各支教服务学校广泛开展"青春励志"系列讲座，结合个人经历开展思政宣讲、分享学习方法及感悟等，以个人的成长视角走近学生，以朋辈教育的方式感染学生，引导学生早立志、立大志、成大器。

同时，"培德计划"同样关注成员自身思想政治堡垒的塑造，依托中国政法大学"青马工程"研支团专项培养方案开展相关思政引领活动，围绕深化理论学习、开展红色教育、增强实践锻炼三方面内容，有组织、有计划地定期开展以马克思主义经典著作阅读与讨论、学习贯彻习近平新时代中国特色社会主义思想主题教育学习心得与分享、中国青年运动史的发展探究、服务地社情民情了解与调研等为主题的团日活动。

3. 三个阶段

三个阶段，即"培德计划"确立的"在校—县级—后期"相结合的贯通式培养框架。在校培养阶段，旨在提高中国政法大学研究生支教团成员的政治站位、强化责任担当，增强团队成员的理论素养，增进对党的政治认同、思想认同、情感认同。县级培养阶段，意在结合中国政法大学研究生支教团的服务性质，把思想政治工作贯穿组织建设和支教服务全过程，充分运用地方资源，把党的理论和先进思想同实际工作相结合，进一步发挥新时代研究生支教团的"双重育人"功能。后续追踪阶段，是中国政法大学研究生支教团全程跟踪培养的关键环节，通过内部"结对"帮扶等方式保障研究生支教团工作的延续性，鼓励成员将自己在基层工作中的感悟转化为高校思政工作以及团学工作的创新点，在广大青年大学生中发挥先锋模范作用和带动引领作用，同时引导成员参与社会科学或团学工作研究课题，为青年政治骨干培养机制推进贡献"法大经验"。

（二）中国政法大学研究生支教团"培德计划"实践反思

1. 党团建设的思政引领是共青团大中小学思想政治引领一体化的内在要求

习近平总书记在全国高校思想政治理论课教师座谈会上的讲话强调，思政课要解决学生理想信念问题。要让有信仰的人讲信仰。中国政法大学研究生支教团坚持将"先有信仰，后讲信仰"作为工作开展的重要追求。团队成员应当保有"对马克思主义的信仰，对社会主义和共产主义的信念"。想让思政教育在学生的实践中开花结果，就必须扎实马克思主义的坚强思想阵地，依托党支部和团支部，以党建带动团建，推进成员自身的思政教育工作，以坚强的组织结构筑牢成员坚固的思想堡垒。只有负责大中小学思想政治引领的教育工作者努力成为先进思想文化的传播者、党执政的坚定支持者，才能推进大中小学思想政治引领一体化工作的推进。

2. 三个阶段的制度设计是共青团大中小学思想政治引领一体化的基本保障

中华民族悠久的历史文化为大中小学思想政治引领一体化提供了内容丰富、形式多样的思政教育资源，如何综合运用社会各界力量打通资源之间的时空限制、实现资源的最优化整合是构建大中小学思政教育共同体的重要内容，而加强社会各方合力协作和资源整合的制度建设是题中之问。"培德计划"以在校培养阶段、县级培养阶段和后期培养阶段为思政教育开展的基本制度框架，开展学习联动、实践育人和追踪评价，紧紧把握"人"这一关键因素，以中国政法大学研究生支教团为载体，将高校的思政教育资源整合、加工之后，在各支教服务地对中小学生开展各项思想政治引领活动的同时，在实践中真切感受思政教育的育人功能，推进活动内容制度化实现、活动形式平台化搭建。

3. 朋辈教育的形式创新是共青团大中小学思想政治引领一体化的可靠举措

双向互适规律要求思政教育工作的开展和推进，必须以受教育者的接受能力为基础，结合受教育者所积累的知识水平、对世界的认知程度、对形式的接受态度等适时调整思政教育内容和框架设计。朋辈教育，是从同龄人的视角出发、以所在年龄段更容易接受的表达方式和形式，相互传授知识和技能的一种教育模式，在高校间以宣讲团为代表形式广为运用。中国政法大学研究生支教团从服务对象的知心人的身份出发，结合各年龄段学生的知识水平特点开展各项思政引领活动，实现大中小学思想政治引领在活动内容上的一体化。同时，鼓励服务对象积极参与广播站、宣讲团等活动，引导服务地学生在一定范围内自主开展朋辈教育，促进大中小学思想政治引领在活动形式上的一体化。

结 论

高校研究生支教团是共青团大中小学思想政治引领一体化的有效依托。习近平总书记指出，要针对不同学段，根据思想政治理论教育规律和学生成长规律科学设置具体教学目标。这就为具体开展大中小学的思政教育活动提供了一个基本的指引。这表明，要真正理解并应用思想政治理论教学规律，就必须认识并遵循学生的成长认识规律，从而设计并实施不同年龄阶段的针对性思政引领活动，达到大中小学的思想政治引领一体化。要在新时期推动思政课建设内涵式发展，必须对"一体化"建设的要求内涵有深刻认识，要有系统性思维，要打破学段界限，要坚持分级，要做到德育目标的一致性和内容的梯度，要做到教育主体的整体性和各个年级的教学规律的统一。要以夯实基础为基础，强化师资队伍，以改革创新为核心，打造思政金课，构建

"关键课程"，实现"立德树人"任务。[1]高校研究生支教团通过在各支教服务地学校开展一线教学工作，从而能够清楚了解学生所处学段和认知水平所处阶段，同时亲身感受基层社会治理的现实需要、接受乡土教育，激励广大研究生支教团成员依据服务对象的主体性和成长性特点，反思教学活动和思政教育的内容供给，及时调整、满足不同学段学生的需要。此外，高校研究生支教团隶属共青团中央大学生支援西部计划，系大思政人体系中"社会合作"部分的重要组成，高校研究生支教团成员的理论学习与个性成长经历能够增强大中小学思想政治引领一体化的协同性与丰富性。

参考文献

[1] 王宇涵、汪杨：《分层分类一体化：新时代大中学生思想引领的路径探索》，载《青少年学刊》2021年第3期。

[2] 谭畅：《新时代共青团思想政治引领的内涵、价值和策略》，载《新生代》2019年第3期。

[3] 胡国：《中学共青团工作需把握三个根本性问题》，载《中国共青团》2019年第3期。

[4] 刘小莲：《高职院校共青团如何构建分层分类一体化思想政治引领体系——以江西青年职业学院为例》，载《科教文汇（下旬刊）》2019年第18期。

[5] 张拥军：《新时代高校志愿服务育人功能及实现路径探析》，载《思想教育研究》2019年第6期。

[6] 张静、杨也：《基于年级差异的高校共青团思想引领调查分析》，载《青年发展论坛》2019年第6期。

[7] 于洋：《建立大学生一体化分层分类思想引领体系探索》，载《新西部》2018年第12期。

[8] 李伟：《大中小学思政课一体化建设的逻辑理路》，载《河南社会科学》2020年第8期。

[9] 何茜：《西方文化渗透下我国网络意识形态安全发展态势与对策研究》，载《中国社会科学院研究生院学报》2018年第3期。

[10] 李昕：《统筹推进大中小学一体化 推动思政课建设内涵式发展》，载《中国高等教育》2019年第7期。

---

[1] 参见李昕：《统筹推进大中小学一体化 推动思政课建设内涵式发展》，载《中国高等教育》2019年第7期。

［11］《列宁全集》（第 55 卷），人民出版社 2017 年版。

［12］《习近平主持召开学校思想政治理论课教师座谈会强调用新时代中国特色社会主义思想铸魂育人 贯彻党的教育方针落实立德树人根本任务》，载《人民日报》2019 年 3 月 19 日，第 1 版。

［13］《习近平在全国教育大会上强调坚持中国特色社会主义教育发展道路 培养德智体美劳全面发展的社会主义建设者和接班人》，载《人民日报》2018 年 9 月 11 日，第 1 版。

［14］李俊峰:《以系统观念推进大中小学思政课一体化建设》，载 https：//baijiahao.baidu.com/s？id=1771706121621316544&wfr=spider&for=pc。

高校校园文化育人路径研究

传统与现代相结合，促进校园文化活动的创新发展

柏懿娜[*]

【摘　要】 传统文化是中华民族的瑰宝，如何将传统文化与现代文化相结合，推动校园文化活动的创新发展，是探索和推进校园文化活动创新发展的重要问题。校园文化活动创新对校园文化建设和素质教育有着重要作用。深入挖掘学生需求，通过传统与现代相结合的创新形式，建立校园文化活动创新发展模式，可以丰富校园文化内涵，为年轻人提供更加全面、多样的文化体验，推动校园文化活动进一步发展，促进社会主义精神文明建设。

【关键词】 校园文化活动　传统文化　现代文化　创新发展

随着社会的不断进步，校园文化活动成为学生课外生活中不可或缺的一部分。校园是社会主义精神文明建设的重要阵地，校园文化的创新发展是校园文化建设和素质教育的重要任务之一。随着时代的发展，年轻人的精神需求不断产生新的变化，已经不能满足于以往的校园文化活动。因此，在当前大背景下，将传统文化与现代文化相结合，是探索和推进校园文化活动创新发展的重要途径。

一、校园文化活动创新发展的意义

校园文化活动的创新发展，不仅有助于学生全面发展，提高文化素养，推动校园文化建设，增强社会责任感，还可以培养学生创新精神和实践能力，在学生成长和参与社会发展方面具有重要意义。

---

[*] 中国政法大学学生工作部。

1. 促进青年学生全面发展。校园文化活动为学生提供了丰富多彩的艺术、体育、科技等领域的锻炼机会,能够激发学生身体和智力的潜能,提升其综合素质。

2. 增加学生的文化内涵。通过开展各种形式的校园文化活动,如文学讲座、艺术展览、科技比赛等,可以为学生注入更多的文化信息和知识,增强他们的文化素养和审美能力。

3. 推动校园文化建设。校园文化活动是校园文化建设的重要组成部分,可以丰富校园文化内涵,提高校园文化品位,推动校园文化建设的深入发展。

4. 增强学生的社会责任感。校园文化活动不仅是学生自身的文化修养,也是参与社会建设和文化传承的行动。通过开展公益性或社会实践类活动,如义演、志愿服务,可以让学生更加深入地感知社会、了解民生,增强学生的社会责任感。

5. 培养学生创新精神和实践能力。校园文化活动是学生进行自我展示、交流互动和创新创造的平台。在活动中,学生可以发挥想象力,融合多种艺术形式,提高他们的创新精神和实践能力。

因此,应该积极探索和创新各种形式的校园文化活动,打造具有时代特色和自身魅力的校园文化品牌,为学生的成长和社会的发展做出积极贡献。

二、校园文化活动存在问题和挑战

高校文化活动是大学生活中不可或缺的一部分,促进了学生思想观念的塑造和全面素质的提升。然而,随着社会的快速发展和文化多元化的趋势,高校文化活动面临着问题和挑战。

1. 传统文化影响下的重复和单一性问题

传统文化作为中华民族的瑰宝,对校园文化活动有着深远的影响,但同时也容易使得校园文化活动在内容和形式上出现单一、重复等问题,这是当前高校文化活动面临的一个重要挑战。如何创新发扬传统文化,使其更好地适应时代需求,成为当前需要思考和解决的重要问题。

2. 现代文化增加了学生个性化需求和多样性

在现代社会中,随着人们的生活水平和社会经济条件的提高,年轻人的审美认知逐渐多样化和碎片化,学生对于校园文化活动的需求已经从过去单一的模式转变为多样化和个性化的模式。

现代文化对主题内容的要求更加多元化，要求校园文化活动涵盖更广泛、更具代表性的方向。现代文化通过多种形式表达自己，如音乐、电影、手游等，要求校园文化活动在形式上也更加多样化。现代文化以时尚为导向，要求校园文化活动注重前沿、潮流性，强调文化与现代趋势相融合。

在这样的背景下，学生独特的个性和需求需得到满足，这就要求进一步推动校园文化活动的多样性和个性化。学生对校园文化活动的期待更强调个性化需求和多样性，因此如何让校园文化活动更好地满足学生的需求和利益，也是面临的关键问题之一。

三、传统文化与校园文化活动创新

中国传统文化是中华民族的瑰宝，包括丰富的历史文化底蕴和深刻的思想内涵。传统文化与校园文化活动密不可分，创新出具有时代特色和自身魅力的校园文化品牌，有助于促进青年学生全面发展，推动校园文化建设的深入发展，并培养学生创新思维和实践能力，具有非常重要的意义。

传统文化可以为校园文化活动提供丰富的艺术魅力和历史积淀。中国传统文化包含的丰富的元素可以与现代年轻人流行文化相结合，创新出更加多元化的文化活动形式。例如，开展书法比赛、古诗词背诵比赛、中华扇艺表演、民族器乐演奏等文艺类活动，可以让学生了解和欣赏中国传统文化的魅力。

传统文化可以培养学生的道德情操和文化自信心。传统文化包含丰富的道德内涵和人类智慧，如中庸之道、孝顺敬老、尚德修身等，这些价值观可以引导学生正确的价值取向和行为习惯。同时，通过传统文化的学习和传承，可以增强学生对中华文化的认同感和自豪感，提高学生文化自信心。

传统文化也是校园文化建设的重要组成部分之一，可以推动校园文化建设的深入发展。校园文化活动作为校园文化的载体，需要有着较高的品位和内涵才能赢得广泛的认同和支持。传统文化积淀了丰富的历史文化底蕴和人类智慧，丝毫不逊于现代文化形式和内容。将传统文化和校园文化相结合，可以增加校园文化活动的历史深度、文化高度和艺术魅力，从而提升校园文化整体水平。

传统文化在推动校园文化创新方面具有不可替代的作用和地位。通过挖掘传统文化的内涵，借鉴其卓越的思想和艺术价值，不断创新并融合现代理念，可以促进校园文化的全面发展、提高学生的文化素养和创新能力，促进校园文化的建设。

四、现代年轻人流行文化与校园文化活动创新

（一）现代流行文化与校园文化密切相关

现代流行文化也是校园文化活动不可或缺的元素之一。通过融合现代年轻人流行文化，可以进一步拓展校园文化内涵，提高校园文化品位，充分发挥现代流行文化的魅力，为青年学生提供更具有时代特色和新颖性的校园文化体验。

现代年轻人流行文化可以丰富校园文化内容，推动校园文化多元化发展。随着互联网技术快速发展，现代学生对于流行文化越来越感兴趣，如影视、音乐、手游等各种类型，这些元素通过与传统文化相结合，可以产生更加多样化、充满活力的校园文化形式。

现代年轻人流行文化可以激发学生的热情和创造力。现代流行文化作为青年学生日常生活中不可或缺的重要组成部分，以其新颖、多彩的形式吸引着学生的注意。通过将现代流行文化与校园文化相结合，可以激发学生的热情和创造力，开展更多具有自主性、专业性、艺术性的校园文化活动。

现代流行文化对于塑造校园文化品牌具有重要的作用。现代年轻人流行文化是时代的产物，具有强大的传播力和影响力。通过将其融入校园文化中，可以增加校园文化活动的社会关注度和参与度，进一步提升校园文化品牌的知名度和美誉度。

在校园文化创新中，应该积极借鉴并推广现代流行文化元素，以富有时代特色的形式展示出来。同时，也需要注意避免流行文化中一些不良、低俗的内容对校园文化的不良影响，切实维护校园文化健康稳定的发展态势。

（二）现代文化促进校园文化创新发展

1. "互联网+"下的校园文化活动创新

随着互联网技术的不断发展，越来越多的校园文化活动与互联网技术进行结合。比如各种在网上发起的签名活动、网络演讲比赛等，都通过互联网

媒介参与其中，增强了网民的参与感和话语权。

2. 游戏化的校园文化活动设计

当前，游戏化已经成为年轻人文化中的一大热门，注重互动、趣味性和竞争性。在校园文化活动中，也可以采取游戏化的方式，如线上知识竞答、论坛、集赞、PK等形式，增加学生参与的积极性和效果，同时也带来了良好的宣传效应。

3. 综艺化的校园文化活动体验

近年来，选秀类综艺节目风靡全国，成为年轻人追捧的娱乐文化形式。借鉴这种综艺化的方式，也可以在校园文化活动中增添活力与互动性。例如，开展各种艺术类选秀、才艺表演赛事等，使更多学生能够展示自己的才华，增强他们的自信心和表现欲。

五、传统文化与现代文化相结合的重要性

当前，随着社会的发展、文化的多元化和时代的变革，校园文化活动的传统文化与现代文化之间的融合已经逐渐成为校园文化活动的一个重要趋势。传统文化和现代文化相结合，既可以弘扬中华优秀传统文化，也可以满足年轻人的时尚需求，推动校园文化向更深层次的发展。

一方面，传统文化是中华民族的瑰宝，蕴含着深厚的文化底蕴和思想精髓。在校园文化活动中，传统文化可以被有效保护、传承和发扬光大。比如，开展各种传统文化活动，如书法、国画、昆曲、戏曲等，可以让学生接触传统文化的瑰宝，了解传统文化的内涵，并由此提高对传统文化的认知和认同感。

另一方面，现代文化是当今社会的特征，通过将其融入校园文化中，不仅能够丰富校园文化内涵，还可以满足当代年轻人的时尚需求。比如，借助现代科技手段，开展各种现代文化活动，如电子竞技、短视频制作、音乐制作等，可以让学生更好地适应现代社会的发展和变化，并通过这些新颖的活动形式来激发他们的创造力和创新能力。

校园文化活动的传统文化与现代文化融合是未来校园文化发展的重要方向。通过将传统文化与现代文化相互融合，可以丰富校园文化内涵，为年轻人提供更加全面、多样的文化体验，推动校园文化活动进一步发展。

六、校园文化活动创新发展的途径

为了实现校园文化活动的创新发展，需要深入挖掘学生需求，将传统文化与现代文化相结合，建立符合当代中国文化特点的校园文化活动创新发展模式。

（一）深入挖掘学生需求

通过调查问卷、访谈等方式，深入研究学生对于校园文化活动的需求，开设符合学生兴趣爱好的活动项目，增加学生参与度。同时，加强校园文化活动组织者的培训，提高其创新意识和文化素养，使其能够更好地设计、组织和推广校园文化活动。

校园文化活动应该承担更多的社会责任。学校可以积极与社会各界合作，促进校园文化活动与社会资源的互通有无，让校园文化活动成为推动社会进步的有力力量。

（二）传统与现代相结合的创新形式

校园文化活动的创新发展需要深度结合中国传统文化和现代年轻人流行的文化。其中，中国传统文化可以为校园文化活动提供丰富的精神内涵和历史积淀，如道德修养、艺术魅力、社会责任感等，同时也包括诸多的艺术形式和作品，如书法、诗歌、音乐、绘画、舞蹈、剧本等。这些元素可以与现代年轻人流行文化相结合，创新出更加多元化的文化活动形式。

在传统文化和现代文化的融合中，要体现跨文化的交流和融合。比如，在传统文化活动中融入现代元素，或者在现代文化活动中融入传统元素，可以激发出不同文化之间的碰撞与交流，让年轻人更好地了解和认识不同的文化，增强多元文化交流和理解的能力。

在现代年轻人的流行文化中，网络文化是比较典型的一种。可以通过开设各种线上的文化活动，如线上问答、电子书籍、听书、网络演讲等，以此来增加学生的文化接触和学习效果。游戏化的文化活动设计也成为现代年轻人流行文化中的主流，可以在校园文化活动中采取类似于线上知识竞答、论坛、集赞、PK等形式，增加学生参与的积极性和效果。此外，在现代综艺节目风靡全国的背景下，可以采用类似于各种艺术类选秀、才艺表演赛事等形式，在校园文化活动中推进综艺化的文化体验，增添活力与互动性。

中国传统文化和现代年轻人流行文化的融合也需要具有策略性。例如，在文学创作方面，可以通过将传统文学作品注入新型媒介的方式，如电子书籍、音频阅读等，以此来提高年轻人消费传统文化的可能性。在音乐领域，可以将传统音乐元素和流行音乐元素相结合，展现多样化的音乐风格和审美。在文艺展览方面，则可以将传统艺术形式和现代视觉艺术相融合，呈现出丰富多彩的文化魅力。

（三）校园文化活动创新发展模式

为了推进校园文化活动的创新发展，需要在传统文化与现代文化相结合的基础上，建立符合当代中国文化特点的校园文化活动创新发展模式。

1. 多元化文化因素的引入。校园文化活动可以针对不同的学生群体、不同的文化背景，注重引入各种不同的文化，如传统文化、现代文化，打造出多样性和丰富性的校园文化氛围。

2. 国际化交流与合作。校园文化活动可以通过建立国内外文化合作伙伴关系，积极开展国际化交流活动，让中国文化走出国门，提高校园文化活动水平和影响力，增强学生文化自信。

3. 创新组织方式和方法。校园文化活动可以通过改变过去单一的组织方式和传播方式，发掘新型的组织方式，如科技手段的使用、社交媒体等平台的运用等，探索创新的传播方法和战略，增加校园文化活动的传播效率和影响力。

4. 强化学生参与的主动性和创造性。通过传统文化与现代文化相结合，激发学生参与热情和兴趣，提高学生的主动性和创造性，鼓励他们积极参与并提出自己的意见和建议，实现校园文化活动的共建共享。

综上，丰富的传统文化以及现代文化为校园文化活动的创新发展提供了广阔的空间和充足的资源。校园文化活动要注重多元化、国际化和创新性，适应当代文化的变革和发展趋势，不断探索新的模式和方法，打造出具有时代特点和文化特色的校园文化品牌，推动校园文化活动的蓬勃发展。

七、结语

随着时代的发展和年轻人的变化，校园文化活动创新发展已经成为教育和文化工作者面临的挑战。我们需要通过借鉴传统文化和现代年轻人流行文化，融合校园文化活动设计，注重学生需求和文化素养的提升，以实现校园文化活动的创新发展。这不仅是满足学生的需求，也是增加学生综合素质和文化修养的必要途径。

参考文献

［1］郑立丹：《中职学校校园文化建设的特色性》，载《科学咨询（科技·管理）》2021年第6期。

［2］蒋鑫鑫：《弘扬中华优秀传统文化坚定大学生文化自信》，载《公关世界》2022年第10期。

［3］程家树、赵连强：《践行传统文化 打造特色文明校园》，载《山东化工》2018年第19期。

［4］姜振娥：《特色学校校园文化建设刍议》，载《文学教育（下）》2021年第3期。

［5］宋晓琼：《高校校园文化品牌对当代大学生道德品质的影响及其建设途径研究》，河南理工大学2014年硕士学位论文。

校园迷你马拉松的办赛逻辑和价值取向
——以"我的青春法大"校庆长跑为例

赵中名 孙宏毅 *

一、校园马拉松活动的缘起

近年来，马拉松作为一种大众运动项目越来越受到社会的广泛欢迎。作为路跑运动的一种形式，马拉松运动对场地要求较低，运动时间灵活且运动动作较为简单，因而广受城市人群热捧。[1]在国际范围内，纽约马拉松、芝加哥马拉松、柏林马拉松、东京马拉松等大赛历史悠久，办赛水平广受世界跑者认可；就国内而言，北京马拉松、上海马拉松、厦门马拉松等老牌城市马拉松被誉为国内"大满贯"马拉松赛事。中国田径协会发布的《2019 中国马拉松大数据分析报告》显示，2019 年中国境内（不含港澳台）共举办规模马拉松赛事 1828 场，同比增长 15.62%，累计参赛人次 712.56 万，同比增长 22.22%。

对于高校大学生群体而言，城市马拉松正赛里程 42.193km 相对较长，且城市马拉松对选手的专业水平和参赛经历要求较高，参赛与完赛均有一定的门槛。随着"路跑"热潮的来袭，高校大学生同样对参与马拉松类路跑活动抱有极大热情，对校园开展马拉松类路跑活动具有很高的现实需求，但由于校园环境的客观限制，且参与校园内参与马拉松活动的主体并非专业运动员，在校园内组织全程马拉松赛并不现实。近年来，随着迷你马拉松（里程 10km

---

* 中国政法大学校团委。
〔1〕参见《中国田径协会发布〈2019 中国马拉松大数据分析报告〉》，载 https：//www.athletics.org.cn/news/marathon/2020/0501/346438.html，最后访问日期：2023 年 5 月 28 日。

以下）成为广受欢迎的一种马拉松形式[1]，校园马拉松类活动渐趋火热。

有研究显示，校园马拉松类长跑活动最早出现于2000年初，比较标志性的事件是2015年清华大学组织首届清华校园马拉松赛[2]。校园马拉松是借鉴城市马拉松的办赛形式，在校园的地理范围内举办的一种路跑活动。区别于城市马拉松，校园马拉松通常依托于校园独特的文化内涵，兼具运动属性和文化属性，强调办赛学习城市马拉松的专业性，但倡导参与群体的大众性。以北京市高校为视角，近年来越来越多的高校加入了举办校园马拉松的热潮中，如清华大学马约翰杯校园马拉松赛、北京大学五四青春长跑、北京师范大学毕业长跑、北京航空航天大学"一二·九"微型马拉松比赛等。在"五育并举""三全育人"的改革背景下，校园马拉松正逐渐成为各高校引导高校大学生树立良好体育锻炼习惯，营造健康向上、拼搏进取的校风学风的第二课堂体育类学生活动。

中国政法大学是北京市内较早举办校园马拉松类长跑活动的高校，2016年，学校举办首届"我的青春法大"迎校庆长跑活动，这一活动后更名为"我的青春法大"校庆长跑，并固定于每年5月校庆日前后举办；2018年11月，学校举办首届"法大人马拉松"，2019年起，"法大人马拉松"与"我的青春法大"校庆长跑于同日举办，法大的长跑活动传统由此建立并持续至今。法大人马拉松为"1/4程马拉松赛"，全程赛程10km，报名群体主要为各学院运动队、学生长跑社团和校友马拉松俱乐部成员，且参赛前需经过体检，活动参与人数约300人；"我的青春法大"校庆长跑即"迷你马拉松赛"，赛程约6.5km，主要为普通同学报名，赛前无须体检，活动参与人数800人~1000人。虽然二者同时举行，但分别设计了不同的参赛装备，分设不同的报名渠道，在起跑点分别发枪，分别设置了奖项进行评奖。从历史维度、参与主体、办赛规格和活动内涵出发，本文将以"我的青春法大"校庆长跑作为研究对象，探讨分析这一法大独具特色的校园马拉松活动的办赛逻辑、价值取向。

---

[1] 数据显示2018年迷你马拉松赛事数量占全国马拉松规模赛事的23.47%，2019年这一比例为18.43%，持续2年在各类规模马拉松赛事中排名第三。

[2] 参见邢自洋：《北京市高校"校园马拉松"运动的形成与发展研究》，中国地质大学（北京）2021年硕士学位论文。

二、校园马拉松的办赛逻辑和价值取向

(一) 大众性与体育性的融合

2022年，国家体育总局发布《第五次国民体质监测公报》，在20岁~24岁年龄组中，握力、背力、俯卧撑、坐位体前屈、闭眼单脚站立等标志性的监测数据均较第四次国民体质监测数据有所下降。20岁~24岁年龄组的数据情况也体现了大学生群体的体质健康实际情况，大学生体质健康不及格率为30%，远超小学生的6.5%，初中生的14.5%，高中生的11.8%。[1]大部分2020年后的学术研究和会议论文也将"大学生体质下降"作为研究共识，并进行了成因分析，如认为大学生对健康的理念认识不强，体育意识不强；大学生体育课程没有明确的目标考核要求，大学生体质健康测试落实不到位，大学生体育锻炼的时间受到学业和其他事情挤占，等等。[2]

较少有研究探讨大学生群体产生上述现象的深层次原因，本文认为以下问题值得进行深入探讨。校园体育教育开展并非缺位，但是大众性体育活动供应存在短板，学校的体育课程虽然只覆盖本科生的前两学年，但课程开展质量实际较高，开设门类也比较广泛，课程考核分数与学生奖学金评选挂钩，这同样引导学生重视高质量参与体育课程；学校定期举办学校运动会，为了在运动会中取得比较好的成绩，大部分学院都设有学生运动队或学生体育组织负责日常训练，也吸引了一部分热爱体育并富有集体感的同学参与。体育课程+体育竞技组织社团基本形成了校园体育运动格局。但是这种格局较为关注体育运动的竞技性，以学生的视角来看，参与体育课程的目标是完成学业要求，参与运动组织训练的目标是为热爱体育运动的同学搭建社交平台，并努力在运动赛事中取得更好成绩。这样的格局比较关注校园学生体育运动的现有"存量"，而较为忽视引导更多同学参与体育运动的"增量"。不愿意参与运动的同学无法因这种体育教育供给产生运动需求，运动技能不高的同学

---

[1] 参见《国家国民体质监测中心发布〈第五次国民体质监测公报〉》，载 https://www.sport.gov.cn/n315/n329/c24335066/content.html，最后访问日期：2023年4月10日。

[2] 参见尹彭雪等：《全民健身背景下大学生体质健康提升的路径研究》，载《文体用品与科技》2023年第6期；陈俊：《健康中国背景下大学生体育意识与行为的调查研究》，载《第十二届全国体育科学大会论文摘要汇编——专题报告（体质与健康分会）》；武勇亮：《健康中国背景下大学生体质健康下降成因及疏解之策》，载《山西大同大学学报（社会科学版）》2022年第3期。

也无法通过参与这种形式的体育运动满足自身的锻炼需求。总的来说，能吸引同学走向运动场的低门槛、高收获的大众性体育活动在高校的体育运动格局中供给不足。

"我的青春法大"校庆长跑活动关注到了这种供需紧张，在设计活动时将活动受众群体确定为全校同学，特别是不具有体育锻炼习惯和体育运动技能不拔尖的同学。校庆长跑活动具有低门槛、大众性的特征。其一，校庆长跑充分发挥了路跑类运动自身低门槛的优势，同时里程相对半马、四分之一马拉松等社会入门型马拉松竞赛更短，6.5公里的里程对参赛者的体能和专业要求相应有所降低；其二，校庆长跑不设置特定"关门时间"限制，参赛选手可根据自己的身体状况，随时调整自己的运动状态和节奏，由于校园环境所限，完成总里程要求需要绕校园赛道长跑4圈，但每一圈完赛后，参与同学都将收获一个本圈手环作为计圈依据同时也作为完赛的纪念品之一，这确保了无论参与者实际是否完赛，都将有所收获；其三，虽然活动将参与门槛拉低，但是办赛水准并未降低，赛事的组委会对标社会马拉松的赛事设计，为赛道设计引导标识，科学合理安排饮水站、医疗点，并根据路跑活动特点在赛道中途设置了供选手降温的海绵站，在赛事终点设计了拉伸区和泡脚池，活动的组织方对办赛品质的严格要求为吸引广大同学参与打下了坚实基础；其四，对于一部分对参与长跑活动仍有一定心理负担的普通同学，仍然可以通过参与校庆长跑志愿服务的形式加入这个活动中，既可以践行志愿精神，在服务同学中收获参与大型体育类活动志愿服务工作的体验感，同时亦可以在最近距离感受长跑运动和大众体育活动的魅力，我们也积极引导志愿者以跑者身份参与下一年度的校庆长跑活动，形成"今年我做长跑志愿者服务跑者，明年我加入长跑跑者队伍"的志愿运动渐进之风。

（二）体育性与文化属性的融合

校园马拉松活动区别于社会马拉松赛事的一大特征是其带有强烈的校园文化属性。校园马拉松以大学校园为运行载体，活动组织主体和参与主体都是在校学生，以校内自然道路为主赛道。活动设计时首先要考虑校园的物质条件，在活动宣传、活动赛道、活动环节、活动激励措施的设计中更会不可避免地融入校园文化元素。正如不同地区的社会马拉松赛各具特色，研究显示,不同高校的校园马拉松活动同样兼具学校特点。[1] 校庆是校园文化的集中的展示。越来越多的高校在每年校庆期间举办校园马拉松活动,将之作为校园文化的集中展示,彰显大学生的青春活力,既可以丰富校庆活动内容,又营造了浓厚的校庆氛围。在活动中,同学们挥洒汗水,用脚步丈量学校的土地,用笑容点亮学校的每一处角落,践行各具特色的校园精神,为学校献上了一份充满青春朝气的生日礼物。

"我的青春法大"校庆长跑自法大 64 周年校庆起,于每年 5 月初校庆周期举办。校庆长跑根据长跑活动的实际需求,积极利用校园文化符号打造校庆长跑独特的活动品牌符号。"四年四度军都春,一生一世法大人"是几代法大人共同认可的校园文化口号,极具感召力和传播度,校庆长跑活动将这一句法大人的精神箴言融入了选手服装、手环、完赛证书和奖牌等众多活动物料中,与之类似的,学校的法渊阁、拓荒牛、法镜、法鼎等校园建筑也作为设计元素融入活动物料的设计之中,让校庆长跑的内涵从"校庆期间举办的长跑活动"向"处处洋溢着校庆元素"的校园大众体育文化活动纵深发展。将学校田径场作为长跑的起点终点和活动主会场,在场地内营造了别具特色的文化氛围营造区,通过制作校园微缩景观打卡点、校园文化元素立体字、参赛人员姓名墙等形式,充分营造校庆氛围感,利用环境烘托的效果将同学们参与体育活动的单一感受升级,产生一种通过"小我"参与体育活动融入"大我"为校庆生的复合感受。这种体育文化与校园文化的充分融合调动了同学们的参与积极性,提高活动受众的参与热情,为不擅长体育运动但也希望融入校庆氛围的同学们提供了一个抒发自身荣校爱校情感的窗口,通过"体育+校庆"两种元素双轮驱动,激励同学参与大众体育活动。

经过几年的举办,"我的青春法大"校庆长跑逐渐从校园文化的"融入者"转变成为校园体育文化的"贡献者"。由于活动举办时间处在每年的校庆周期内,自本科生入校至其毕业,共会经历 4 次校庆长跑活动,这恰巧与"四年四度军都春"的文化元素相互对应,逐渐形成了四年军都时光,四次校庆长跑的打卡式风潮。组织者在进行每一年度的活动设计时,兼顾设计元素的创新与传承,如每一年度随机发放的两色选手参赛文化衫上分别印刷"四

---

[1] 参见郑继超等:《论校园迷你马拉松的育人价值与培育策略》,载《安徽师范大学学报(自然科学版)》2018 年第 4 期。

年四度军都春""一生一世法大人",但由于随机性,这又给了活动参与者多次参与打卡多色文化衫的机会;每一年度活动轮流以"法渊阁""拓荒牛""法镜""法鼎"四个校园建筑文化元素为基础设计完赛纪念奖牌,而当参与者打卡本科生涯的四次长跑活动后,则将收获全套奖牌,对应自己的四度军都求学生涯,每一年校庆长跑的朋友圈打卡,更是四年本科时光重要的刻度标志。在为隔离赛道而设置的 A 字板、铁马等赛事设施上,我们也积极发挥其"文化功能",喷绘了社会主义核心价值观、校训和其他校园文化元素。在活动的宣传上,我们采取广泛覆盖、深挖内涵的宣传思路,充分利用线上线下宣传媒介,在线上打造"pick 你的长跑装备照",微信转发集赞定制参赛装备,大数据分析参赛选手画像特征,图片中多彩的校庆长跑,我的四年长跑故事等宣传主题,配合赛事公告、报名公告、参赛须知等内容开展了为期 1 个月的线上宣传;在线下,配合线上的宣传,利用学校的校园空间和各类 LED 电子屏,设置活动标语背板、活动路线图和大型宣传背景板、活动井盖涂鸦或井盖贴、活动夜间投影灯、活动倒计时等校园氛围营造,这种宣传模式既为活动本身宣传造势,同时又为学校校庆营造了浓厚氛围。从效果来看,2018 年校庆长跑的报名公告推送阅读量达 1.1 万;当年的实际报名参加人数也达到 900 人以上,2018 年"我的青春法大"校庆长跑获评学校"Rong 聚法大"十佳校园文化品牌,为学校校园文化建设作出了不可或缺的贡献。

(三) 思政引领与发挥学生自主性的结合

习近平总书记曾指出,要树立"健康第一"的教育理念,开齐开足体育课,帮助学生在体育锻炼中享受乐趣、增强体质、健全人格、锤炼意志。[1] 长跑作为一项有氧运动,具有增加肺活量、调节新陈代谢、降低体脂率、预防骨折、增强体质、预防疾病等功能,是最常见的锻炼方式之一。同时因其对运动者耐久力具有一定挑战的特征,使这项运动富含"挑战自我""克服困难""坚持不懈"等丰富的正能量价值内涵。有研究指出,体育运动本身就具有丰富的思想政治教育元素、资源、功能、价值,可以用好第二课堂平台的育人优势,注重学生的个性化体育运动需求,遵循体育教学与思政教育规律,通过挖掘、厚植、凸显体育运动中的思政元素,构建起高校"体育+思政"协

---

[1] 参见《习近平在全国教育大会上强调坚持中国特色社会主义教育发展道路 培养德智体美劳全面发展的社会主义建设者和接班人》,载《人民日报》2018 年 9 月 11 日,第 1 版。

同融合育人体系。[1] 做好"体育+思政"的协同育人文章，不能忽视学生的主体特点和兴趣需求，更要发挥学生作为体育类第二课堂活动的组织者和参与者的自主性作用，做到不"强行"灌输，不"僵硬"结合的"润物无声"思政引领效果。

活动的名称是"我的青春法大"校庆长跑。在活动命名时，就考虑到将活动的参与主体同学校联结起来，从时间上、场域上、情感上引导学生体会小我与大我之间的归属感和凝聚力。而"我的"和"青春"这两个词汇更强调了以学生为中心的理念，"我"在"法大"的青春由自己书写，而每个"我"的汇集，共同成就了一个"青春"的法大共同体。这种由点及面，由"小我"走向"大我"的思路也同样和长跑活动的形式相契合，长跑是用自己的意志力对决懒惰、畏难、放弃等负面情绪的过程，是战胜自己、重塑自己的过程，呼吁大学生参与者拒绝好高骛远、脚踏实地迈出第一步。长跑精神是挑战自我、坚韧不拔的精神，是顽强拼搏、锐意进取、勇往直前、永不止步的精神；同时，长跑活动共同出发，同向终点，更是一种对共同目标执着向前、勇于追求的精神，是互帮互助、团结一致的精神，参赛者互相鼓励、携手同行，共同冲过终点线的画面总是充满了温情。我们在活动设计时，同样注重发掘这些活动当中蕴含的"思政资源"，如在赛道设计时布置条幅和可移动道旗，在条幅和道旗上印刷鼓励选手挑战自我、突破自我的标语，为选手完成赛程增添精神动力；我们鼓励选手组成跑团进行"组团跑"，并对成功报名参与活动的跑团给予一定的物质支持，如提供跑团旗帜，为跑团提供特别设计的号码布，对全团均成功完赛的跑团单设奖励等，鼓励参与同学相互激励，互帮互助，激发集体主义精神。

活动举办的周期适逢学校的毕业季，毕业生即将结束四年本科生活，告别学校校园，对学校、老师、同学都充满了依恋和不舍。带着"打卡"四年校园生活中最后一场大型学生活动的想法，毕业生同学将带着自身对母校的热爱、对四年青春的感怀、对校园生活的不舍参与活动，相比一些传统的毕业季活动，将参与长跑并完成全程赛程作为自己的毕业庆祝活动更加积极健康向上。同时，高年级同学的这种情感抒发的选择也会通过"朋辈影响"传

---

[1] 参见陈克正：《新时代高校"体育+思政"协同融合育人体系的构建》，载《思想理论教育导刊》2020年第9期。

递给低年级同学，带动大一、大二同学因循着这种路径为自己的毕业季画上一个圆满的句号，从而营造一个更为团结、健康、和谐的毕业季氛围，也更能展示青春、阳光的青年法大学子风貌。

在活动的宣传中，我们关注活动中的"温情"与"感动"，特别是关注在活动过程中同学们互帮互助共赴重点的故事和镜头，曾发掘到"全宿舍一起相约长跑""长跑让我与法大初识""以长跑见证爱情""在长跑志愿服务中书写我的青春法大"等既受到学生认可，又具有传播力和教育意义的宣传作品。更加难能可贵的是，随着互联网短视频内容的兴起，由学生自发将参与校庆长跑活动的过程拍摄成为 VLOG 上传至网络视频平台，截至 2024 年 6 月，视频观看量近 2 万人次。视频的制作者自发表达了参与活动的体会，并表达了长跑让自己"更清楚前路方向""更真实地面对自己"，在视频的评论中，不少观看者也都表达了从视频中感受到了健康生活、运动拼搏的魅力，具有"满满的正能量"。

三、结语

校庆长跑作为校园马拉松类路跑活动，作为一种门槛较低的体育运动能够收获学生大众的认可和参与；活动设计植根于校园文化又对校园文化有所传承和创新；充分发掘长跑运动的精神效能，为"五育并举"提供了一种可行路径。我们也期待着校庆长跑能持续地举办下去，成为代表法大大众体育类活动的特色品牌，持续发挥运动能量，传递体育精神。高校组织开展校园迷你马拉松类路跑活动，需要关注好学生作为活动主体的特殊性和校园作为活动开展地域的独特性，在体育的竞技性与大众性特征间找到均衡点，从而发挥好校园迷你马拉松思政育人、体育育人、文化育人的复合效果。

新媒体视域下大学生网络思政教育工作创新路径

宫安琪 *

【摘 要】 新媒体视域下，随着网络教育内容的日益丰富、教师队伍的不断壮大以及教育载体的多样化，大学生网络思政教育面临新的机遇，新媒体时代下创新网络思政工作的重要性日益凸显。然而，当前大学生网络思政教育仍面临诸多挑战，如管理监管体系尚不健全、教师队伍建设亟须加强等。因此，本文就新时代大学生网络思政教育的创新路径进行了研究。

【关键词】 新媒体　网络思政　路径创新

一、新媒体时代高校思政教育的新机遇

（一）大学生网络思政教育平台内容日益丰富

在传统的高校思想政治教育模式中，时空限制使得教育内容的更新速度较慢，教师往往依赖于教材和个人经验进行教学，这不仅难以保障思政教育工作的时效性，也限制了学生获取信息的多样性。而新媒体的崛起有效填补了这些短板，其所具备的海量教育资源为思政教育提供了丰富的素材。教师可以紧扣时事热点、热门话题，有效整合并不断更新和完善思政教育内容，使之具有丰富性、广泛性和即时性。这种方式与大学生通过新媒体获取信息和资讯的习惯高度契合，有利于提升思政教育的质量，更好地满足学生的需求。

互联网作为一个开放的平台，拥有海量的数据信息资源库，为开展教育

---

* 中国政法大学刑事司法学院。

提供了源源不断的资源，规模不断扩大，大学生网络思想政治教育的内容从广度和深度上都有所提升。例如，校园网的建设与完善提供了更多元化的信息获取渠道，使得思政教育不再局限于课堂教学，大学生可以在日常生活中不断接受思想政治教育的熏陶。在深入挖掘网络媒体在思政教育中的巨大潜力之后，教师可以积极引导学生接触和学习网络精品课程以及思政教育相关的优质课外读物，增加思政教学的生动性和趣味性。

（二）大学生网络思政教育师资队伍逐步壮大

近年来，各高校马克思主义学院的专任教师不断扩招，人才队伍迅速壮大。众多中青年教师不仅精通专业学科和思政教育理论知识，还擅长使用网络语言，并能够熟练运用计算机网络技术和新媒体工具。[1]他们能够主动搭建网络思政平台，传播正面能量，与学生建立起紧密的线上交流与互动，不断提升针对本科生、硕士生、博士生及博士后等不同层次人才的思政教育质量。

同时，高校网络思政教育的师资队伍已拓展至专业教师、辅导员、班主任、党政管理人员和学生骨干等各个层面。越来越多的青年骨干教师、网络思政教育专家和高校辅导员正致力于提升自身的网络素质，发挥其专业特长，积极投身于网络宣传工作。他们能够有效利用社交媒体平台（如微信、微博、QQ、抖音、快手、B站、知乎等）以及智慧校园系统中积累的数据资源，利用大数据分析技术，深入了解其行为模式和需求，掌握学生的思想动态与学业进展等情况，从而实现对学生思想的精准引导。随着网络文化日益渗透到大学生的日常学习与生活中，众多高校教师正不断适应新形势，紧跟时代发展的步伐，以强烈的网络文化育人责任感和坚定的政治立场，勇于发声、勇于斗争，坚守职责、勇于担当，持续推动大学生网络思政教育事业的进步与发展。

（三）大学生网络思政教育载体规模不断扩大

对于高校思政教育工作而言，依托网络平台构建的教育环境是一个开放且具有强大拓展能力的空间。通常思政工作的载体主要以课本为核心，而以网络平台为载体的思想政治教育体系不仅保留了传统的文本资料，还融合了PPT演示、视频、音频等多样化的表现形式，以更生动的方式感染大学生。教师可以通过公共平台进行课程的实时直播，也可以通过视频教材的方式随

---

〔1〕 参见闫雪琴、刘永栓：《大学生网络思想政治教育的路径优化探析》，载《国家教育行政学院学报》2020年第12期。

时随地开展教学活动，并能将丰富的信息资源融入课堂，使得教育形式更为多元，大大提高教学的灵活性。课后，思政教师可以通过网络平台的教师端功能，追踪和分析学生在不同学习平台上的思政课程进度、学习数据和内容，并基于大数据分析，准确识别学生在思政学习过程中的强项与弱项，从而为提升学生的思政学习能力打下坚实的基础。

此外，智能手机和平板电脑等电子设备的普及，为高校提供了新媒体和传统媒体融合的契机。在网络文化的推动下，高校思政工作的载体正在经历改革与创新。通过创建专题网站，利用微信、微博、短视频平台等多样化互动平台，高校能够拓宽传播渠道，丰富载体，有效传播主流意识形态，打造出优质的网络文化育人环境，更好地促进大学生对主流价值观的深入理解和认同。

二、新媒体时代背景下创新网络思政工作的重要性

（一）创新网络思政工作路径可以更好地贯彻国家各项方针政策

网络思政教育凭借其丰富多彩的内容，针对不同受众群体实施精准化传播和深入浅出的讲解，不仅增强了国家政策宣传的吸引力和感染力，还大大提升了大学生对国家方针政策的认同度和执行力。创新的网络思政工作有助于培育师生的社会责任感和历史使命感，进一步促进国家方针政策在教育领域的深入人心和贯彻落实。在新媒体时代的大背景下，创新网络思政教育工作既是保障网络环境健康发展的必要举措，也是帮助大学生巩固政治信仰、抵御不良信息侵袭的有效方式。[1]因此，运用新媒体手段来革新思想政治教育工作已成为当务之急。

在新媒体时代背景下，网络思政教育的创新工作必须紧密结合新时代爱国主义教育的要求。首先，应深入开展党史、新中国史、改革开放史、社会主义发展史的教育，通过视频、音频、图片等多媒体资源增强学习的趣味性和实践性，弥补传统课堂教学的局限，帮助大学生深刻理解中国共产党的奋斗历程和社会主义制度的优越性，从而更加坚定对中国特色社会主义道路、理论、制度、文化的自信。其次，要重视相关重点领域的网络内容供给，尤其是在职业规划、就业指导、创新创业、心理健康等领域，以满足大学生的

---

[1] 参见李萌、铁铮：《新时代高校网络思想政治工作制度的守正创新》，载《中国高等教育》2022年第22期。

实际需求和未来发展目标，将个人的理想与国家的命运紧密相连，以饱满的热情和积极向上的态度，追求卓越的学术成就，发挥自己的创新潜能，积极投身于国家的建设之中，为实现中华民族伟大复兴的中国梦贡献力量。

（二）创新网络思政工作可以更好地落实立德树人的目标

习近平总书记指出，"培养什么人"是教育的首要问题。思想政治教育是铸魂育人的重要途径，马克思主义信仰是科学的信仰，理论之根扎得越深，信仰之基才筑得越牢。在当前时代格局深刻变革的复杂社会环境中，网络思政工作坚持用习近平新时代中国特色社会主义思想铸魂育人，更好地围绕政治认同、家国情怀，推动理想信念教育常态化制度化，用网络的、校园的、青年的传播方法广泛开展学习宣传，帮助大学生深刻认识我国社会主要矛盾变化带来的新特征新要求，深刻认识错综复杂的国际环境带来的新矛盾、新挑战，展现出青年一代的活力与风采。[1]只有不断创新网络思政工作的方式和手段，才能更好地落实立德树人的根本任务，培养出德智体美劳全面发展的社会主义建设者和接班人，让新媒体平台在推进教育强国和社会主义现代化国家建设的新征程中发挥更大作用。

（三）创新网络思政工作可以更好地服务学生成长成才

首先，新媒体的开放性为大学生思想政治教育开辟了宽广的天地，教师能够巧妙地利用零散时间，从纤微处着手，借助网络将思想政治教育的内容分解为短小精悍的微文本、微课程等形式，通过持续的、渐进的方式对大学生产生深刻的影响，促进网络思政教育的深入实践和发展。同时，网络思政教育能够精准地定位教育人群，根据不同人群的特征进行个性化的教育资源分配，打造定制化的网络思政教育方案，大大提升了教育的针对性和时效性。由此可见，基于新媒体技术构建的网络思政教育平台为大学生带来了全新的学习体验，促进大学生保持积极向上的精神风貌，努力取得卓越的学术成就，并在创新实践中不断突破自我，为实现中华民族的伟大复兴贡献力量。

三、新媒体时代高校思政教育的现实困境

网络是一个"自由、平等"的世界，但是网络就如同一个"潘多拉魔

---

[1] 参见张江艺：《"十四五"时期高校网络思政工作的时代内涵和发展逻辑》，载《国家教育行政学院学报》2021年第6期。

盒",其自由与巨大社会效益的背后,也为思政工作带来了极大的挑战。在这样的挑战之下,传统的思政教育工作逐渐开始适应新媒体时代、不断创新,但是依然暴露出了很多问题。

(一)大学生网络思政教育管理以及监管机制有待完善

系统而又完善的网络思政管理机制是大学生网络思政教育工作质量的题中之义。但目前来看,我国各个高校还没有形成一个系统、健全的大学生网络思政教育管理体制。原因有三点:第一,网络思政工作处于发展的起始阶段,目前高校还没有认识到网络在大学生思想政治教育工作中的重要作用,没有充分重视网络思政工作。第二,网络思政教育工作在高校中呈现自发、散发的样态,缺乏学校层面的统筹规划和科学的组织架构,这就导致网络思政工作的内部环境较为混乱,难以整合。第三,网络思政工作没有相对应的政策法规,也缺乏定期的监督,这就导致大学生网络思政工作内部容易产生"各自为政"、良莠不齐的现象,难以形成合力。

因此,科学构建大学生网络思政教育管理机制,建立健全监管体系、密切关注校园网络动态,及时发现和处理问题,对于提升网络思政教育工作来说是极为重要的。

(二)大学生网络思政教育师资队伍力量薄弱

加强高校思想政治工作人才队伍建设是推动思想政治工作有效开展的关键所在,也是提升高校育人实效的突破口。[1]因此,当思想政治工作朝着新媒体时代迈进,也就意味着对于网络思政教育师资队伍壮大的需要。但是,目前大学生网络思政教育的师资队伍力量还是比较薄弱,有许多亟待完善的方面。首先,大学生网络思政教育师资队伍存在着结构不合理的问题。部分高校的专职网络思政教师人数不足,在互联网思政工作中,专职教师与兼职教师比例失衡。这就导致网络思政教育工作难以形成一个持续、专业、科学的体系,无法统筹各方资源发挥出思政育人的真正作用,因此导致网络思政教育成果大打折扣。其次,由于网络思政教师目前没有专门的考核机制与资质要求,准入门槛较低,因此导致了大学生网络思政教育师资队伍存在着整体经验不足、专业水平良莠不齐的问题。部分高校的网络思想政治工作者存

---

〔1〕参见高新莉、刘芳:《新时代高校思想政治工作人才队伍建设的几个着力点》,载《思想理论教育导刊》2020年第10期。

在政治立场不坚定、理想信念动摇和思想道德素养有待提高的问题，不能很好地做到"明道、信道、传道"。且有些高校网络思想政治工作人员缺乏系统的专业知识，其宣传引导学生的能力不高，解决突发问题状况的能力不足，也缺乏掌握现代化信息设备和网络新媒体技术的技能。[1]

整体来看，网络思想政治工作队伍的整体素质和人才质量还难以完全适应新时代的要求，还需进一步提升教师队伍的专业技术技能和工作能力。

(三) 对于网络思政的重要性认识不足

网络思政目前正处于初始阶段，对于这一新生事物，大部分人都持怀疑的态度。首先，大部分教育者目前都坚持传统的教育观念，认为思想政治教育工作还是应该以面授方式进行，对于网络思政教育这一新形式难以接受。其次，网络思政这一形式需要以一定的网络平台作为载体，但是一些思政教育工作者缺乏相关的网络技术操作以及对网络平台的管理能力，导致产生畏难情绪而不愿采用。除此以外，网络环境自身的不确定性也加剧了对网络思政教育工作可行性的怀疑。

综上所述，整体来看网络思政教育工作在现阶段依旧是饱受争议与质疑，虽然已经开始了尝试，但是始终不够重视。

(四) 网络思政缺乏统筹规划与形式创新

网络思政这种教育方式尤为需要注重形式创新，以吸引和保持学生的兴趣。传统的思政教育方式往往比较枯燥，缺乏互动性和参与性，难以引起学生的兴趣。如果在网络思政上延续传统思政教育方式的形式，是不符合时代发展的，反而难以起到思政教育的实效。因此，网络思政应该利用互联网的优势，采用更加生动、有趣、互动的形式来呈现内容，还应该充分利用好大数据等技术，帮助分析学生的行为和心理，更好地了解学生的兴趣与需求，定制出具有针对性的教育方案。

综上，网络思政需要注重形式创新，利用互联网的优势和技术手段，提高教育效果和质量，为学生的成长和发展提供更好的支持和服务。

(五) 大学生的网络政治素养有待加强和提高

网络世界的开放、自由与交互的特点体现在网络文化对于大学生的负面

---

[1] 参见高新莉、刘芳：《新时代高校思想政治工作人才队伍建设的几个着力点》，载《思想理论教育导刊》2020年第10期。

影响就是一种失控、失导的状态。一方面，大学生处于一个尚未深入进行思想政治理论学习的阶段，且缺乏社会经验和实践能力，对于政治问题的理解往往都停留在表面，缺乏自己的判断力，因此更容易受到网络信息的影响。另一方面，网络信息具有复杂性和多样性，其中内容鱼龙混杂，可能有一些不良信息或错误价值观掺杂其中。因此，大学生很容易受到网络舆论的误导而变得偏激。

四、新时代大学生网络思政教育的创新路径

（一）坚定政治立场，巩固高校舆论阵地

2023年5月29日，习近平总书记在主持召开中共中央政治局第五次集体学习时指出，提高网络育人能力，扎实做好互联网时代的学校思想政治工作和意识形态工作。正是因为网络具有双重的属性，因此更应该积极建设科学的网络文化，最大程度地发挥好其积极引导的作用。

在大学生网络思政教育的建设过程中，需要加强对大学生理想信念的教育，坚定地以社会主义核心价值体系为导向，坚持以爱国主义为核心，同时弘扬优良的学风、校风。[1]积极以网络思政教育为平台，开展各种有意义的校园文化建设活动，让学生在参与的过程中潜移默化地受到优秀文化的熏陶以及感染，培养其正确的世界观、人生观、价值观，健康快乐成长。

（二）提升专业水平，加强大学生网络思政教育师资队伍建设

专业人才是目前高校思政工作建设的重点。针对目前网络思政教育师资队伍存在的结构失衡、专业能力不高等问题，可以采取以下措施：第一，加强对网络思政工作者的选拔和培养。通过培训、交流等方式，培养相关工作人员的专业能力和水平，进一步将"立德树人"这一目标落实到育人工作的方方面面。定期组织教师进行思想政治与理想信念的培训，确保教师自身具有坚定、正确的政治信仰和价值观念。第二，建设以专职教师为主，兼配网络技术人员、辅导员的大学生网络思政教育队伍。网络思政教育工作也是大学生思政工作的重要部分，其工作人员必须具备思政教育专业背景、拥有熟练使用网络信息技术能力、可以与学生建立良好持续的沟通等能力。第三，

---

[1] 参见姜英：《用先进文化规范和引领网络文化》，载《毛泽东思想研究》2005年第3期。

提高网络思政教育工作者的准入门槛，加大校方监管力度。网络思政教育工作人员的个人素养与能力是能否积极引导大学生成人成才的关键因素，因此必须对即将参与网络思政教育的人进行严格审查，并且在工作过程中定期监督，及时反馈教师工作中存在的问题和不足，及时制定改正措施。

（三）丰富内容形式，提升大学生网络政治素养培育工作水平

大学生网络思政教育工作形式的推陈出新是网络思政工作实效性的前提。要想抓住时代，更新思政教育的形式，首先可以利用好网络平台，开发有关政治素养等在线课程，通过互动式学习工具，鼓励学生实时讨论和聊天，可以提高学生的兴趣与参与度。其次，还可以进行政治活动的模拟，涉及模拟的选举、模拟政府运作等活动，让学生在模拟政治活动的参与中实际提高政治素养，增强对国家的认同感和自豪感。最后还可以组织线上阅读、观影活动，引导学生深入了解马克思主义、社会主义等内容，提升其政治素养和认识水平，接受正确价值观的引导。

五、总结

完善大学生网络思政教育管理及监管机制、创新大学生网络思政教育的实践路径，需要全面贯彻新时代党的建设总要求，从科学构建、队伍建设、形式创新等多方面入手，创新育人方法，优化评价机制，加强协同作用。只有综合施策，才能确保大学生网络思政教育的健康发展，为培养担当民族复兴大任的时代新人奠定坚实基础。

新时代高校社会实践育人实效性研究

周方正 *

【摘　要】 社会实践育人作为集合了社会、高校和学生等多种要素的全方位综合教育制度,是促进专业教学与社会实践相结合的重要方式。当前,高校社会实践育人工作着力培养学生的社会责任、创新创业能力与学习合作能力,但同时也存在着实效性不足的问题。在坚持社会实践育人工作原则的基础上,高校特别要从重视观念进步、重视机制创新、重视保障措施等方面强化对策,全面提升新时代高校社会实践育人工作的实效性。

【关键词】 高校社会实践育人　实效性　策略

在我国创新驱动发展战略的背景下,国家对高校培养创新创业人才提出了更高的要求。习近平总书记指出,社会实践是青年学生练就过硬本领的"大熔炉",要重视和加强第二课堂建设,重视实践育人,坚持教育同生产劳动和社会实践相结合,广泛开展各类社会实践。[1]通过整合多方资源,高校努力发挥学生所长,坚持校内外实践相结合,提升社会实践育人的实效性,是新时代经济与社会发展对高校育人工作的新要求。

一、高校社会实践育人工作的理论基础

1. 社会实践育人的科学内涵。社会实践活动是大学生参加的以社会调研、

---

* 中国政法大学比较法学研究院。

[1] 参见中共教育部党组:《深入学习贯彻习近平总书记关于青年学生成长成才重要思想　大力培养中国特色社会主义建设者和接班人》,载《光明日报》2017年9月8日,第2版。

志愿服务、专业实践等为主要方式的实习活动，具有实践性、主体性、综合性、差异性和时代性等特征。[1]而社会实践育人就是以理论学习与实践完善为路径，结合国家政策方针、学科专业特点、社会实际需求和个人理想兴趣，设计多元有序的培养计划，引导学生积极通过社会实践实现全方位发展的育人制度。[2]高校社会实践育人是我国现代化高等教育的重要特征，是大学生全面发展不可或缺的方式，是实现素质教育的抓手，也是高校思想政治教育的重要环节。以马克思主义唯物论、方法论和发展观为依据，社会实践育人实效性是指社会实践的组织者设计科学的社会实践方案，在实践中进行合理指导与有效考评，实现预设的社会实践育人目标，从而发挥积极的社会实践育人功能。[3]而一系列有效的社会实践活动，主要有以下育人功能：一是思想政治素养提升功能，合理的实践活动有助于强化学生的思想政治观念，充分践行社会主义核心价值观；二是专业知识积累功能，在实践中加深学生对理论知识的理解，进一步丰富相关知识结构；三是创新创业意识培养功能，学生在实践中深入一线，在探索中发现问题，有助于锻炼意志力与承受力，激发创新意识，培养创业品德；四是全面发展塑造功能，学生在社会实践活动中能够完善自身知识结构和实践能力，也可以适时选择自我发展的方向，更加全面健康地塑造学生的综合素质品德。高校育人只依靠理论教育是不能取得实效的，社会实践育人符合大学生育人规律。[4]学生通过亲身体验了解社会民情、了解理论与实践的区别、学习个人与集体的关系，从而实现专业教育与自我教育的结合，才能实现"知行统一"的实效性目的。

2. 高校社会实践实效育人的原则遵循。面对新时代高校育人工作的复杂性，落实社会实践实效育人，应当遵循以下原则：其一，方向性原则。科学、合理的指导理念是实现高校社会实践育人实效性目标的基础，应当以马克思主义实践观为理论依据，以高校育人规律和人的全面发展为方向，以习近平

---

[1] 参见方正泉：《高校社会实践育人实效性探析》，载《学校党建与思想教育》2017 年第 19 期。

[2] 参见田雨峰：《广西高校社会实践育人质量提升策略研究》，桂林理工大学 2019 年硕士学位论文。

[3] 参见方正泉：《高校社会实践育人实效性探析》，载《学校党建与思想教育》2017 年第 19 期。

[4] 参见谭件国：《增强高校实践育人实效性的思考》，载《湖北经济学院学报（人文社会科学版）》2016 年第 11 期。

新时代中国特色社会主义思想为指导，制定高校社会实践育人策略。其二，目标性原则。明确的社会实践育人目标能够全流程、全方位引导实践工作的运行，以目标为导向可加强实践的针对性和实效性，突出实践育人的根本特点，确保高校社会实践的开展有助于实现学生的全面健康发展。其三，主体性原则。社会实践育人目标强调学生的主体地位，着力培养学生的自主性和创造性，因此主体性原则要求高校注重以学生为主体设计并开展社会实践活动。其四，系统性原则。高校社会实践育人工作具有系统性和连贯性，社会实践育人各环节之间合理分工、相互配合，是育人工作内部的系统性体现；而高校社会实践育人与学生个性化需求、与社会发展需求之间的协调，又是育人工作外部的系统性要求。

二、新时代高校社会实践育人实效性问题分析

自1983年团中央倡导开展大学生社会实践以来，经过40余年的摸索改革，我国高校社会实践工作已经逐步实现制度化、科学化。但是随着新时代社会发展对综合性人才的需求增长，高校社会实践育人的实效性也面临着进一步的挑战和机遇。在此情况下，有必要进一步探索高校社会实践育人的问题所在，构建科学的社会实践育人体系，借以提升育人实效性。

1. 对社会实践重视程度不够，工作积极性不高。传统教育理念强调知识的传授与了解，缺少实践能力的培养，但是随着全球化时代的发展，社会对人才的需求发生变化，单纯地掌握知识不再能够适应新的形势与挑战，还需要具备在实践中利用知识发现并解决问题的能力。当前高校对社会实践育人的现实意义认识尚不充分，重视程度不够也导致大多数实践活动流于形式，缺乏合理的设计与充分的准备，难以实现社会实践育人的实效性。一方面，学生不了解社会实践活动的目标和意义，活动过程中也缺少充分的专业指导、监督和评价机制，大多以照片、实践报告等形式完成实践活动，很难通过社会实践将知识内化为个人能力。另一方面，社会实践组织者与指导者对社会实践育人的重要性认识不足，也会对其实践活动开展质量和育人成效产生负面影响。

2. 社会实践活动体系建设不完善，实践内容缺乏专业性。高校社会实践活动的目的是培养学生将理论知识与实践操作相结合的能力和利用专业知识

发现并解决问题的思维。但是当前社会实践活动的体系建设尚无法做到依据专业类别设计具体活动，很多统一的社会实践活动和专业关联性低，学生的专业知识无法得到现实检验，发现问题和解决问题的能力无法得到锻炼，也就很难借此促进专业能力的提升与培养。此外，体系建设不完善也表现在实践活动缺乏理论指导这一问题上，实践过程对学生的指导大多局限于实践活动本身的完成，事实上理论指导贯穿全程能够更好地发挥实践育人的实效性。

3. 保障措施激励机制不充分，社会实践经费投入不足。尽管我国已经对高校社会实践工作给予重视，但是没有科学的保障制度，一方面学生的实践成果无法得到有效保障，将削弱学生的积极性；另一方面也无法号召优秀教师参与到社会实践的指导工作中来。当前，大多数高校尚未建立科学有效的考评与表彰机制，使社会实践成果流于形式，转化率低，也使得学生在社会实践中"轻过程、重结果"，只要提交了实践报告就认为完成了实践目的。此外，在缺少充足经费投入的背景下，大学生社会实践实训基地数量不多、质量不高、建设缓慢，也不利于丰富高校社会实践的开展方式。事实上，保障措施不足也必然影响到参与社会实践指导工作的教师数量和质量，而社会实践指导任务繁重，在没有充分保障措施和激励机制的前提下，也很难激发指导教师的参与热情，整体上就会表现为教师帮助和解决学生实践问题的能力不足。

三、高校社会实践育人实效性提升策略

1. 重视观念进步，推动高校实践育人方法与时俱进。改变重理论轻实践的教育观念，注重知行统一，是高校社会实践育人工作改革的基础。要切实推进社会实践育人实效性，加强学生创新创业能力培养，必须转变教育观念，顺应时代需求。首先，高校应转变观念，重视实践工作的育人功能，将社会实践作为提升学生创新创业能力、全面综合发展的重要途径。通过实地调研与分析，结合专业特点制定行之有效的社会实践计划，开展符合社会创新发展和学生职业规划需求的社会实践活动，有助于高校切实提升实践育人活力。其次，社会各界也应着力整合有效资源，制定相应配套政策支持高校社会实践工作。学生的实践接收单位也应积极看待大学生社会实践的作用，充分认识到社会实践在促进创新创业、全面人才培养中的重要地位，为学生的技能

提升、食宿安全等提供必要支持。最后，作为社会实践活动的参与主体和培养对象，大学生本人必须充分认识到社会实践对个人成长与发展的积极作用，利用好学习的宝贵机会，主动在实践中利用所学知识提升个人能力、锻炼个人品格。社会实践作为一项系统性的工作，需要高校科学组织、社会各界大力支持，学生本人主动付出，只有高校、社会、学生通力合作、转变观念，社会实践才能为培养新时代人才和发挥育人实效性提供有力保障。

2. 重视机制创新，完善实践育人制度体系。一是建立社会实践育人政策体系，通过相应法律法规完善社会实践育人制度规范，引导各级政府、高校和相关单位制定具体实施细则，明确各单位服务社会实践育人工作的责任范畴与工作清单，为社会各界有序参与高校社会实践育人提供政策依据。二是加强整体规划，高校社会实践活动设计要与社会需求接轨，集合学校教务、团委、就业等部门力量成立专门的社会实践工作小组，统一领导，分工协作，有序进行活动设计、实施推进、监督管理、考评奖励和宣传报道等工作。三是丰富拓展实践内容，统筹推动社会实践、专业实习、创新创业等全方位、多领域锻炼方式，多角度、多层次践行实践育人工作，广泛开展志愿服务、爱国主题教育等活动，综合培养思想道德素养，持续提升育人质量。四是推进统筹管理，社会实践作为深化专业知识与锻炼综合素养的重要教学环节，高校应当将社会实践作为专业培养方案的有机组成部分，制定学时学分规则，科学设计实践教学计划，精准对接"第二课堂"，严格管理，严控质量，将社会实践育人融入高校育人体系统筹规划管理。综上，高校践行机制创新，应当从建立社会实践育人政策体系、加强整体规划、丰富实践内容和推进统筹管理等方面，共同推进建设制度化、规范化的高校社会实践育人体系。

3. 重视师资建设，推动师生积极参与社会实践。加强社会实践指导教师队伍建设，发展各领域专家、工作单位骨干作为兼职指导教师，定期组织社会实践指导专业培训，推进师资队伍职业化、专业化协同发展。在考评管理上，设立合理有效的社会实践育人实效性考评办法。一方面将考评结果作为学生评优评先的重要依据，另一方面对于参加社会实践的指导教师、接收单位建立相应的评价机制，充分调动社会组织和教师参与社会实践的积极性，形成多方育人、多方共赢的良好局面。事实上，社会实践育人工作对师生的社会责任感、职业素养的培养都有重要意义。通过表彰奖励、推优评先等评价机制，能够进一步巩固高校社会实践的成果，将社会实践活动更好地与专业结合，更有助于专业技能素养能力的综合训练。

4. 重视保障措施，强调实践育人有效激励机制。在经费保障上，建立实践育人专项资金保障制度，确保社会实践育人工作有序开展。筹措经费是有效开展学生社会实践活动的必要基础，在合理统筹学校经费投入的基础上，高校可以引进社会组织资助，加强与民间组织、社会单位的合作，丰富实践经费来源方式，为社会实践育人工作提供有力后勤保障。在实践路径上，融合社会实践育人与创新创业人才培养两方面工作，通过社会实践育人过程培养"大实践"格局，通过创新创业人才培养模式提升社会实践育人成效。在师资保障上，实施考评激励措施，对参与社会实践指导的优秀教师可以给予考核或绩效上的倾斜，优化激励措施，吸引更多优秀的师资力量参与到实践活动的指导中。在建设实践基地上，联络社会各界、协同兄弟单位共同加强社会实践活动基地创新，打造规模化、多样化、规范化的社会实践活动。

高校社会实践育人是思想政治教育体系的关键环节，是重要的思想政治教育手段，也是"坚持理论与实践相统一"的基本要求。面对新时代社会发展对高校培养人才的新要求，亟须提升社会实践育人的实效性。本文结合当前对社会实践重视程度不够和工作积极性不高、制度体系构建不完善、保障激励措施不充分等问题，提出高校应当重视观念进步，推动育人方法与时俱进，重视机制创新，完善育人制度体系，重视师资建设，强调实践育人有效激励机制，全面提升新时代高校社会实践育人工作的实效性。

基于大数据可视化构建网络思政育人新模式*

黄子洋**

【摘　要】 随着科学技术的发展，大数据已经融入高校教育和大学生的学习生活之中，也改变着高校育人的思维模式。在网络思政已经成为高校思政教育主渠道的背景下，因势利导地创新表达方式，打造全媒体宣传矩阵，拓宽网络思政传播渠道，发挥大数据内容共创、资源共享的作用，成为高校网络思政教育的新任务。数据可视化作为大数据的显著特征，可充分利用其优势提升高校网络思政教育引导工作的实效，进而达到思政教育可视化，发展成为网络思政育人的新模式，为思政育人工作提质增效。

【关键词】 思政育人　网络思政　大数据　数据可视化

习近平总书记在高校思想政治工作会议上指出，要运用新媒体新技术使工作活起来，推动思想政治工作传统优势同信息技术高度融合，增强时代感和吸引力。[1]在大数据的时代背景下，"用数据说话"逐渐成为新的思维方式，进而也改变着高校思想政治教育的内容和方式。大数据具有数据规模巨大、数据情况更为客观真实、数据功能更为全面灵活等特点，因而运用到思想政治教育领域，能更好地反映学生思想动态、促进思政教育手段革新，实现思政教育科学化、实效化。

---

* 本文系中国政法大学科研创新管理创新项目"数字赋能高效'一站式'学生社区建设创新实践路径研究"（24KYGL015）的阶段性成果。
** 中国政法大学校团委。
〔1〕参见《习近平谈治国理政》（第2卷），外文出版社2017年版，第378页。

一、大数据背景下高校思政教育改革的动因

技术革新推动着教育方式的变革，当信息来源从书本变为移动终端，教育的方式和手段也得到了日新月异的改变和发展。思政教育工作本质上是塑造价值观的工作，不同的时代背景下有不同的价值目的。思政教育的方法需要与时俱进，重新审视其内在逻辑、教育过程和思维方式，利用大数据的优势促进思政教育工作的实施和发展。

（一）当前思政教育工作面临的困境

思政教育是对人的思想、思维以及价值观的塑造过程，其本质是一种"定性"工作而非"定量"工作。当前，网络思政是思政教育工作的主要渠道，其内在逻辑符合当下互联网高速发展的时代背景和青年活跃于网络空间的成长规律。思政教育工作的方式方法即便已随着时代发展而变化，但在实施过程中仍然存在着困境，弱化了思政教育的影响效果。

1. 网络思政的教育深度有限

为了迎合当代青年群体的信息获取习惯以及成长规律，网络平台成为开展思政教育的主要渠道，微博、微信、微视频等微媒介成为内容传播的主要载体，网络思政内容也因此呈现出更活泼、更生动、更灵活的特点，从而更获得青年群体的关注与青睐。但网络的话语表达自成体系，网络化的思政内容也因此容易陷入表面化、浅白化、虚无化的问题中，降低了思政教育的严肃性，从而弱化了其教育深度和作用。

2. 思政教育的效果难以判断

当前，思政教育的方式并不匮乏，在第一课堂中有思政课程进行价值引领，在第二课堂中有各类思政活动，网络平台上也传播各种形式的思政引领作品。但由于思政教育工作本身"定性"特点的限制，其教育成果难以数据化或可视化呈现；其对青年群体的作用也是隐形作用，是在日常的学习生活中重塑其价值观念。因此，思政教育对青年群体的实际育人效果难以判断。

3. 缺乏因人而异的精准教育

教育要因材施教、因人而异，思政教育即便最终的价值指向统一，也要注重不同群体选择不同的教育模式。当前思政教育在高校中的角色定位、教育目标与实施方式大抵相同，忽略了不同专业、不同背景与不同困境所带来

的差异化需求，教育措施单一化、同质化，缺少有针对性的精准培育，难以匹配学生个性化发展趋势，从而导致一些思政教育流于"表面文章"。

(二) 大数据变革思政教育工作的时代意义

大数据背景下的思政教育工作本身就包含了两层意涵，一是庞杂的信息对思政教育的冲击，青年群体在网络时代背景下更便捷地受到各种文化思潮的影响，因此对学生意识形态的教育要因势利导，将信息多元化的冲击转为动力，形成新的思政教育模式。二是大数据视角下的思政教育工作相较于传统教育，其重点和优势在于数据技术的重要作用，利用大数据为思政教育提供策略指导，提高思政育人的精准性和科学性。

1. 思政教育方法与时俱进的需要

思政教育本身就需要根据时代的发展来变革教育方式，网络时代赋予教育方式的一个显著特征就是"交互式"教育，代替了传统教育中的"填鸭式"教育。因此，思政教育依托新媒体平台、大数据技术，突破了原有教育方式的局限性，使思政教育融入育人的全过程。同时，网络时代也更新了教育的"内容"，海量信息充斥在网络平台中，为思政教育者提供了更丰富的素材，也使其能够翻转课堂，利用网络实现思政育人的目的。

2. 精准思维下教育改革的必然要求

精准思维是习近平总书记治国理政的重要思维方式。[1]大数据是基于海量的数据呈现趋势与规律，因此其数据更具有真实性和客观性的优势。投射到思政教育工作上，一方面，大数据能够更准确地体现青年群体的思想动态和价值取向，为思政教育提供更为科学性的指导；另一方面，大数据也能精准地识别差异，准确地提供预测、评价与反馈，有助于思政教育精准施策，既能够统一价值取向，又能够个性化匹配青年发展，更好地为思政引领工作赋能。

3. "大思政课"高质量发展的战略需求

2023年5月，习近平在中共中央政治局第五次集体学习时再次强调，坚持改革创新，推进大中小学思政教育一体化建设，提高思政课的针对性和吸

---

〔1〕参见张伟丽：《习近平治国理政的精准思维探析》，载《荆楚学刊》2022年第4期。

引力。[1]因此，技术赋能"大思政课"是思政教育高质量发展的战略需求。"大思政课"要求搭建"大资源平台"，注重教学资源与实践资源的互相转化，充分发挥数字化技术赋能。同时注重构建评价体系，坚持"大思政课"的效果导向，多维度、数字化的评价指标，为思政育人提供有益参考。

二、从数据可视化到思政可视化

大数据具备巨大的数据价值、海量的数据规模、准确的数据信息、多样的数据类型与快速的数据流转五个基本特征，被学者称为"5V"特性。将大数据的优势特征运用到网络思政教育工作上，有助于推动思政教育长效常新。

（一）大数据在网络思政教育中的独特作用

基于上述大数据的基本特征，结合网络思政教育的规律，可以总结出大数据在网络思政教育中发挥以下独特作用：

第一，大数据具有广泛采集的特点。数据样本突破了传统数据采集中样本有限的缺点，使得数据样本更具有普遍性和代表性。在实践当中，大数据能够更准确地反映当代青年群体的思想样态，为青年群体画像，通过大数据动态更新教育对象的真实情况，避免僵化且无效的育人方式。

第二，大数据具有分析挖掘的特点。大数据最鲜明的特征即除了"呈现"信息，还具备"处理"信息的功能，能够分析数据样本，挖掘内在联系，使得数据样本"会说话"。在实践中，可以利用大数据挖掘阐释理论之间的内在逻辑，有助于将晦涩抽象的原理解析转化，将思政原理"讲深讲透"。

第三，大数据具有可视化的特点。将复杂的数据可视化，抽象的原理形象化，是大数据与思政教育结合后的显著优势，可视化的数据有助于受教育者更直观地理解和掌握思政原理，对教育内容因其数据化呈现而更为"信服"。同时，教育预测和教育结果的可视化，有助于提高思政教育的精准程度，符合思政教育的发展趋势。

（二）思政可视化为育人工作提质增效

思政教育可视化并非为了迎合大数据技术权威的噱头，更非硬性地将思

---

[1] 参见《习近平在中共中央政治局第五次集体学习时强调 加快建设教育强国 为中华民族伟大复兴提供有力支撑》，载《在线学习》2023年第6期。

政教育进行跨学科整合升级，而是在大数据的背景下，准确抓住时代特征与教育发展规律，将思政教育进行科学化和精准化变革，使思政教育更具有育人价值。

1. 目标群体可视化

当代大学生是"网络原住民"，其信息获取和社会交往行为均依托互联网平台，因此利用大数据算法可以精准描画出当代大学生的思想面貌。运用大数据对学生发展的状况作实证刻画，包括学业学习指数、时政问题关注指数、社会实践活动指数、阅读指数、经济指数等，这些指数能够反映和体现学生全面发展的质量和成效，精准分析学生的知识能力结构、价值倾向、个性特征、学习路径和思想政治素养发展状况。[1]大学生群体特点的数据化呈现起到了教育预测的关键作用，可视化的数据有助于教育者了解教育对象以及教育对象间的差异化，进而有助于教育者确定教育目标，设计教育路径及方式，捕捉教育对象的动态变化，提高思政教育的精准性。

2. 教育主题可视化

大数据对教育内容的核心影响在于教育主题的创新与融合。思政教育的本质是以马克思主义理论为指导，树立青年正确的价值观，其教育的核心内容即思想的传递和价值的引领。因此，思政教育需要完成"无形化"的思想向"有形化"的教育内容的转化，而可视化的数据正实现了这一转化功能。跳脱出单一的文字灌输，利用数据可使得思政教育内容图像化、表格化、场景化、形象化等，使抽象的理论与具体的表达相结合，能够有效地帮助教育对象跨越理解的鸿沟。进而优化网络思政的教育形式和影响方式，消解教育本身的强制性与灌输性，使"培养人"的教育变得生动鲜活、润物无声。

3. 评价体系可视化

思政教育是具有明确"目的性"的教育，因此其效果的反馈也是教育的重要一环。大数据可视化的评价体系打破了传统评价手段不客观、不真实的缺点。智能评估是根据思想政治教育过程中主体的行为特征数据，动态智能地进行实时分析与监控，随时分析评价教育对象思想观念现实状况的过

---

[1] 参见李怀杰、申小蓉：《大数据时代个性化思想政治教育论析》，载《思想理论教育》2019年第3期。

程。[1]可视化的评价体系能够更准确地对思政教育的成果做出评判，且该评价具有实时性和动态性。同时，基于数据而来的评价结果能够打破"唯分数论"的单一评价维度，进而对思政教育具有反向激励作用，激励教育者从教育对象的实际成长出发，培养真正具有坚定立场、文化自信的有为青年。

三、基于大数据可视化构建育人新模式

利用大数据可视化的显著优势，促进思政教育可视化的发展，进而提升高校网络思政教育引导工作的实效，构建网络思政育人的新模式，是思政教育改革的重要路径。基于此，本文尝试从数据平台、育人内容、教育手段和评价体系入手，构建基于大数据可视化背景下的网络思政育人新模式。

（一）构建一体化思政教育大数据平台

构建一体化思政教育大数据平台，推动思政教育可视化、精准化发展。在平台上，学生能够自主选择第二课堂活动、参加网络思政教育项目，以及进行心理咨询、就业咨询等交流；同时该平台能够实现学生第二课堂学分记录、志愿服务时长记录等功能，集合学习、交流、存储、分享等服务于一体。基于该平台，可通过大数据准确地对学生进行"用户画像"，动态监控学生的思想面貌，精准投放个性化育人内容。同时，通过数据采集分析思政育人效果，利用大数据和数字手段对教育过程进行动态干预，实现精准思政教育。

（二）开发精准化、个性化、多样化学习内容

数据的可视化类型丰富多样，除传统的图文表达外，微课视频、词云图像、思维导图等都是学生喜闻乐见的内容表达方式。因势利导的创新表达方式，开发更加多元化的学习内容，是网络思政教育能够作用于教育对象的直接方式。根据可视化的数据把握学生的兴趣爱好，区别学生的个性化需求，根据"画像"明确育人方向，个性化投放。在开发学习内容时，坚持价值导向，同时兼顾理论深度与趣味性，思政要素与专业要素，学科的共性与个性，避免思政教育内容僵化刻板，动态化呈现观念，让理论更加"鲜活"。

---

[1] 参见操玲玲、张艳君：《智能与赋能：思想政治教育方法的新变革》，载《继续教育研究》2024年第4期。

（三）打造数字化、交互性、全媒体教育矩阵

网络时代让信息传播具有数字化、交互性特点，思政教育的方式也应该顺势而为，利用网络媒介为思政育人赋能。打造直播课、微党课、微团课等创新课堂，让移动终端成为第一课堂的教育延伸；利用社交媒体推广网络思政内容，形成积极舆论空间，牢守网络阵地；拓展线上线下交互、课内课外交互，实现思政育人全方位、全过程。利用全媒体矩阵构建育人空间，使大数据与网络思政深度融合，让数字技术作用于思政教育的各个环节，推动网络思政教育智能化发展。

（四）建立全面、双向、多维的评价系统

建立科学的评价体系，是推动思政教育科学化的重要方面，也是个性化思政教育开展质量评价的前提。[1]思政教育的评价是双向的，既包含对教育者的评价，也包含对教育效果的评价；同时该评价又是多维度的，对教育效果的评价不拘于可视化数字的评价，而是基于大数据形成的客观效果的评价，这种评价更加符合思政教育这一"定性化"工作的特点和要求。全面的评价系统是思政教育优化的重要步骤，也是网络思政教育新模式的必要之举，有助于育人模式的良性循环和科学育人的提质增效。

四、结语

社会高速发展，西方思潮激荡，青年群体时刻面临着多元价值观念的冲击。学好并运用好马克思主义经典理论，是对我国当代青年群体的意识要求，也是思政教育工作的落脚点。大数据背景下，网络思政教育要善用数据优势，用好技术手段，把好青年"脉搏"，帮助青年树立正确的价值观念与远大理想，赋能思政教育，在立德树人的教育进程中发挥更加主动的作用。

参考文献

［1］操玲玲、张艳君：《智能与赋能：思想政治教育方法的新变革》，载《继续教育研究》2024年第4期。

---

〔1〕 参见李怀杰、申小蓉：《大数据时代个性化思想政治教育论析》，载《思想理论教育》2019年第3期。

［2］李怀杰、申小蓉：《大数据时代个性化思想政治教育论析》，载《思想理论教育》2019年第3期。

［3］余永跃、李忆辛：《以大数据促进高校思政课"讲道理"的内在逻辑与实施路径》，载《学校党建与思想教育》2024年第6期。

［4］张茂伟：《高校课程思政数字化转型改革取向与实践逻辑》，载《河北开放大学学报》2024年第2期。

［5］栾淳钰：《思想政治教育"可视化"：价值、困境与举措》，载《马克思主义与现实》2023年第6期。

［6］马平、夏晨雪：《基于数据可视化技术创新网络育人模式研究》，载《科教文汇》2024年第3期。

政法类院校思辨文化建设的探索与实践[*]

翟怀旭[**] 杜宇轩[***] 陈荣耀[****]

【摘 要】 习近平总书记考察中国政法大学时的重要讲话精神,以及总书记对青年"富于思辨精神"的指示,呼唤着新时代高等教育高质量发展,政法类院校建设思辨文化体系具有现实需求性和实践价值性。思辨精神可以促进青年大学生综合素质能力、专业实践能力以及学术思维能力的提升;而政法类院校基于专业需求,则更需注重思辨文化体系的建设。现状下高校的校园思辨文化建设普遍存在着体系化建设不足、成长服务性不足以及氛围建设不足的问题。以中国政法大学近年来的校园辩论实践和教育规划为范例,政法类院校可尝试"一体两翼三核心"的思辨文化建设方针,在高校团组织的建设下更好地促进青年大学生的全面成长和综合素质的提升。

【关键词】 校园思辨文化 思辨精神 高等教育

引 言

高等院校进行青年大学生的思辨教育,是新时代高等教育高质量发展以及青少年"富于思辨精神"的切实需求。政法类院校基于其法学学科特色以及"立德树人、德法兼修"的指示要求,对于思辨教育更应深入到"校园思

---

[*] 本文为中国政法大学2023年"青年发展研究"团学课题研究成果。
[**] 中国政法大学法与经济学研究院。
[***] 中国政法大学法与经济学研究院。
[****] 中国政法大学法律硕士学院。

辨文化建设"的维度。政法类院校的校园辩论活动不能仅仅处于不同主体自发建设的分散化管理阶段，而是要进一步地进行体系化的思辨文化建设。辩论不但需要融入课堂教学，还需要做到两点：一是用思辨促进思政教育，二是要让思辨教育与辩论竞赛赛事、辩手全面成长相结合。

在思辨文化体系建设中，高校团组织应以"培养青年大学生思辨精神，以服务青年大学生全面成长"为建设宗旨，最终以实现习近平总书记对青年大学生"富于思辨精神"的期望。在推进校园思辨文化建设的具体实践中，拟提出"一体两翼三核心"的建设方针，立足思想政治理论课"金课"建设、校内辩论赛办赛体系建设以及辩论竞技队伍建设，从大思政教育、辩证思维的养成、专业知识的教学以及就业实践的支持等方面，让校园思辨文化更切实地服务青年大学生全面成长。

一、高校思辨文化建设的重要性

（一）新时代高等教育需要青年富于思辨精神

党的十八大以来，习近平总书记曾多次强调新时代高等教育的高质量发展，我国高等教育要紧紧围绕实现"两个一百年"奋斗目标、实现中华民族伟大复兴的中国梦，源源不断培养大批德才兼备的优秀人才。[1]我国高等教育不仅要实现基本的人才培养目标，更应注重高质量高等教育体系的建设，这也对新时代的青年大学生提出了新的要求。在全面发展的新时代，青年大学生不仅要具备过硬的专业知识，还需养成思辨精神以灵活解决现实中遇到的种种问题。2022年5月10日，习近平总书记在庆祝中国共产主义青年团成立100周年大会上鼓励新时代的中国青年要"更加自信自强、富于思辨精神"。[2]青年大学生富于思辨精神，并且在日常的学习生活中养成辩证思维，更有助于将来的人生成长和综合素质能力的提升。这是新时代高质量高等教育的必然要求，也是青年大学生在成长道路上所必须具备的品质特征。

---

〔1〕参见《习近平致信祝贺清华大学建校105周年》，载《人民日报》2016年4月23日，第1版。

〔2〕参见习近平：《在庆祝中国共产主义青年团成立100周年大会上的讲话》，载《人民日报》2022年5月11日，第2版。

(二) 思辨精神有助于青年大学生的能力提升

在高等教育高质量发展的新时代,青年大学生必须具备一定的专业实践能力和学术思维能力,在理论和实践两个层面上为我国发展作出贡献;思辨精神的培养则可以实现这一要求。一方面,思辨精神有助于提升大学生的专业实践能力。在社会实践中,青年所遇到的问题比书本知识更加灵活、复杂,而思辨精神中的批判性思维有助于其分析问题、拓宽思维方法和思维路径,做到站在不同的视角上看问题。另一方面,思辨精神有助于提升大学生的学术思维能力。学术能力的养成要求学生有提出观点、论证观点、创新观点的能力;而思辨精神的基本要义即以科学、充分、合理的论证为前提,从而进一步批评、分析或者继续发展观点。所以,高校应当把思辨精神的培养作为学生教育的重要一环。

(三) 政法类院校须重点把握思辨文化建设

习近平总书记2017年在中国政法大学考察时曾寄语青年学生:青年时期是培养和训练科学思维方法和思维能力的关键时期……要充分发挥青年的创造精神,勇于开拓实践,勇于探索真理。养成了历史思维、辩证思维、系统思维、创新思维的习惯,终身受用。[1] 政法类院校往往以法学、政治学等人文社科类专业为优势学科,其专业特色属性要求政法类院校须重视校园思辨文化的建设。一方面,在人文社科的专业教学中,经常涉及多种不同的学术理论或世界观,青年学生不仅需要以思辨精神深入把握其中的逻辑及精髓,还需要在高校教师辩证教学的引导下树立正确的学科观念及价值观。另一方面,法学教育要求充分的实践教学,法庭辩论、逻辑思辨是法学专业的重要教育方法;在校内开展思辨文化活动、建设思辨文化氛围,有助于在课堂外提升学生的专业技能及专业素养。

二、当下高校思辨文化建设存在的不足

(一) 缺乏全方位的体系化建设

在目前,我国高校校园内的思辨文化活动主要呈现出自发性发展的特点。

---

〔1〕 参见《习近平在中国政法大学考察时强调立德树人德法兼修抓好法治人才培养 励志勤学刻苦磨炼促进青年成长进步》,载《人民日报》2017年5月4日,第1版。

在教学层面，辩论式教学法虽然已经成为高校课堂的重要教学方法，但其主要由任课教师自行决定是否采用，缺乏学校整体层面的建设，难以与其他思辨文化活动形成有效联动。[1]在辩论赛队方面，许多高校的校、院两级辩论队活动较为自由，一是普遍缺乏专业的辩论赛教练，二是缺乏校、院团组织的有效管理，更多地表现为学生自我管理的兴趣社团，难以承担培养思辨精神的职能。在校内辩论赛事的开展举办层面，许多高校呈现出"学生辩手多，参赛机会少"的局面。综合以上现状，我国高校的思辨文化建设仍较为匮乏，缺少特定的校内组织对思辨文化活动进行科学、高效、体系化的统筹管理。

（二）难以实现有效的青年成长服务

近年来，高等教育的多元化发展已然成为高校开展办学的重要趋势。[2]在多元化的背景下，青年大学生的成长需求也表现出多元化的特点。大学生在校成长期间，既有完成课业、继续升学的成长需求，也有参加兴趣活动的需要；既有解决就业的现实需求，也有从事学术科研的志向。这样一来，就形成了"多元的成长需求"与"有限的在校时间"之间的矛盾。而目前，我国高校的思辨文化活动，在需要学生投入大量时间准备参与的情况下，却难以兼顾学生的各类成长需求，无法对青年学生的就业、升学、科研学习带来有效的帮助。一场学生辩论赛的准备至少需要一周的时间，一定程度上压缩了学生的课余休息空间，甚至对大学生的日常学习、考试产生了负面影响。对此，高校的思辨文化建设应当尽可能地做好青年成长服务，实现培养思辨精神的积极作用。

（三）难以形成校内的思辨文化氛围

2013年，中央电视台决定无限期停办"国际大专辩论赛"，社会各界对于高校辩论赛及校园思辨文化活动的关注有所下降。加之高等教育的多元化发展，青年大学生对于校园思辨文化活动的普遍关注不复往日，非校、院两级辩论队辩手的学生一般不具有主动接触校园思辨文化活动的条件。甚至，

---

[1] 参见冯军旗、陈弱霄：《辩论式教学的实践与规则研究》，载《教育科学研究》2022年第8期。

[2] 参见刘剑虹、熊和平：《区域经济结构与区域高等教育的多元发展》，载《教育研究》2013年第4期。

如今青年大学生的思辨能力现状已不容乐观，很多学生已然不具备灵活的逻辑思维能力和高效的语言表达能力。[1]许多高校的校园思辨文化活动难以具备全校范围内的影响力，校园内的思辨文化氛围极度匮乏。

三、"一体两翼三核心"的建设方针

中国政法大学作为教育部直属全国重点大学，其法学一级学科作为国家重点学科，是国内典型的政法类院校。为贯彻习近平总书记的重要讲话精神，中国政法大学十分重视思辨文化的建设，近年来开展了多项以培育学生思辨精神为目标的团学活动。2020年，学校以《以辩促思：辩论式教学与辩论活动有机统一的人才培养模式探索》为题开展教育教学研究，探索思辨育人模式。在此基础上，学校辩论队也取得了一定的成绩：2023年，参加"股东来了"大学生投资者教育主题辩论赛，以辩论赛传播金融证券知识，单场比赛直播收看量达240万人次；同年，接连斩获"华夏杯"国际华语辩论锦标赛冠军、"新国辩"国际华语辩论邀请赛季军等国际级辩论赛事奖项。

故此，针对前述我国高校思辨文化建设中存在的不足，下文将总结中国政法大学的实践经验与成果，提出"一体两翼三核心"的建设方针，以进一步发展政法类院校的思辨教育。"一体两翼三核心"的建设方针，即高校团组织以"培养青年大学生的思辨精神"为宗旨，把"促进大学生专业实践能力提升"及"促进大学生学术思维能力提升"作为两大现实目标，以此形成"一体两翼"的总体指引；并在此基础上，把思想政治理论课"金课"建设、校内辩论赛事体系建设以及辩论竞技队伍建设三大板块作为建设核心，以培养思辨精神、构建思辨文化氛围。

---

[1] 参见魏际兰：《以辩论赛为依托的大学生思辨能力评估研究》，载《社科纵横》2019年第9期。

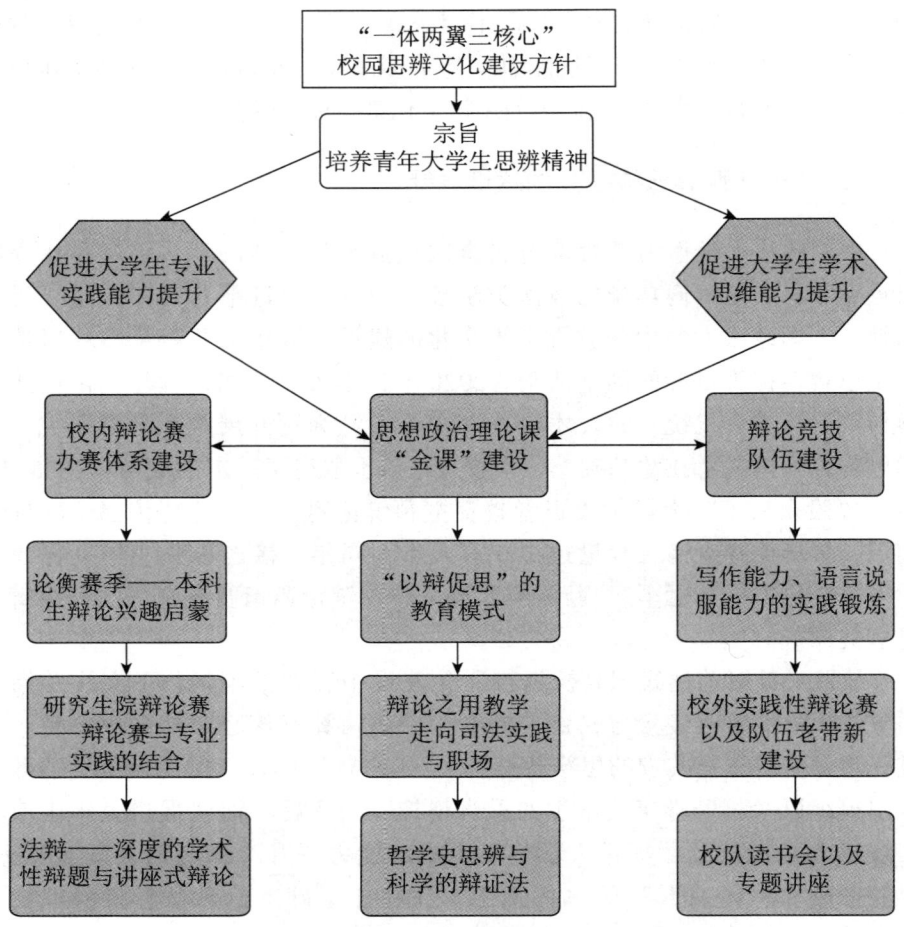

图1 "一体两翼三核心"校园思辨文化建设方针

(一) 一体两翼的总体指引

政法类院校在建设校园思辨文化时,应首先明确建设的宗旨目标。根据习近平总书记对于青年"富于思辨精神"的期望,以对法学人才培养"立德树人、德法兼修"的指示,政法类院校应当把"培养大学生思辨精神"作为建设宗旨。在开展举办相应的校园思辨文化活动时,应注意对宗旨的总体把握。例如,各学院在参加校园辩论赛时,不应把活动目标设定为辩论赛形式上的获胜,而应详细考察学生辩手在辩论时是否具备一定的历史思维、辩证思维、系统思维、创新思维。在运用辩论式教学法的高校课堂上，不应以学生的考试成绩作为思辨文化建设成功与否的评价标准，而应注重平时课堂教学中学生思辨精神的养成。

其次，政法类院校应当实现对思辨文化建设的统筹把握。2013年6月20日，习近平总书记在同团中央新一届领导班子集体谈话时强调：团的工作要注意为青年成长成才创造条件。[1] 共青团始终坚持立德树人，坚持服务青年学生成长成才；故此，高校团组织应当统筹把握校内思辨文化活动，实现校园思辨文化的体系化建设。这样一来，一方面，可以规避因各类主体自发参与而导致的联动不足、氛围不浓的问题；另一方面，高校团组织还可以在思辨文化活动中实现思政教育，避免学生在思辨交锋中养成错误观念，以唯物辩证法的思辨精神指引青年正向成长。

最后，还应明确培养思辨精神的两大现实目标，作为建设方针的"两翼"。培养思辨精神，是对青年大学生成长成才的总体要求与核心宗旨；在宗旨的指引下，还应明确现实目标，以作为对建设成果的评价标准。为了更好地服务青年大学生成长、解决大学生的现实需要，政法类院校应当把"促进专业实践能力提升"及"促进学术思维能力提升"作为现实追求。"一体"与"两翼"共同组成建设方针的总体指引，二者间是一般与具体、长期与短期的关系；在"一体两翼"的方向下，可以避免校园思辨文化活动流于形式，同时为学生思辨精神的养成提供助力。

（二）三大核心建设板块

1. 思想政治理论课"金课"建设

在建设校园思辨文化时，应当将辩论式教学置于三大建设板块的首要位置。所谓辩论式教学，即将辩论比赛的形式植入课堂教学之中，同时将课堂教学的目标融入有影响力的辩论比赛活动当中，从而实现第一课堂与第二课堂在育人上的共振相融。[2] 青年大学生在养成思辨精神的过程中，离不开高校教师的正确指引。一方面，教师可以在课堂辩论中对学生的思辨进行指点，帮

---

〔1〕 参见习近平：《在同团中央新一届领导班子集体谈话时的讲话》（2013年6月20日），载中共中央文献研究室编：《习近平关于青少年和共青团工作论述摘编》，中央文献出版社2017年版，第63页。

〔2〕 参见黄东、朱林：《聚焦德法之思 探索辩论教学——思想政治理论课"金课"建设的思辨之维》，载《北京教育（德育）》2019年第1期。

助学生养成科学、正确的思辨思维；另一方面，在面对如历史虚无主义等错误思维时，教师可以通过引导学生讨论的方式，巩固加深思政教育的成果。

为贯彻教育部淘汰"水课"、打造"金课"[1]的指示，中国政法大学开设的多门必修及选修课都采用了辩论式教学法，如"辩论与辩证思维""经济法总论""影像政治学""教育社会学"等。课堂整体坚持"立德树人"的价值引领，由任课教师选取体现坚定政治立场的辩题。而后由学生展开分组辩论式讨论；或针对话题随机提问学生，让学生进行立论，并要求另一位同学对其驳论。结束后，再由其他同学进行评述，最后由教师完成总结并点题升华。以此，实现学生"课堂上积极参与、课后自发学习"，在日常的教学中逐步养成思辨精神。

2. 校内辩论赛事体系建设

为避免因辩论赛事过少而导致学生思辨文化活动参与不足，政法类院校还应丰富校内辩论赛事，建设校内辩论赛事体系。校内辩论赛事体系应兼顾三个层面：一是举办综合性、低门槛的全校辩论赛事，吸引具有思辨兴趣的青年学生积极参与；二是举办学术氛围浓厚、思辨性较强的哲理辩论赛，锻炼学生们的学术思维能力，作为思政"金课"第一课堂与辩论赛事第二课堂的融合联动；三是举办针对学科专业、具有实践导向的专业辩论赛，为学生模拟专业实践提供实践机会、提升实践能力。

近年来，中国政法大学已成功举办多项辩论品牌赛事。对于综合性辩论赛，中国政法大学打造"论衡辩论文化节"活动：其中，"论衡辩才赛季"面向各院高年级学生辩手；"论衡新生赛季"面向各院一年级新生辩手；"论衡大众赛季"面向全校所有辩论爱好者，全方位激发校园的思辨文化氛围。对于学术哲理辩论赛，中国政法大学主办"法辩·国际大学生华语辩论公开赛"，邀请各知名高校辩论队来京参赛。其特色在于辩题聚焦德法之思，或是争辩十大道德困境，抑或是探讨经典法律案例；专业评委的点评更是使比赛升华为一场精彩的学术讲堂，锻炼了学生们的学术思维能力。对于实践导向的辩论赛，中国政法大学曾与多家知名律师事务所合作办赛，由执业律师担

---

[1] 参见《教育部关于狠抓新时代全国高等学校本科教育工作会议精神落实的通知》，载 http://www.moe.gov.cn/srcsite/A08/s7056/201809/t20180903_347079.html，最后访问日期：2024年6月25日。

任评委，探讨法律辩题，注重提升学生的庭辩技巧；表现优异的队伍及选手还可获得律师事务所的实习资格，在能力与途径两方面共同实现实践能力的提升。

3. 辩论竞技队伍建设

一支优秀的辩论竞技队伍，可以在校内发挥良好的模范作用，激励全校学生学习、养成思辨精神；政法类院校应当在建设校园思辨文化时注重校、院两级辩论队伍的建设。高校的竞技辩论队伍，其定位应是"以辩促学"和"以辩育人"的重要平台、是"论道启真"的重要阵地。竞技辩论赛因其紧张激烈的赛制环节设置，要求辩手在短时间内通过语言和逻辑输出内容详实、论证扎实的观点，这也进一步要求竞技辩论队伍必须重视厚植知识底蕴、关注社会现实。

中国政法大学校辩论队自1996年成立以来，参加过多项世界级华语辩论赛事，取得了不俗的成绩。近年来，校辩论队拓宽赛事参与渠道，先后参与了各官方机构主办的控烟、环保、防艾、中医药等主题辩论赛。在参赛过程中，队员从辩题出发，围绕以上主题广泛收集资料、学习相关专业知识，在比赛的同时扩展了知识面，弘扬了正确的价值观，加深对社会热点议题的思考。与此同时，校辩论队在校团委及资深教练团的带领下，定期开展队内读书会和专题讲座，增强队员知识储备，搭建体系性的知识架构；实现"在竞赛中锻炼思辨、在备赛中养成思辨"的思辨精神教育闭环。

结　论

培养大学生思辨精神、促进高校思辨文化活动发展，在新时代具有现实必要性。结合中国政法大学多年来建设校园思辨文化的实践经验，政法类院校可尝试"一体两翼三核心"的校园思辨文化建设方针。高校团组织立以"培养大学生思辨精神"为宗旨，力图提升青年学生的专业实践能力与学术思维能力。在开展具体的建设工作时，团组织要避免举办形式化、流程化的校园思辨文化活动，避免学生养成不正确的诡辩思维；须构建优良厚重的思辨文化氛围，促进思辨精神的自发养成。打造思政"金课"、举办校内辩论赛事和辩论竞技队伍管理应作为建设校园思辨文化的核心工作抓手；一方面满足学生们的现实要求，另一方面积极地引导青年大学生学习成长。通过校园思辨文化的建设，以期"富于思辨精神"的实现，从而回应高等教育高质量发展的时代命题。

参考文献

［1］《习近平致信祝贺清华大学建校 105 周年》，载《人民日报》2016 年 4 月 23 日，第 1 版。

［2］习近平：《在庆祝中国共产主义青年团成立 100 周年大会上的讲话》，载《人民日报》2022 年 5 月 11 日，第 2 版。

［3］《习近平在中国政法大学考察时强调立德树人德法兼修抓好法治人才培养 励志勤学刻苦磨炼促进青年成长进步》，载《人民日报》2017 年 5 月 4 日，第 1 版。

［4］中共中央文献研究室编：《习近平关于青少年和共青团工作论述摘编》，中央文献出版社 2017 年版。

［5］冯军旗、陈弱霄：《辩论式教学的实践与规则研究》，载《教育科学研究》2022 年第 8 期。

［6］刘剑虹、熊和平：《区域经济结构与区域高等教育的多元发展》，载《教育研究》2013 年第 4 期。

［7］魏际兰：《以辩论赛为依托的大学生思辨能力评估研究》，载《社科纵横》2019 年第 9 期。

［8］黄东、朱林：《聚焦德法之思 探索辩论教学——思想政治理论课"金课"建设的思辨之维》，载《北京教育（德育）》2019 年第 1 期。

［9］《教育部关于狠抓新时代全国高等学校本科教育工作会议精神落实的通知》，载http：//www.moe.gov.cn/srcsite/A08/s7056/201809/t20180903_ 347079.html。

"立德树人"背景下高校体育社团育人模式探析
——基于CAS理论的视角*

荆　硕** 　黄筠钧*** 　许晨曦**** 　杨林佳*****

【摘　要】 基于CAS理论，采用文献资料法、深度访谈法对高校体育社团组织的建设和育人模式进行深入剖析。研究认为：（1）CAS理论的基本点与我国高校体育社团育人模式的发展具有较高契合性；（2）高校体育社团系统由政策制度系统、校园环境系统、社会环境系统、多元主体系统构成，各主体交互作用；（3）高校体育社团发展困境应立足于政策环境、校园环境、社会环境、多元主体四个系统展开分析，高校体育社团组织治理转变体现出从线性到非线性的质变；（4）高校体育社团的发展应从增强多元主体的"自适应"能力、重视主体间"非线性"的相互作用、提高主体间"流"的畅通性、建立引领性强的"标识"四个方面进行调控。

【关键词】 立德树人　CAS理论　高校体育社团　育人模式

引　言

体育社团是培养学生体育素养、提高体育技能、树立终身体育理念的主

---

* 本文为中国政法大学2023年"青年发展研究"团学课题研究成果。
** 中国政法大学体育教学部。
*** 中国政法大学民商经济法学院。
**** 中国政法大学社会学院。
***** 中国政法大学民商经济法学院。

要组织形式和基本组织形态,一定程度上弥补了传统高校体育教学形式的不足。明晰我国各类体育社团现状及其内在的运作逻辑,分析高校体育社团在高校体育教学中的作用、目前面临的突出矛盾和问题,探索其发展的途径是当前亟须解决的理论与实践问题。本文在广泛阅读我国社团等非营利组织的相关研究基础上,采用深度访谈的研究方法,基于复杂适应系统(CAS)理论对高校体育社团组织的建设和育人模式进行深入剖析,同时深入调研中国政法大学、北京师范大学等高校体育社团的实际运作情况及存在问题,以期重新审视高校体育社团发展,并提出优化路径,为补齐短板、把握创新方向、进一步优化高校培养人才的功能提供参考,不断探索创新高校体育社团的发展走向与路径。

一、CAS 理论视域下高校体育社团系统解构

(一)研究视角的引入——CAS 理论

CAS(Complex Adaptive System)理论,即复杂适应系统,理论创始人 John H. Holland(约翰·霍兰)于 1994 年提出 CAS 统一的描述框架及研究方法。其中心思想为:系统作为一个动态网络,各主体之间相互作用,通过能量流、物质流、信息流等相互转化,遵循一定的规律("刺激—反应"),改变自身的结构、功能和行为,不断适应环境的变化,具有高度的复杂性和适应性。CAS 理论将系统的宏观层面和微观层面联系起来,强调系统演化的动力是内部主体之间以及主体与环境之间的相互作用。我们一般把系统中的成员称为"个体"或"主体",其适应能力是指"个体"或"主体"能够按照一般的"刺激—反应"模式,与环境和其他主体相互作用,并在习得"经验"的基础上修正自己的结构和行为,以便更好地在环境中生存。CAS 理论对于解决系统问题与系统现象具有重要意义,经过理论的发展和实践的总结,被广泛应用于各个领域。但该理论在体育领域的应用相对有限,现有研究主要应用于退役运动员安置问题、社会体育组织管理、职业体育发展、体育特色小镇建设等方面。

(二)CAS 理论与高校体育社团育人模式的适应性

CAS 理论是由物质流、能量流和信息流驱动并与其他主体和环境相互作用而产生的系统内部组件集合形成的多层次组织。围绕"适应性主体"这一核心概念,提出了该理论模型的七个基本特征,即聚合性、非线性、流动、多样性、身份、内部模式和组成部分。高校体育社团的管理要应对学校政策、

学生需求的变化等，它建立在多个"适应性行动者"（多样性、聚合性）参与的基础上，包括大学管理部门、体育教学部、学生和社会。通过多个"适应性行动者"的协作、竞争（内部模式）和对学生需求的关注，体育社团将自身情况与外部环境中的物质流、人流、信息流、资金流和政策流（非线性流动）的相互影响与治理系统的发展和演变结合起来，合理配置资源（积木、标识），以实现适应。因此，CAS 理论的基本点与我国高校体育社团育人模式的发展具有较高契合性，从 CAS 理论出发，审视并剖析高校体育社团的发展，有助于获得新的启发。

（三）高校体育社团复杂适应系统的结构构成

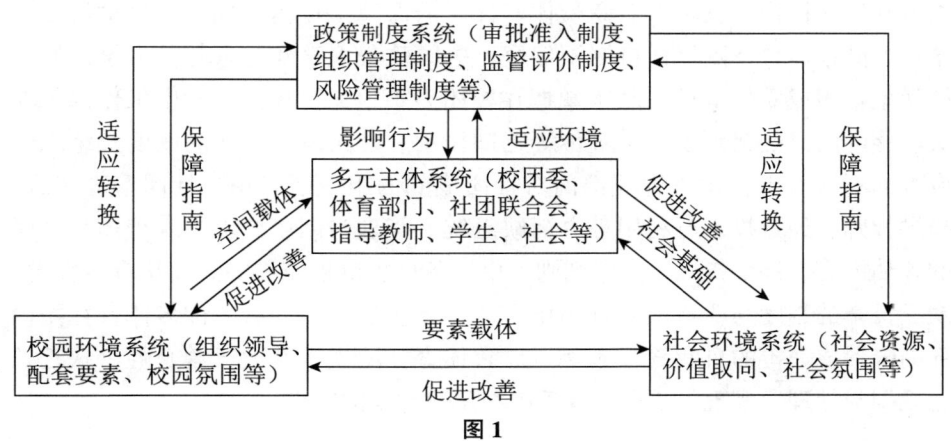

图1

在体教融合背景下，随着"四位一体"高校教育目标的提出，高校体育类社团的发展进入新时代，将导致高校体育社团组织系统的外部环境、内部结构和发展方向呈现出新的特点。依照 CAS 理论，高校体育社团系统是由政策制度系统、社会环境系统、校园环境系统与多元主体系统交互作用而形成的复杂适应系统。政策制度系统是组织生存的土壤，为组织的管理活动提供条件、明晰方向。校园环境系统表现出规范性、可控性、纯化性、教育性的特点，具有导向功能，干预学生社团活动的过程，系统地影响着学习效果，为其提供物质支持。社会环境系统是高校体育社团生存和发展的基础，决定身心发展的内容、方向和水平，为高校体育社团的发展提供公共空间。高校体育社团组织治理过程既包含外部为推进社团整体发展而采取的措施，也包括体育社团自身为提升能力而采取的内部治理行动。在治理过程中，关注高校体育社团的主观适应性与治理环境的复杂性之间的相互作用至关重要。

二、CAS 理论视域下高校体育社团发展困境分析

（一）政策系统角度

外部环境是组织生存的土壤，既制约组织的管理活动，也为其提供条件。高校体育社团的良性发展离不开完善的政策环境。目前，国务院办公厅、教育部、国家体育总局等国家部委及各高校有关于高校体育社团的顶层设计与方向指引还无法为体育社团的发展和建设提供有效保障与监督，从政策数量、内容和发文机构都反映出对高校体育社团的保障工作亟待加强。从学校层面来看，高校体育社团评估机制不健全，中国政法大学和北京师范大学两所高校学生社团成立的审批权基本掌握在校团委手中，宣传部、学生工作部等相关职能部门只是起到备案、宣传等辅助作用。社团建立之初的制度及组织建设方面不够完善，学校管理部门对社团成立的组织者名单、社团管理规程、指导教师、经费投入与利用等方面缺乏统一管理与制度要求。高校体育社团的评估内容、评估指标、实施细则、申请条件、审批流程等方面均有待完善，缺乏科学的制度与严格的管理措施。从具体实施层面来看，许多体育社团内部尚未形成完善的自我管理条例，导致体育社团娱乐性大于健身性，缺乏长远规划与管理，呈现出松散、缺乏组织纪律约束的特点。

（二）校园环境系统角度

高校体育社团在育人过程中存在人、财、物配套要素支持不足的问题，人力方面包括指导教师、管理人才缺乏，使得体育社团发展的科学性和效率性有待提高；财力方面的经费短缺且来源单一目前仍是困扰高校体育社团发展的顽疾，体育社团活动经费过度依赖学校行政部门治理要素的投入，主要依靠学校管理部门拨款、收取社团会员会费、组织商业活动或比赛来筹集资金；物力方面包括活动场地、器材设施、活动设备等配套短缺。社团活动的开展需要耗费大量人、财、物，即资源丰富与否直接影响组织活动的数量与质量，是高校体育社团能否健康可持续发展的重要指标之一。人、财、物配套要素支持不足直接影响到社团的发展规模和质量，在一定程度上限制了体育社团种类多元化的发展，也导致了高校体育社团活动匮乏、影响力低。目

前，各高校普遍缺乏小众性社团，如电竞、体育学术、高尔夫等项目。在未设有体育专业的高校及非体育类高校中，普遍存在体育被边缘化、学校体育氛围不浓、体育部门的话语权不足的情况，加之对体育类社团的宣传不足，导致高校体育类社团的生存环境不是十分理想。

（三）社会环境系统角度

学生体育社团文化是实现思想政治教育功能的重要载体，承担着思想价值引领、运动技能提升、综合素质培养、丰富校园文化的作用。体育社团的活动既具有竞技性也具备娱乐性，教育功能与娱乐功能相辅相成，能帮助学生对感兴趣的运动专项技能与知识通过体育社团第二课堂的平台进行深入学习。学生们对高校体育社团的喜爱离不开其具有专业性的特点，怎样才能将体育社团的思想政治教育功能和育人功能发挥出来，是亟待解决的重要问题之一。目前，高校体育社团在立德树人和思政方面的问题主要体现在"求大"、"浮表"和"轻行"三方面，即没有将高校体育社团立德树人的目标落实在具体细节和实践中，高校体育社团的思想政治教育性功能不足，在实践层面缺乏可操作性和有效性；对德育的理解只停留在表面，在精神层面缺乏文化建设与传承，内涵与意义深度不足，娱乐功能大于教育功能；偏重讲道理和理论，缺乏行为教育与行为规范的实践。

（四）多元主体系统角度

我国高校体育社团的发展机制主要由管理、活动、参与三要素构成。从多元主体系统来看，学校与社会对体育社团组织活动的关注度和热情有待提升，校园体育赛事的社会化程度和整体运作水平也有待加强。学生主体组织参与竞赛意识较弱，校园体育竞赛的自组织体系建设亟待加强，且学生自我管理社团的水平有待提高，缺乏"自我造血"能力。学校体育部门存在对体育社团发展支持力度不足、各类社团缺乏教师长期系统性辅导等问题。高校教师担负教学与科研的双重压力，使其参与社团指导工作的热情不高，同时缺乏相应的考核制度，未对其指导内容、时间、方式等进行明确规定，导致指导教师"形同虚设"。

高校体育社团分为内部管理和外部管理，外部管理是指校团委、社团发展指导中心对高校体育类社团进行业务指导和监督管理。从多元主体的交互作用来看，各主体之间存在壁垒，缺乏沟通，协同不顺畅，管理工作相对复杂。体育社团在运行过程中存在过分注重高校行政部门调控的外力主导，缺乏自主性，未将体育社团组织治理主体作为具有自主性的"适应性主体"；管理过松体现在高校体育社团主管部门对体育社团活动的开展和组织管理不闻不问，放任自流，忽视了高校体育社团组织各参与主体间的非线性互动。

三、CAS 理论视域下高校体育社团治理策略

高校体育社团系统的调控要立足于系统的结构模式、作用机制，明确多元主体间及主体与外界环境间的复杂关系，注重主体的自组织和自适应状态，沿着结构调控、功能调控、要素调控与状态调控的路径推动系统发展。

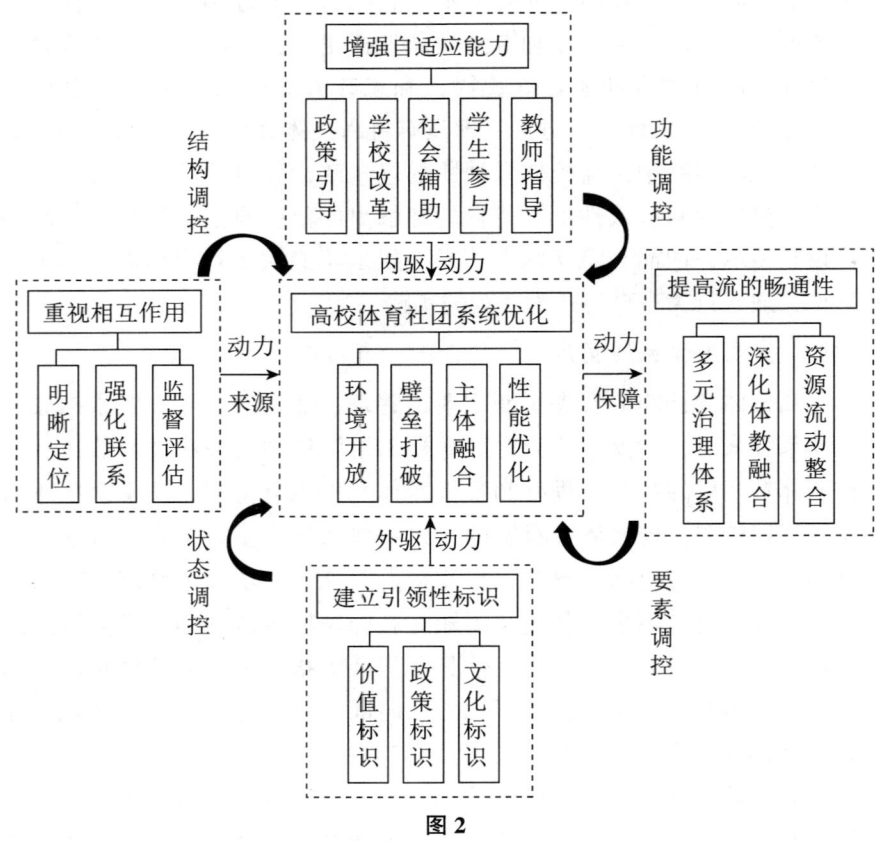

图 2

(一) 增强多元主体的"自适应"能力

系统中的主体具有主观能动性，通过适应、学习不断累积经验，成为系统不断演化发展的基础。实现高校体育社团组织治理的高质量发展，从国家到各高校需逐级完善相关政策法规。在外部环境不断变化的背景下，高校体育社团的多元主体必须不断增强自适应能力，实现自身调控与发展。面对新时代高校体育发展面临的新形势和新要求，国家层面应优化顶层设计，从高校体育社团的组织管理、配套要素、价值取向、思政教育、人才培养、文化建设等层面提出具体的实施意见与方针政策，为高校体育社团的可持续发展提供政策依据和方向指引。各高校应健全完善体育类社团的规章制度，确保体育社团管理的规范性和有效性。由学校体育教学部作为技术指导单位进行相应的运行指导，促进体育社团的良好发展。从管理权责、经费使用、活动组织、德育价值等方面完善内容，保证体育社团高效运作。建立科学合理的内外部管理制度和全员参与机制，明确校团委、指导教师、学生等各主体的职责，明文规定体育类社团管理工作、资金运用、活动开展、指导教师工作、配套要素利用等方面的评估和考核内容，采取抽检、巡视等方式进行监管，从而约束各主体参与体育社团组织的行为。同时完善政策激励机制，激发多元主体参与的积极性和能动性。

(二) 重视主体间"非线性"的相互作用

参与高校体育社团组织治理的各主体间具有非线性特征，应全面分析复杂适应系统的特征，发挥系统内部各要素的协同作用，提高系统运行效率。首先，要明确各参与主体的职能定位，充分利用政府的政策方向引领功能、高校思想引领与政策支持的根基、体育教师专业技能的保障、学生自我管理的创新思维与动力、社会资源弥补配套要素不足的作用，建立政府、高校、教师、学生以及社会多元协同的发展模式，促进高校体育类社团的健康可持续发展。其次，要想多元主体融合，必须做到思想融合、目标融合、资源融合。"立德树人""体教融合""健康第一"等关键词已成为高校体育治理的重要理论核心和指导思想，在高校体育社团组织的治理过程中，要统一并加强对核心指导思想的认识与理解，做到思想融合，在高校体育社团组织发展过程中全面深化"立德树人"的治理理念。高校体育社团的主要目标是培养大学生体育兴趣，提高学生运动技能水平，补充高校体育教学资源，培养学生终身体育意识等。各参与主体需要统一思想，在做到目标融合的同时，将"立德树人"融入高校体育社团组织管理、活动开展等各个环节。再其次，提升高校体育社团的资源整合能力，一方面要扩大高校内部资源供给，尽量满足体育社团场地、设施、资金和教师指导等方面的需求；另一方面要加强高校体育社团对外交流能力，促进社团与社会组织间的联系，以获取更多的社会力量的支持与赞助。最后，丰富校内外赛事活动，利用体育竞赛竞争性、观赏性和社会性的特点，吸引社会组织参与，促进对外交流及各治理主体间的广泛合作，促成主体间非线性协同作用的产生。

（三）提高主体间"流"的畅通性

"流"是指主体间及主体与环境间非线性相互作用过程中物质、能量、信息等资源的流动，资源流的畅通是保证高校体育社团管理有序的前提。参与主体"适应"新环境促成相互间的协作与联系更加紧密，从而提升系统的多样性和复杂性。高校体育社团应加强内部联合、外部协助，在发挥各自主观能动性的基础上，不断探求与其他主体间的合作并相互适应，从而推动高校体育社团组织治理的可持续发展。通过政策引领与助力、人力资源挖掘、拓宽资金来源、丰富信息传播手段等多种措施助力拓宽资源"流"渠道，筹集资源，以满足社团活动开展的需要。随着国家对学校体育的不断重视，高校体育社团发展的政策、规则、平台等外部环境发生变化，各高校体育社团组织应由依赖于学校行政部门支持向不断提升自身造血能力转变，积极吸引体育企业、体育专家以及学校之间的交流与支持，采取与体育文化公司创立发展战略合作伙伴、组织比赛、完善公众号宣传等治理措施。

（四）建立引领性强的"标识"

高校体育社团要通过建立引领性强的"标识"，以实现自身的有效调控与高质量发展。首先，体育社团需要在宣传、创新、品牌等方面凸显思想政治教育功能，将"立德树人""三全育人"作为价值标识。一方面，高校需要重点打造体育社团品牌活动，把"德、智、体、美、劳"全面发展的要素融入社团活动内容中，通过创建品牌项目，提升体育社团的影响力。另一方面，需要通过特色社团活动帮助学生改善心理健康状态并进行思想道德教育，让社团活动同时达到"健身健心"和"立德树人"的目标。其次，要建立相对应的"政策标识"，学校作为引导调控主体，应及时完善和落实有利于高校体育社团发展的政策和规章制度，将学生、社团发展指导中心、校团委、指导教师、社会等多元主体的优势互补，更好地引导学生体育社团在高校第二课堂中发挥教育的作用。最后，要建立良好的"文化标识"，必须提升学生对社团的自治能力，树立优秀团员作为榜样的力量感染、吸引其他学生。开展丰富多彩、积极健康的体育社团活动，充实学生的学习生活，提供磨砺能力品质、交流联系同仁与积极服务社会的广阔平台，让更多的学生主动加入社团。

结 论

基于 CAS 理论，本文认为高校体育社团系统由政策制度系统、校园环境系统、社会环境系统、多元主体系统构成，各主体交互作用。高校体育社团发展困境应立足于政策环境、校园环境、社会环境、多元主体四个系统展开分析，高校体育社团组织治理转变体现出从线性到非线性的质变。高校体育社团的发展应从增强多元主体的"自适应"能力、重视主体间"非线性"的相互作用、提高主体间"流"的畅通性、建立引领性强的"标识"四个方面进行调控。

参考文献

［1］John H. Holland，"Studying Complex Adaptive System"，*Journal of Systems Science & Complexity*，Vol. 19，2006.

［2］王文龙等：《CAS 理论视角下我国校园篮球系统演化机制与调控路径》，载《首都体育学院学报》2022 年第 6 期。

［3］卢卫林：《论 CAS 理论与高校思想政治教育》，载《黑龙江高教研究》2004 年第 6 期。

［4］杨尚剑：《我国运动员退役安置系统特征、演化及调控机制——基于复杂适应系统理论》，载《北京体育大学学报》2021 年第 4 期。

［5］高奎亭等：《我国体育社会组织复杂适应性治理研究》，载《体育学研究》2020 年第 6 期。

［6］蒋中伟：《我国冰雪特色小镇建设的复杂适应性机理与发展规划研究》，载《天津体育学院学报》2020 年第 4 期。

［7］张成明：《普通高校体育社团的思政教育功能与发展对策研究》，载《当代教育

实践与教学研究》2019 年第 9 期。

［8］曾玲玲、蔡艺：《我国高校体育社团发展机制和实施路径研究》，载《青少年体育》2023 年第 1 期。

新时代高校青年特质分析

高校共青团在涉外学生思想政治工作中的作用发挥
——以中国政法大学比较法学研究院为例

杨明荃 *

经济全球化背景之下，国家开展国际合作与竞争的根本在于人才。而高校承担着向国家输送涉外人才的重要使命，涉外合作办学成为新时代高等教育的发展趋势。为真正实现这一时代赋予的育人目标，首先要做好的便是涉外学生思想政治工作。共青团是党和青年之间的桥梁纽带，百年来承担着为党培养助手和后备力量的重要使命，不断感召先进青年团结围绕在党周围，为党和国家的发展建设贡献青年力量。高校共青团还承担着"三全育人"的主体职责，在涉外学生思想政治工作中发挥着不可替代的重要作用。

一、高校共青团与学生思想政治工作的关系

根据《中国共产主义青年团章程》规定，中国共产主义青年团是中国共产党领导的先进青年的群团组织，是广大青年在实践中学习中国特色社会主义和共产主义的学校，是中国共产党的助手和后备军。共青团从成立之时起便承担着为党培养助手和后备力量的光荣使命，在青年学生中开展理想信念教育，引领团结优秀青年听党话、跟党走，是共青团的基本任务。高校共青团不仅要着眼于党和国家发展大局，还要全程参与立德树人根本任务实现，全方位参与学生思想政治工作。

（一）共青团是开展学生思想政治工作的重要主体

《关于加强和改进新形势下高校思想政治工作的意见》指出，坚持全员全

---

* 中国政法大学比较法学院。

过程全方位育人。把思想价值引领贯穿教育教学全过程和各环节,形成教书育人、科研育人、实践育人、管理育人、服务育人、文化育人、组织育人长效机制。在"三全育人"视域下,高校育人全过程全方位的各部门单位均为思想政治工作主体。高校共青团在校党委领导构建"一心双环"团学组织格局,即在高校党委领导下,以团委为核心和枢纽,以学生会组织为学生自我服务、自我管理、自我教育、自我监督的主体组织,以学生社团及相关学生组织为外围延伸手臂。[1]高校团委、学生会、学生组织均是学生思想政治工作的重要主体,在不同层面上承担着实践、管理、服务、文化等方面的育人职能。尤其是学生会、学生组织发挥着学生自我服务、管理、教育、监督的重要主体作用,是"三全育人"的重要体系内容。

(二) 高校共青团与学生思想政治工作目标统一

习近平总书记指出,高校思想政治工作关系高校培养什么样的人、如何培养人以及为谁培养人这个根本问题。高校学生思想政治工作的最终目的,就是要保障落实党的教育方针、社会主义办学方向,培养党和国家需要的社会主义建设者和接班人。共青团的工作归根到底就是做青年的思想政治工作,团结带领青年做党的助手和生力军,为国家培养青年建设人才,这一切的基础就是理想信念教育。二者最终目的都是为党育人、为国育才,工作目标是统一的。

(三) 高校共青团和学生思想政治工作路径一致

《中国共产主义青年团章程》规定,中国共产主义青年团加强思想政治工作,把思想政治工作贯穿所开展的全部工作。习近平总书记指出,要坚持把立德树人作为中心环节,把思想政治工作贯穿教育教学全过程,实现全程育人、全方位育人,努力开创我国高等教育事业发展新局面。思想政治工作是实现育人任务的根本保障。共青团将思想政治工作贯穿全部工作,高校将思想政治工作贯穿教育教学全过程,二者工作路径是一致的。

二、共青团开展学生思想政治工作的优势

(一) 理想信念感召力强

习近平总书记在庆祝中国共产主义青年团成立100周年大会的讲话中指

---

〔1〕 参见《共青团中央 教育部关于印发〈高校共青团改革实施方案〉的通知》。

出，共青团把青年人组织起来，是在理想信念感召下坚定信仰的结合、科学主义的结合。团的一大就明确提出了建设共产主义社会的远大理想，亮出了社会主义的鲜明旗帜，在一代又一代青年心中点亮理想之灯、发出信念之光，这是共青团最根本、最持久的凝聚力。共青团是一个具有远大理想和鲜明旗帜的先进组织，用其理想信念感召广大青年，这是共青团凝聚力的根本、持久来源，也是共青团能够做好思想政治工作的力量源泉。共青团"自带"理想信念的感召力，能真正将思想政治工作入心入脑，团结凝聚先进青年向党靠拢。

（二）"一心双环"团学组织有力保障

"一心双环"使团学组织与高校其他单位部门具有较大的区别，同样也是优势所在。主要体现：第一，自治力强。共青团本身就是先进青年所组成的群团组织，学生会、学生组织是学生自治团体，相较于学校其他行政单位具有较强的自治力，可以激发出更多的创造力、创新性，推进思想政治工作取得新突破。第二，队伍年轻。相较于学校其他行政单位，团学组织队伍更为年轻，学生会、学生组织成员均为学生，呈现出蓬勃向上的年轻朝气，更能与学生为伍、与时代同行。第三，学生主体。共青团的工作尤为关注以青年学生为主体，学生会、学生组织性质决定势必"从学生中来到学生中去"，更能代表学生，也更能做好学生思想政治工作。

（三）服务青年工作生命线强化效果

共青团工作的生命线是坚持服务青年，首要任务是理想信念教育。共青团各项工作的落脚点就是服务青年、引领青年、团结青年。正是因为这一清晰的工作思路，使得共青团更贴近青年需要和发展，更懂得青年所思所想，也更能将思想政治工作做出实效。

三、涉外学生思想政治工作的特殊性

思想政治工作是落实教育根本问题的关键环节，在国际化办学视域之下，更要重视教育方针和办学方向的扎实落地，才能培养出理想信念坚定、政治底色鲜明的人才。

（一）涉外教育学生理想信念教育更为迫切

当代青年生逢其时，物质文化极大丰富，机遇挑战同时并存。但由于青年群体的身心发育尚未健全，成长环境单纯、过程顺畅，面对国外文化思想、网络虚拟舆论环境、功利享乐"躺平"思想等冲击，其健康正向的世界观、人生观、价值观的建立受到了极大的影响，在学生群体中理想信念缺失和思想"缺钙"现象较为普遍。如何将个人发展与时代使命紧密结合，深化爱国主义、集体主义和社会主义教育，是考验高校学生思想政治工作的重要课题。

（二）国际化办学环境加大开展学生思想政治工作的难度

高校为实现国际化复合人才的育人目标，在学生培养目标、方式和任务中需融入大量的外国文化思想等教学元素，学生学习使用外语、接受外籍教师的教育指导、研究外国的文化思想体系，在高度国际化、多元化的办学环境中，学生思想政治工作容易被弱化、边缘化，开展学生思想政治工作的难度较大。

（三）涉外学生思想政治工作更需要灵活多样的工作方法

学生思想政治工作需面对特点不同、思想多变的学生群体，若仅依靠一门思政课、一堂党课、一次谈话，是难以深入人心、取得实效的。思想政治工作是做人心、思想、观念的工作，要想取得实效，达到引领树立远大理想信念的高度，就必须不能流于形式。国际化教育之下的学生，势必是一个思想活跃、观念前卫、文化多元的群体，学生思想政治工作必须形式灵活，在保证鲜明的政治底色前提下，采取学生喜闻乐见的形式，真正取得思想政治教育实效。

（四）在国外交流学习期间的学生思想政治工作较难开展和取得实效

跨境学习期间，空间距离较大、地域环境差异、文化教育不同，学生思想政治工作相较于国内院校失去了有利的"软""硬"环境，对于国外留学学生的教育管理中可能出现真空地带。而恰恰是国外留学这个阶段，最易对学生的理想信念和思想观念产生深远影响，实际中也有不少学生最终选择留在国外发展，高校需不断探索在国外留学阶段有效的思想政治工作路径，真正实现学生能送出去也能引回来。

四、高校共青团在涉外学生思想政治工作中的有效路径

聚焦于涉外学生思想政治工作，高校共青团在理想信念教育、创新工作方法、提升工作实效等方面可以切实提升涉外学生思想政治工作。下面将基于中国政法大学比较法学研究院[1]涉外学生思想政治工作经验，提出几条高校共青团做好涉外学生思想政治工作的有效路径。

(一) 统筹理想信念教育，相互促进、深度融合

理想信念教育是学生思想政治工作的首要任务。全力教育培养学生树立成为社会主义建设者和接班人、成长为实现中华民族伟大复兴时代新人的理想信念，是社会主义办学方向和党的教育方针的根本要求。这同样也是解决学生理想信念缺失、思想"缺钙"问题急需的根治良药。

高校要深化"三全育人"改革体系，统筹共青团和学生思想政治工作规划，将团学和学生思政工作同部署、同落实，推进团学和学生思政工作同考核、同检查。着力强化理想信念教育的统筹部署，发挥共青团理想信念感召力和思想政治工作优势，在理想信念教育的工作方法和内容上相互促进、深度融合。将理想信念教育聚焦于学习习近平新时代中国特色社会主义思想，用社会主义核心价值观铸魂育人，深化爱国主义、集体主义和社会主义教育，坚定道路自信、理论自信、制度自信、文化自信，培养学生用马克思主义辩证观看待问题，正确认识国际化进程和国外文化借鉴。

(二) 依托"第二课堂"，探索新方法、新路径

建立健全"第二课堂成绩单制度"，围绕高校育人中心任务，以学生发展需要为出发点，不断拓展创建涵盖学生成长成才全方位、全过程的有益平台和品牌项目，将思想政治工作内容直接或间接融入"第二课堂"。

在"第二课堂"开展社会实践、公益活动、职业规划、讲座论坛等活动，围绕高校办学中心任务，着力将思想政治工作内容贯穿其中，探索在课堂之外润物细无声的思政工作方法。针对出国留学学生开展"一条龙服务"，做到项目宣讲、留学规划、行前培训、国内外学业衔接等全程性教育管理服务。开设针对出国留学学生"第二课堂"专题专栏，致力于打造适合出国留学生成长发展需要的课程资源体系。依托"第二课堂成绩单制度"，用好新媒本、

---

[1] 中国政法大学比较法学研究院自2009年成立以来，致力于打造跨法系和地区法律比较研究平台，面向全球招收硕士研究生、博士研究生和博士后研究人员，培养德法兼修、能够独立进行国际交流、具有较强创新能力的国际化、复合型高级法律人才。截至2024年3月，共有教职工42人，教师中取得国外高校博士学位的占54.84%。截至目前，累计培养比较法学专业研究生超1000名。已与其他国家和地区的20余所大学和科研机构建立紧密合作关系，累计派出约300名学生出国（境）学习。

线上教学平台，着力探索留学期间的思想政治工作新方法、新路径，强化对出国留学学生的教育管理。

（三）发挥团学组织优势，提升工作效果

深化党领导下的"一心双环"团学组织格局，要妥善引导学生会、学生组织良性自治，强化团委监督指导，夯实组织工作基础。

注重发挥团学组织能动性，深入青年学生群体，关心关爱青年学生发展，及时掌握思想动态、困难问题、需求愿望，坚持改善和调整工作侧重点、方法和内容。发挥团学干部年轻化优势，对于日益增多的新媒体手段、纷繁复杂的网络资讯、新潮前沿的流行元素、多元碰撞的异域文化，有能力、有渠道、有关系进行使用、解读和辨析，第一时间提出应对措施，才能真正做好舆论监测、意识形态阵地管理和思想政治工作。发挥基层团组织的战斗堡垒作用，团员在学生中占有绝对多数，团支部覆盖全体学生行政班级，具有强大的组织力量，通过团支部的团课学习、主题团日、组织生活会等形式，可以深入青年学生提升学生思想政治工作实效性。

国际化办学之下学生群体思想活跃，发挥团学组织优势，构建调研摸排、危机应对、教育管理常态工作机制，搭建出国留学经验交流会、出国留学行前培训会等品牌项目，统筹做好意识形态和思想政治工作，切实保障安全稳定大局，提升思想政治工作实效，凝聚更多海归人才将青春力量投入党和国家事业发展建设之中。

（四）善用共青团青年工作方法，凝聚青年力量

共青团经过百年征程探索了多种开展青年工作的方法，比如理论灌溉与实践锻炼相结合，榜样示范教育和分类引导方法等，有力推动了青年工作的开展。[1]要善用共青团青年工作方法，发挥共青团工作方法先进性，在开展学生思想政治工作中注重理论实践相结合、创先争优示范引领、个性化教育引导等方法，进一步提升思想政治工作实效，不断团结凝聚青年力量。

习近平总书记在庆祝中国共产主义青年团成立100周年大会的讲话中指出，在新的征程上，如何更好把青年团结起来、组织起来、动员起来，为实现第二个百年奋斗目标、实现中华民族伟大复兴的中国梦而奋斗，是新时代

---

[1] 参见苗川川、刘洁：《百年来共青团青年工作的经验启示》，载《领导科学论坛》2023年第3期。

中国青年运动和青年工作必须回答的重大课题。在国际化办学视域之下，团结凝聚出国留学学生，从思想和行动上统一到党和国家发展建设需要，这是涉外学生思想政治工作的最终目的。共青团青年工作方法经过了历史检验，有效发挥了引领青年、服务青年和凝聚青年的作用。善用共青团青年工作方法，探索将共青团青年工作方法与涉外学生思想政治工作方法有机结合，不断完善涉外学生思想政治工作体系。

五、结语

当今世界百年未有之大变局进入加速演变期，国际环境日趋错综复杂。习近平总书记先后在中央人才工作会议和党的二十大报告中强调，深入实施新时代人才强国战略，加快建设世界重要人才中心和创新高地。全球化进程不可阻挡，国家实施对外开放、开展对外交往，推行构建人类命运共同体，需要大量优秀的国际化复合型人才。要加大力度培育国际化复合型人才，大力支持学生进入国际组织实习工作，为中国掌握更多话语权、传播中国声音、讲好中国故事、贡献青春力量。高校要重视和发挥共青团在涉外学生思想政治工作中的作用，引导青年学生正确对待处理个人、集体和国家的关系，抓住时代机遇，认清时代使命，努力成长为德智体美劳全面发展的社会主义建设者和接班人。

高校共青团促进大学生就业创业的路径探索

桑 迪[*]

【摘 要】 在当前大学生就业创业形势日趋严峻的社会背景下，大学生的就业创业教育指导工作在高校的人才培养工作中的作用愈发凸显，已成为检验高校人才培养质量的重要标准。在当前形势下，促进和服务大学生就业创业直接关系到社会和谐稳定、经济发展和高校建设，是高校大学生最为关注的涉及切身利益的问题。高校共青团组织以其自身的显著特点可以在大学生的就业创业教育指导中发挥不可估量的作用。本文将通过分析当前的就业创业形势，围绕高校共青团自身的优势和价值，提出一系列高校共青团促进大学生就业创业的路径，助力提升大学生的就业创业能力和竞争力，助力高校大学生的就业创业教育指导工作。

【关键词】 高校共青团　大学生就业创业　优势　路径

一、引言

高校作为我国人才的培养基地，对于大学生而言，其自身价值的充分实现不仅在于将学术内容转化为能够为社会服务的技能，还在于能够顺利就业，并积极投身于各自的岗位中，这对社会的良性发展也同样具有重要的意义。[1]近几年全球疫情对各个领域都造成了巨大冲击，其中大学生就业创业

---

[*] 中国政法大学社会学院。
[1] 参见杨碧龙：《高校共青团组织促进大学生就业工作探析》，载《就业与保障》2020年第19期。

是受影响最为明显的领域之一。疫情导致许多企业停工、裁员，就业市场形势严峻，给大学生的就业创业带来了新的挑战和困难。在这种背景下，高校共青团作为桥梁和纽带，承担着促进大学生就业创业的重要责任和使命。因此，研究高校共青团促进大学生就业创业的路径具有迫切的现实意义。

本文将通过分析当前大学生就业创业的挑战、探讨高校共青团的自身优势与角色定位，探索和提出适应当前就业创业形势的教育指导工作的路径，促进大学生就业创业能力的提升和推动经济社会的发展。

二、当下大学生就业创业的挑战

当下大学生就业创业面临着一系列的挑战，这些挑战对他们的就业和创业意愿、机会和环境产生了深远影响。

（一）大学生学历压力不断增加，形成内耗，职业规划困难，加重就业创业工作的压力

随着就业岗位减少和竞争加剧，更高学历成为就业的首要门槛，大学生面临着更大的学历压力。他们需要通过进一步学习、深造或获得更多的证书来提升自己的竞争力，但这也增加了就业创业压力和经济负担。

大部分本科大学生在毕业年级时均会选择考研升学作为自己毕业后的首选出路，比例占到所有本科生的90%以上[1]，只有在考研失利后才会考虑就业创业问题，但是考研复试结束时间与毕业时间相差一个月的时间，导致考研失利的同学错过了最佳的就业时间。部分同学还会将升学作为自己的唯一目标，不会去考虑就业创业，一次失利后会选择来年二战，甚至会三战、四战，导致就业率持续降低。

（二）就业创业观念转变较大，大学生多表现出不适应性

疫情的影响使得后疫情时代大学生对就业观念发生转变。许多人更加关注就业的稳定性和安全性，不愿意冒险创业或选择新兴领域，而更倾向于选择传统行业或稳定的岗位，如公务员、事业单位、国企等体制内的工作。这些体制内的工作招聘名额较少，竞争非常激烈，并且招聘周期过长，导致在短时间内很难得到确定性的录用消息，增加了就业的不确定性。

---

[1] 这个数据是作者对所在学校进行的调研得出的数据。

同时创业资源匮乏，疫情防控期间，资金、技术、人脉等创业资源的获取面临困难。银行贷款难度加大，投资者谨慎投资，创业者的融资渠道受限，创业资源的匮乏限制了大学生创业的发展。

另外，慢就业的现象在大学毕业生中越来越普遍，特别是在"90后"年轻人中。这些毕业生通常面临较小的生活压力，他们的父母观念比较开明，不会因为孩子不工作而焦虑，反而还会支持孩子进修、游学、考察就业市场或者暂时放松。慢就业现象的原因主要有两个方面：一方面，一些毕业生可能因为自己的主观原因选择暂时不就业，如升学锻炼、旅游增加见识、创业等；另一方面，毕业生可能因为各种原因被迫推迟就业时间，如就业意愿强烈却找不到合适的工作，或因经济形势不佳而难以找到工作等。慢就业也存在一些问题。一方面，长时间的待业可能会影响个人的职业发展，降低职业竞争力；另一方面，慢就业也可能导致家庭和社会对毕业生的期望降低，认为他们缺乏责任感和担当。

（三）就业创业教育模式陈旧，专业的师资力量缺乏，导致就业创业氛围不浓

就业创业教育关系到大学生的职业能力和未来的职业发展规划，但是目前绝大部分国内高校还是使用课堂教学的方式来开展就业创业教育，此情况让大学生普遍感到课程内容的单调和教学方式缺乏新颖性，大部分学生抱着凑学分的心态选课上课，对课程本身提不起兴趣，无法激励学生的创新性，教育质量大打折扣。另外，就业创业课程的开展总是围绕一些经典案例进行讲解分析，或者对于一些就业创业理论大段大段枯燥的赘述，这就导致大学生普遍觉得课程内容枯燥、不真实，觉得对自己未来的就业创业帮助不大。尤其是在疫情防控常态化期间，教学方式主要是采取线上教学，使得整个课程沦为摆设，将原本具有特殊意义的课程变成了大学生凑学分的工具，成了专业课程学习之余的放松解压。造成这样种局面的主要原因是高校缺乏相应的专业师资，不仅体现在专业的教师数量上，还体现在教师自身的质量上，大部分国内高校都是由辅导员或者是思政教师来开展就业创业教育课程的授课。任课教师在就业创业中缺乏实战经验，缺乏对大学生行之有效的案例分析，缺乏对大学生就业创业起到启发作用的教学内容，无法有效地、积极地调动大学生就业创业的积极性。

另外，大部分国内高校除了通过课堂教学开展就业创业教育外，通常做

法是举办双创比赛来辅助开展大学生就业创业的教学工作。但是这种教学方式，大部分大学生都是被动接受，或者是抱有奖励学分、推免加分等心态参加，并没有作为自身就业创业能力锻炼这一目的，参加的绝大部分大学生很难从参加比赛中吸取和总结到经验，对于大学生就业创业能力的提高微乎其微。

大学生成长环境的地域差别，导致创业的主动性和氛围参差不齐。经济发达地区或者创业观念比较开放的地区的经济体系、创业资源和创业氛围会比较好，这部分地区的大学生创业机会相对较多，家长对于创业的认可度较高。而绝大多数中小城市、经济结构单一城市和创业资源缺乏地区的家长认为稳定的体制内工作才是就业的最佳方式，从大学生入学开始，家长就灌输学习是为了进入体制内，学生的创业意愿很难得到家长的支持，同时也会使这部分学生缺乏就业的热情，就业路径被单一化。

（四）没有完善的校企合作平台，无法为企业培养真正具有创新型的实用性人才，阻碍就业的成功几率

高校、政府部门和社会各行业对大学生的就业创业工作都非常重视和关心，高校作为我国高质量人才培养基地，承担了大学生就业创业教育工作，政府部门也出台相应政策给予大学生就业创业的支持，社会各行业为大学生就业创业提供相应平台。但是在大学生就业创业工作的实施中，高校往往只开展了教育工作，缺乏与政府和社会各行业的协同合作，没有做到校企结合协同创新。

通过上面的分析，我们可以发现大学生的就业创业面临着众多的挑战和不确定性。政府、高校、企业和社会应该共同努力，制定适宜的措施，以此来促进大学生的就业创业，为大学生提供更多的机会和支持。

三、高校共青团在大学生就业创业中的优势

高校共青团可以充分发挥自身的优势和职能，为大学生提供全方位的就业创业支持，推动大学生就业创业的发展，在大学生就业创业工作中具有独特的优势并发挥重要的作用。

（一）高校共青团自身的组织体系优势

高校共青团区别其他共青团组织的是拥有健全的组织架构，从校级团委

到各个学院的分团委，分团委下设年级团总支，再到各个班级的团支部，形成了完整的组织体系，并且高校的学生组织和学生社团也在高校共青团的指导下开展学生自我教育、自我服务、自我成才的工作。这种层级分明的组织架构使得共青团在开展工作时具有高效的组织能力和执行力。

2017年团中央提出高校构建"一心双环"团学组织格局，重点突出高校共青团组织的核心和纽带地位。随着高校共青团改革实施方案的深入推进，高校共青团组织按照思想引领、素质拓展、权益服务、组织提升等主要任务，积极推进班级团支部与班委会一体化运行机制，完善校（院）、院（系）和班级团支部协同发展的模式，优化组织结构，健全运行机制，提升高校基层团支部活力，凸显组织优势。[1]

高校共青团作为高校大学生的青年组织，紧密联系学生是高校共青团的一大优势。团组织通过举办各种创新创业活动和志愿服务活动，与学生建立密切的联系。这种紧密的联系有助于高校了解学生的需求和诉求，把握大学生的心理，更具针对性和实效性地积极为大学生的就业创业提供帮助和支持。

（二）高校共青团丰富的载体优势

高校共青团具有丰富的组织载体，通过高校共青团组织开展各种有意义的第二课堂活动不仅能够提升学生的参与积极性，还能让学生在活动中锻炼自己，提升学生的综合能力素养，这对学生日后的就业创业具有一定积极意义。[2]

高校共青团指导着种类繁多的学生组织和学生社团，这些学生组织和学生社团为大学生在第二课堂中提供了多样化的选择和发展空间。大学生通过参与社团活动，提升自己的综合素质、发掘自己的特长与潜力。高校共青团组织开展了形式多样的实践活动，如志愿服务、暑期社会实践、主题教育等，这些实践活动帮助大学生了解社会、认识国情，锻炼大学生的实践能力和团队协作能力，增强大学生的社会责任感和奉献精神；高校共青团组织开展了形式多样的科技创新活动，如科技竞赛、创新创业大赛等，这些活动激发了

---

[1] 参见苏伟刚：《常态化疫情防控背景下高校共青团帮扶大学生线上就业情况研究》，载《安徽工业大学学报（社会科学版）》2020年第6期。

[2] 参见杨碧龙：《高校共青团组织促进大学生就业工作探析》，载《就业与保障》2020年第19期。

大学生的创新精神，培养大学生的创新能力和实践能力；高校共青团组织开展了形式多样的学术文化活动，如学术讲座、文化沙龙、读书会、学习圈等，这些活动拓宽了大学生的知识面，提升了大学生的学术素养和人文素养；高校共青团组织开展了形式多样的校园文化活动，如文艺演出、运动会、体育竞技比赛等，营造了积极向上的校园文化氛围，增强大学生的凝聚力和归属感。高校共青团通过组织形式多样的学生活动，引导学生树立正确的价值观、世界观和人生观，提高学生的综合素质和社会责任感。

（三）高校共青团先进的思想宣传优势

思想宣传工作是高校共青团各项工作的重要组成部分，是实现共青团职能的重要的、行之有效的途径。高校共青团在宣传工作中有绝对优势，共青团在宣传舆论上有引导作用，共青团利用校园宣传栏、校园广播、校园报、杂志、展板、网络等各式各样的宣传方式引导大学生树立科学的世界观、人生观、价值观和就业观。[1]

高校共青团干部普遍具备较高的理论素养，能够运用这些理论分析实际问题，指导实践工作。这种较高的理论素养为高校共青团进行思想宣传提供了坚实的理论基础。高校共青团在进行思想宣传时，可以借助多种渠道进行传播。高校共青团在进行思想宣传时，注重将理论与实际相结合，使宣传内容更加贴近学生的实际生活和学习。团组织通过举例子、讲故事等方式，将抽象的理论具体化，帮助学生更好地理解和接受。这种贴合实际的宣传方式能够更好地吸引学生的关注，强化宣传效果。高校共青团在进行思想宣传时，注重与学生进行互动交流。团组织通过举办讲座、座谈会等形式，与学生面对面交流，听取学生的意见和建议，及时回应学生的关切。这种互动式的宣传方式能够更好地激发学生的参与热情，强化宣传效果。

共青团可以发挥典型示范作用，挖掘和宣传富有时代特色的先进人物引导大学生在大学校园内以先进人物为标杆，模仿学习，提高自身的素质。共青团的舆论导向深刻影响着每一个大学生的人生方向。[2]

---

[1] 参见刘健、祁雪春：《高校共青团组织服务大学生就业创业工作的探讨》，载《中国证券期货》2013年第2期。

[2] 参见张学龙、杨峰：《浅析高校共青团组织如何服务大学生就业工作》，载《党史博采（理论）》2009年第4期。

(四) 高校共青团精干的队伍优势

高校共青团组织中的辅导员多数为"80后"与"90后",由于这一年龄段的辅导员思想较为前卫,更能做好思想引导工作,因而能够给予具有就业意愿的大学生更强的思想引导。[1]

高校共青团团干部能够积极主动地学习党的理论、路线、方针和政策,深刻了解中国特色社会主义事业的发展目标和方向,具有较强的政治敏锐性和责任感,在开展工作时能够正确地把握政治方向;高校共青团团干部能够自觉遵守纪律和法律法规,具备较强的组织观念和集体意识,在开展工作时能够保持高度的统一性和协调性,保证工作的顺利进行;高校共青团团干部思维活跃、富有创新精神,勇于探索新的思路和方法,在开展工作时能够不断创新、勇于尝试,取得更好的工作效果;高校共青团团干部经常性地参与和组织各类社会实践活动,积累了丰富的实践经验,能够更好地将理论与实践相结合,提高工作质量和效果;高校共青团团干部能够迅速、准确地落实各项任务,高效地完成各项工作,在开展工作时能够快速响应、行动迅速,保证工作的顺利进行;高校共青团团干部积极参与各类志愿服务,为社会作出贡献,具有服务意识和社会责任感,在开展工作时能够更好地服务于高校和广大学生的实际需求,同时,高校共青团团干部愿意投身到大学生就业创业工作中,为大学生提供帮助和支持,促进他们的就业和创业成功。

(五) 高校共青团广泛的资源优势

强大的资源整合能力是高校共青团区别于高校其他部门的显著特点。高校共青团组织借助自身的对外联络优势,通过与政府、企业、社会组织和其他高校共青团组织开展合作,从横向和纵向两个方面整合校内外各种资源,比如人力资源、物资资源、信息资源等,获得更多的社会支持,更好地服务于青年学生。

充分利用学校的人才资源,包括教师和校友,发挥他们的专业知识和社会经验,提供就业创业指导和咨询,为大学生提供全方位的支持;加大与政府、企业、社会组织和其他高校共青团组织的联系网络,借助这些联系,搭建就业创业平台,为大学生提供就业机会和创业资源,促进大学生与社会各

---

[1] 参见贾世琦:《高校共青团组织对大学生就业创业工作服务的探析》,载《教育现代化》2019年第54期。

界的对接与合作；借助高校和社会的创新创业资源，如创业孵化器、实践基地、科研项目等，为大学生提供创业的平台和支持，组织创业培训、创新创业竞赛等活动，培养大学生的创新创业意识和能力；组织各类就业创业活动，如创业讲座、职业规划培训等，为大学生提供与企业、创业者和专家交流的平台，促进信息共享和资源整合。

（六）高校共青团强大的品牌效应优势

高校共青团作为青年大学生的团学组织，通过举办各种校园文化活动、志愿服务、创新创业竞赛等形式多样的活动，树立自己的品牌形象。这种品牌影响力更容易得到学生的认可和支持，从而提高工作效果和质量。

四、高校共青团促进大学生就业创业的路径

高校共青团作为一个重要的青年大学生组织，在促进大学生就业创业方面发挥着关键的作用。

（一）加强思想引领，依托校园文化活动，引导大学生树立科学的就业创业观念

在当今社会，大学生就业创业问题日益凸显，而高校共青团作为与大学生联系紧密的群团组织，应当充分发挥其在思想引领方面的优势，依托校园文化活动，引导大学生树立科学的就业创业观念。

思想认识影响人的实践行动，在大学生的就业指导工作中，高校共青团组织要重点对学生的就业思想和就业意识进行引导，帮助大学生树立正确的就业观，这样才能充分发挥高校共青团组织的作用和价值。[1]

高校共青团通过举办主题团日、团课、座谈会等形式加大对大学生的思想引领，深入剖析和宣传国家就业创业政策，引导大学生正确认识就业创业形势，引导大学生树立正确的择业观和创业观；通过丰富的校园文化活动，如举办科技竞赛、创新创业大赛、职业规划大赛等，激发大学生的创新精神和实践能力，提升大学生的综合素质、培养大学生的团队协作精神和沟通能力；引导大学生树立科学的就业创业观念，正确看待就业与创业的关系，加

---

〔1〕 参见杨碧龙：《高校共青团组织促进大学生就业工作探析》，载《就业与保障》2020年第19期。

大大学生的职业规划指导，帮助大学生明确职业发展方向，制定科学的职业规划；通过一对一的辅导、小组讨论、职业规划课程等方式，帮助大学生了解就业市场的需求，分析自身的优势和劣势，制定个性化的就业创业方案。

加强思想引领，丰富校园文化活动，引导大学生树立科学的就业创业观念是高校共青团开展就业创业工作的重要抓手。高校共青团应当充分发挥自身优势，不断创新工作方式方法，为培养更多具备创新精神和实践能力的优秀人才贡献力量。

（二）资源整合，搭建校企合作平台，拓宽就业创业渠道

在当今社会，资源整合对于促进大学生就业创业具有重要意义。高校共青团应当积极发挥自身优势，搭建校校、校企合作平台，有效整合各方资源，拓宽大学生的就业创业渠道。

高校共青团可以建立一个全面的就业信息发布和对接平台，将校园招聘信息、企业需求、创业项目等集中整合，为大学生提供便捷的就业信息渠道。通过搭建线上和线下的交流平台，大学生可以与企业、创业者、导师等进行直接对接，增加就业创业机会。平台的搭建要立足两个基本点：大学生个人发展需求和就业市场情况。在大学生个人发展需求方面要多了解大学生的就业需求，以及对学校就业创业教育指导工作的意见和建议，根据就业形势的不断变化，不断改进就业创业教育指导工作，关注大学生的个性化需求，为他们提供有针对性的指导和支持，助力他们实现自己的职业梦想。在就业市场情况方面要做好当下就业创业市场数据分析和政策解读，认真研判当下就业创业市场的形势，为大学生及时提供有效的就业创业信息。

高校共青团应当充分发挥自身桥梁纽带优势，积极整合各方资源，为大学生提供更多的就业创业机会和发展空间。资源整合，搭建高校与高校、高校与政府、高校与企业的合作平台是拓宽大学生就业创业渠道的有效途径。积极与企业、创投机构、科研院所等建立合作关系，整合创业资源，通过建设创业合作平台，大学生可以获得专业的创业咨询、技术支持、资金投入等资源，实现资源共享和互利共赢。

（三）拓展素质，增强能力，提高学生就业创业核心竞争力

在当下社会和市场的激烈竞争中，大学生需要具备强大的核心竞争力才能在就业创业市场中脱颖而出。高校共青团可以通过拓展学生素质、增强学

生能力，提高学生就业创业的核心竞争力。

创新是一个民族进步的灵魂，是一个国家发展的不竭动力，具有创新精神和创新能力的学生备受用人单位的青睐。[1]高校共青团通过组织创业比赛、就业创业活动和"挑战杯"课外学术科技作品竞赛，为大学生提供展示和交流的平台。创业比赛可以通过评审和奖励机制，激发大学生的创业热情和创新意识。就业创业活动可以包括就业创业讲座、就业创业沙龙、就业创业交流会等，为大学生提供与成功就业创业者面对面的交流机会，激发就业创业潜能。高校共青团开设的创新创业培训课程涵盖了创新创业的基础知识、创业技能、团队合作等方面，帮助大学生提升创新创业能力。高校共青团提供的创新创业项目支持为大学生提供了创业孵化器、创投基金、专业导师等资源，帮助大学生创业者实现创意转化、项目孵化和商业化。

大学生的政治素养培养永远是高校共青团组织的核心任务，在政治素养基础上进一步注重大学生的创新精神和实践能力的培养。归根结底，学生综合能力素养的提升才能强化其就业竞争力，对此，高校共青团组织必须制定实施素质扩展计划，对高校学生的素质扩展任务落实到位。[2]

拓展素质、增强能力是提高学生就业创业核心竞争力的关键。高校共青团应以自己的优势为基础，通过多条路径逐步提升大学生的各项能力素质和就业创业实力，为他们未来的职业发展打下坚实的基础。同时，高校共青团还应当关注市场动态和行业需求，及时调整工作策略，确保学生能够紧跟时代步伐，成为具有竞争力的优秀人才。

（四）加强社会实践指导，提升适应社会能力，为大学生就业创业奠定社会化基础

社会实践是大学生走出象牙塔，进入社会、了解社会的重要教育活动，也是提升大学生适应社会能力的重要手段。高校共青团应当加强对大学生社会实践的指导，提升他们适应社会的能力，为他们的就业创业奠定坚实的社会化基础。

做好大学生社会实践与大学生志愿服务活动。这两项活动的开展，可以

---

[1] 参见齐兴等：《高校共青团组织结合自身特点服务大学生就业创业工作探究》，载《才智》2013年第27期。

[2] 参见杨碧龙：《高校共青团组织促进大学生就业工作探析》，载《就业与保障》2020年第19期。

促进第一课堂的学习，提高学生理解社会和服务社会的能力，从而加快大学生社会化进程，为大学生就业奠定社会化基础，更顺利地完成从"学校人"到"社会人"的转变。大学生通过广泛参与社会实践活动，发现社会需要和自身之间差距的状态，发现自己的知识和能力的不足，从而客观地认识和评价自我，逐渐摆正个人与社会、个人与人民群众的联系。社会实践和志愿者活动能使大学生更接近生产力源头，得到很多有价值的新知识和大量的感性认识，使他们的理论和实践进行比较，把他们抽象的理论知识逐渐变成解决实际问题的能力，适应社会的实际需要。同时，这两项活动要求学生广泛接触社会和了解社会，继续参与社会生活，在实践中锻炼自己，直接与社会各部门、各部门的人员进行交流，训练和锻炼能力相结合的实际工作。这些可以为他们的就业打下良好的基础。[1]

高校共青团应当建立健全社会实践指导体系，明确指导教师职责，确保对大学生社会实践的全程跟踪和有效指导。积极联系企业、社区等，为学生提供多样化的社会实践机会，让他们在实践中锻炼能力、增长见识。结合实际情况，组织开展各类社会实践活动，如志愿服务、社区服务、企业实习等，引导学生深入了解社会、增强社会责任感。

高校共青团组织开展各类社会实践活动，加强对大学生社会实践的指导，更好地帮助大学生适应社会的能力，以此来提高大学生就业创业的竞争力；同时，高校共青团不断完善社会实践体系，与政府、企业等各行各业建立广泛的合作关系，为大学生提供更多的实践机会和资源，以此来提高大学生就业创业的成功几率。

五、总结

在当前大学生就业创业形势日趋严峻的社会背景下，高校共青团以其自身的特性，在大学生就业创业教育工作中发挥着自身优势，尤其是在大学生思想引领、校内外资源整合、大学生能力素质拓展与提高、大学生社会实践与适应社会能力等方面。服务高校大学生就业创业工作已成为高校共青团组织一项新的任务和重要工作，高校共青团作为促进大学生就业创业的重要力

---

[1] 参见郑英蓓：《高校共青团组织服务大学生就业创业工作思考》，载《教育现代化》2017年第19期。

量,具有广阔的发展空间和潜力。高校共青团在大学生就业创业过程中发挥着重要的桥梁和推动的作用。为大学生就业创业提供宝贵的机遇和资源,为大学生就业创业提供全方位的支持和帮助,激发大学生的就业创业热情,提升就业创业能力,促进大学生就业创业的良性发展。

参考文献

[1] 杨碧龙:《高校共青团组织促进大学生就业工作探析》,载《就业与保障》2020年第19期。

[2] 苏伟刚:《常态化疫情防控背景下高校共青团帮扶大学生线上就业情况研究》,载《安徽工业大学学报(社会科学版)》2020年第6期。

[3] 刘健、祁雪春:《高校共青团组织服务大学生就业创业工作的探讨》,载《中国证券期货》2013年第2期。

[4] 张学龙、杨峰:《浅析高校共青团组织如何服务大学生就业工作》,载《党史博采(理论)》2009年第4期。

[5] 贾世琦:《高校共青团组织对大学生就业创业工作服务的探析》,载《教育现代化》2019年第54期。

[6] 齐兴等:《高校共青团组织结合自身特点服务大学生就业创业工作探究》,载《才智》2013年第27期。

[7] 郑英蓓:《高校共青团组织服务大学生就业创业工作思考》,载《教育现代化》2017年第19期。

高校大学生学习适应性现状探究与心理健康体系构建

刘亦阳[*]　殷晓珊^{**}

【摘　要】 大学时期作为人生的重要过渡阶段，是从青少年过渡到成年以及从学校生活走向社会的准备阶段，因此高校时期更加独立和多样化的生活和学习方式也为大学生带来了新的挑战和机遇。个体在大学期间的生活适应性尤其是学习适应性，不仅影响其在校期间的学业和生活，也会改变其未来的工作选择和人生发展，更重要的是对个体心理健康产生长久而深远的影响。因而，提高高校大学生学习适应性，促进大学生身心健康成长成为目前高校德育工作中研究的重要课题。为此，本文面向中国政法大学刑事司法学院300余名学生开展了为期3年的连续性调研，进行分析总结后，从大学生的学习适应性现状与困境出发，思考提高和改善大学生适应性的相关策略，为完善高校大学生心理健康体系建设而服务。

【关键词】 大学生学习适应性　心理健康　体系建设

一、背景及研究意义

近年来，随着社会迅速发展和心理知识的不断普及，人们对于心理问题有了进一步深入的思考，各行业、各年龄段的精神健康问题日益引起公众重视。其中，以大学生为代表的青年群体的心理健康状况问题受到了社会的广泛关注。大学生群体在生活方式的表现方面又具有其独特性。大学是第一个

---

* 中国政法大学刑事司法学院。
** 爱丁堡大学心理学系。

相对脱离父母、独立进行生活的时间节点。在这样的时间节点中，缺少了外来力量的督促、管理和规划，学生如何从过去的依赖性中独立出来，学生在大学过程中又如何在不同阶段中形成个性化的生活方式，是大学辅导员工作和学校学生指导工作的重心所在，而心理健康教育直接影响大学生的心理建设。高校辅导员和行政工作者们主要负责学生的思想政治工作，在强化大学生的心理健康教育上发挥着越来越重要的作用。[1]针对学生在不同心理年龄、不同学生阶段的生活方式的不同之处，进行学生的个性化指导和针对性的介入工作，更好地发挥从学校到学院不同层级的指导、引领作用，是促使新时代大学生能够全面、健全、体系化发展的重中之重。为此，国家和政府在推动教育改革深化中不断强调重视大学生心理健康教育和心理品质培养，加强其社会适应能力。在新形势之下，如何正确进行心理疏导、促进大学生身心健康成长成为目前高校德育工作中研究的重要课题。

在这种社会背景下，我们面向中国政法大学刑事司法学院300余名同学开展了持续3年规模性的调研活动，并对调研的数据进行分析总结，促使相关心理疏导机制的完善及心理健康教育工作的顺利开展。大学生作为社会结构中的中坚群体，生活习惯和心理健康状态不仅能够反映社会的发展状况，也能够在一定程度上对中国社会的发展起到预示和指引作用。通过调查研究大学生生活习惯、生活娱乐方式、人际交往状况以及学习生活状况，进而剖析大学生心理健康状况，并且通过探索大学生生活方式和心理健康状况的内在联结，找到影响大学生心理健康的多重因素，重点观察学生们的学习适应性并探索各因素间的相互影响，从而对帮助和引导大学生形成健康积极的生活方式，进一步促进大学生身心健康发展，增强大学生的适应性，调节高校学生行为特质具有重要意义。

二、研究内容与主要思路

本文将结合以往研究课题成果，对于在校大学生的生活方式与心理健康状况，特别是学习适应性进行汇总分析，了解大学生在初入大学以及在大学不同阶段中的动态心理变化，来剖析其行为特质的形成原因与适应的调节

---

[1] 参见孙振尧：《高校辅导员在大学生心理健康教育中的作用分析》，载《改革与开放》2019年第20期。

措施。

新时期大学生相较于以往的学生而言具有新的时代特色,其成长环境也贯穿信息爆炸时代,其在入学前的行为特质就已经具有新的特点与值得研究之处。在新时代的大学生活之中,消费观、交际观和生活方式也在面临挑战,本文将针对大学生生活方式中的细节问题,归纳、分析大学生的生活方式特点和变化,以此为大学生的行为方式分析和心理健康发展、心理成长干预提供更为全面的大数据支持。由此,通过对新一代大学生生活方式和心理健康状况的阶段化、多层面进行研究,来肯定大学生以此来为大学专职辅导员、学院层面、学校层面的心理干预提供制度上的完善。

（一）生活方式的研究思路

生活方式作为一个概括性的集合概念,其内涵较为丰富,对高校青年生活方式的研究可以进一步细分为日常生活、学习规划和作息状况三个子方面而进行。日常生活：其一,是对于学生的人际交往情况研究,通过交友情况、交友方式、交友习惯的研究,分析学生社交情况和社交习惯。进入大学,学生的交际圈与以往的初高中相比具有较大的变化。首先,高校中传统班级等集体概念显著减弱,高校青年个人选择的交际圈取代了中小学时代既定的班级交际模式,这使得社交范围上高校青年自主选择性更强,在交际过程中对其自身心理特点的表露也相对更直接；其次,高校期间与学校之外的社会人员进行沟通和交际的频率、强度相较中小学时代也更加复杂。在以其作为客体进行研究时,不仅要注意分析这一交际对高校青年群体的外在影响,也应当注意到青年个体或群体在校外交际中所表现出来的行为方式以及分析行为方式中所表现出来的心理特点。通过对学生的人际交往方式进行探究,以此来反映在自媒体发展的新时代下,学生交际方式的普遍特点和变化对于心理健康状况的影响,并将其作为考察高校青年群体的行为特质的一项基础性内容。作为指导相关社会支持,通过学生交际方式的指导、引领作用,为学生心理健康状况提供干预的理论基础。其二,是对于生活娱乐、日常消费情况的研究,消费心理对于消费行为具有决定性作用,支配着消费者消费什么、消费多少、何时何地以何种方式消费,[1]由是观之,个体消费行为是其心理

---

[1] 参见徐望：《消费心理学角度的文化消费心理初探》,载《中国临床心理学杂志》2023 年第 1 期。

情况的直接外露，而一个特定群体的消费行为内容又能反映此群体的群体特征。高校青年群体也无出其外。与此同时其具有较高的消费活跃度，同时也是消费的敏感群体，他们的消费行为与其身心健康及社会融合等问题息息相关，[1]比起中小学学生，其消费更加独立、活跃；而对于成熟的社会群体而言，高校青年的消费由于高度敏感性，受社会热点事件的影响一般较强，因此高校青年群体的消费情况能在一定程度上反映其对于当下社会热点事件的主观心理反应和态度，进而剖析其面对不同外在情况影响下的行为特质。其具体方式，首先，消费行为的考察中心，笔者认为可以是消费分层，即不同品类消费品的优先度和比重，进行比较研究。已有研究指出家庭收入影响着大学生的消费支出，但对大学生的消费分层并未产生显著影响，故而大学生的消费分层与家庭收入分层存在偏离的情况。[2]因此，家庭收入水平在一定的差异阈值之内的高校学生，具有能够反映消费心理的一般消费共性，稳定性强，是分析大学生消费情况的重要方向。其次，对大学生消费行为的考察中需要分析学生生活中的资金来源状况与理财能力，进而对"00后"大学生的消费观、人格特点进行深入探究，并就学生收入状况的多元化渠道、消费水平的阶梯性变化把握当代高校青年群体的消费模式和特征，将其所展现出来的心理状态变化与社会事件和时事热点相对应。

　　学习方面，对于青年群体而言，高校具有生活场所和学习场所的双重属性，其学习既是生活方式的核心内容，也是影响日常生活的重要因素。高校阶段的学习生活、学习特点和学习节奏相对于以往中学阶段的学习具有根本上的不同。每一个高校青年在初入大学时几乎都存在一段时间的适应阶段。而根据大学中每一门课程的特点和各自不同的学习方式，学生往往需要很长时间的调整适应过程。因此，在考量日常学习时，不仅需要考虑学习成绩、学术成就等已然结果，也要综合考虑包括升学、就业、课程压力的未然因素影响。两者直接作用于高校青年群体的心理状态，并将其通过对学习的规划以及规划完成情况表现出来。比如由于大学管理得更加宽松，学生因主观上的惰性而无法如期完成学习计划甚至不做规划的情况几乎成

---

[1] 参见俞宁等：《大学生消费的同伴效应——基于寝室社交网络的视角》，载《世界经济文汇》2023年第2期。

[2] 参见赵菡、程毅：《家庭经济、文化资本与大学生消费分层——基于上海四所高校的实证分析》，载《云南民族大学学报（哲学社会科学版）》2016年第1期。

为常态，形成了消极的行为特质。这样的现实状况，也令学生在期末复习周面临更大的生活状态调整和心理状况波动，对学生的综合发展产生消极的反作用。考察高校青年的学习情况，可以以一个较长的时间为轴，对学生的学习规划进行调查研究。选取数个关键的时间点，即在入学阶段、复习周阶段、假期阶段和新学期开学阶段进行学生学习状况调研，以此进行横向和纵向比对，由此得出大学生学习规划的特点和问题所在，进行更有针对性的生涯指导。

作息状况方面，其作为大学生生活状态的内容，在生理层面直接影响心理健康问题，也成为对高校青年群体行为特质进行研究之时的重点所在。通过对高校青年作息情况的基本调查、不同时间阶段和面对不同任务之时的作息情况变化、在不同环境下的作息质量考察，以此形成大学生作息问题的调查结果。同时，通过对于调查结果的分析，由此得出学生的作息质量情况与其生活状态、学习状态、人际交往情况和心理健康的关联性，抓住作息问题的关键点，以良好生活习惯为基础，引导学生更加健康、全面发展，提升心理健康水平。

（二）对心理状态的直接研究

在对学生的生活方式进行研究、以此反映学生的心理健康状况以外，在部分情况下，结合生活方式的间接分析，通过对高校青年群体的心理情况进行直接开展调研往往可行且有效：

一是在学生的大学入学阶段中，心理状态现状的研究。通过对初入大学时学生的压力来源、压力影响及解决方式、对于学校的期待和对于校园生活的期待的研究，对学生的心理状况进行采样调查。

二是在学生期末复习阶段中，对于学生心态问题进行调查。通过对学生对于大学复习周的适应程度、复习周心态的具体调查，针对学生复习周高强度的学习任务情况下心理状态的变化进行趋势研究。

三是在学生的假期中，对学生的假期安排、心理状况调整情况进行研究。在经过学期过程中的学校生活过程后，学生在假期如何进行时间安排、压力调解以及放松娱乐，此种安排对于学生的心理状况具有怎样正面或者负面的影响，以此了解学生在假期和学期过程中相比心理状态的变化情况。

四是在学生新学期开学阶段中的心理状况调整。学生在假期末尾之时如何为开学进行准备、开学初能否顺利适应新学期的生活节奏、交际圈在假期中的淡化对于学生的心理状况产生怎样的影响，以此探究学生的心理波动情况，为心理健康的及时指导提供参考。

五是在社会热点性事件中或者事件前后的心理反应调研。高校青年群体由于其社会性质与年龄特点，对网络舆论事件、重大社会热点事件有着特有的高度敏感性。针对网络环境的大量负面网络舆论会短时间内严重影响高校青年的心理状态，造成恐慌、焦虑和抑郁情绪的短时间爆发。

三、针对学习适应性的引导帮扶

（一）加强新环境适应引导

1. 组织制度考试

学校可以在大学生入学之初组织有关学校相关制度考试，先为新生提供学校学业生活基本知识、基本制度安排、奖惩方式及条件、校规校纪的认识等各方面的重要规章汇编，标识值得新生关注的注意点，继而通过开卷考核新生的掌握程度，激励新生在开学时即主动掌握大学的学业与生活新知识。这不仅能帮助新生顺利完成从高中到大学的过渡，更有效率地适应大学生活的新规则与新氛围，更鼓励新生主动了解学生管理制度，加深新生对校纪校情、奖惩方式、学习制度等方面的认识，使得新生掌握基本的行事准则，远离制度红线。[1]

新生在进入大学时段会面对陌生的环境与不同的学习氛围，难免会产生焦虑情绪，出现找不到学习目标、不知道如何入手新阶段的学习等困惑。制度考试通过引导新生学习高校新制度，促使新生高效、快速地了解学校的基本情况与大学学业的基本规则，不仅帮助消除新生因未知产生的焦虑感、无助感，更有利于新生逐步建立自己的新目标、新规划，更好地融入大学学习生活中。

2. 开展系列讲座

大学生入校伊始，对大学阶段的各个方面都充满了疑惑与好奇，为了解答新生的疑问，为新生提供学习适应性指引，高校应当推出针对新生的系列

---

[1] 参见监察部：《制度篇考试 | 新生开学第一"课"》，载微信公众号《刑司学委》，最后访问日期：2023年3月12日。

引导讲座，由经验丰富的老师和学生分享相关知识。

讲座内容可围绕新生在学业方面最关注、最实用的主题，如升学规划、校园生活、课外探索。"升学规划"系列可以从保研、考研、就业三个方向开展，通过向新生展示三条主流路径在大学的各个阶段如何实践及目前的竞争局势，不仅能够缓解信息壁垒给学生带来的不良情绪，更可以鼓励其有方向性地在大学生涯中摸索适合自己的方向，针对性地提高相应的素质与能力，为未来的生涯规划做好充足准备，鼓励新生探索人生的更多可能性，避免新生因有限的生涯道路与激烈的竞争而陷入焦虑。"校园生活"应包括学生组织、兴趣社团、高校交流、竞赛科研、选课导引等内容，旨在帮助新生了解校内资源，鼓励新生根据自己的兴趣与目标，在传统课堂之外探索学业中的多元可能。"课外探索"应当包括实习实践、讲座演出、周边旅行等，积极鼓励学生走出校门，探索外面的世界，学生不仅可以通过专业实习提前感受职场节奏与工作内容，更可以在支教志愿者、普法宣传等实践中获得更丰富的阅历。

3. 建立学业辅助机制

高校应当积极组织学业辅导相关计划，在新生入学的首个学期，选拔、组织高年级志愿者作为"教师"，为新生答疑解惑。不仅可以通过集体分享会、交流会、实践竞技等方式进行，也可以通过一对一的形式针对性开展，让新生更便利、更有效地适应大学的学习节奏，不仅发挥了高年级学生的榜样模范作用，更通过长期互动、持续帮扶的模式陪伴新生度过大一阶段的学习生活，为新生营造丰富、积极的校园学习气氛。

另外，高校可以打造个性化学业辅导项目，致力于为学生提供个性化、全天候的学业指导、咨询和服务，帮助学生树立合理的学习规划、形成积极的学习态度、掌握科学的学习方法、养成受益终身的学习习惯。不仅要解决新生眼下的个体性困惑与焦虑，更要鼓励新生在个人发展中养成自主寻求校内外可利用资源的良好习惯，使其在应对未来的挑战时更加笃定、更有自信。

（二）学业主体阶段

1. 应试技巧与经验

学校可围绕重要必修课组织小型经验分享讲座，介绍必修课的日常学习、期末应试经验，并阶段性分享各学年学业上的注意点、集中开展的竞赛与奖项评选，为学生每个阶段有所差异的学业提供方向性指引，并为有意向就具体问题寻求帮助的学生提供"实用工具包"的经验指引与帮助。

2. 课余阅读与拓展

学校可围绕阅读分享、旅游规划、调研项目等组织系列讲座，鼓励学生在课程之外探索广义的学习可能性，在大学这一关键提升期构建自己的知识框架与兴趣版图，丰富个人的精神世界，进而更从容地面对物质世界的竞争与失意。

此外，学校可组织读书会，在教师与导师的指引下，学生定期就某一本书或某一个主题开展读书会，有计划地阅读材料、分享见解、讨论话题，为喜爱阅读或对某一主题感兴趣的同学提供平台。学生们不仅能在专业的指导下高效地钻研问题、享受阅读，更能结识一群有着相同志趣的同学好友，丰富自己的社交生活。

为了鼓励学生进一步发挥主观能动性，学校可以为学生自发组成的学习、调研、习惯养成、读书等主题小组提供奖励与资金支持。这不仅推动同学间自发组织社群，形成积极向上的团体氛围，更鼓励同学们养成良好的学习与生活习惯，乐于钻研，乐于分享，而不囿于自身过度焦虑或过度封闭的小天地中。

（三）毕业冲刺阶段

1. 学业深造

针对准备保研与考研的学生，学校可以组织系列保研、考研规划讲座，制作保研、考研经验帖，为其提供规划指引与经验分享，推动其有方向性地高效备考，减轻其心中的茫然与焦虑。

同时，学校可以针对应试内容专项地组织英语单词打卡、作文辅导、政治知识点背诵等活动，对坚持完成一整个周期的学生进行奖励，不仅直接会激励备考学生的学习热情，更可以聚集一批有着共同目标、共同任务的学生，使其有机会互相学习、彼此激励，走出"闷头苦学"的局限性与封闭性，营造校园中"勤学、善学、乐学"的良好氛围。

2. 就业促进

首先，针对就业中重要的技能，学校可以通过组织简历制作讲座、应聘面试大赛等活动，补足对就业市场了解不多、未深入社会的学生缺失的技能与经验，这不仅可以提高同学们的职场竞争力，更有助于消除学生们面对新挑战不知如何作为的迷茫与困惑，在困难重重的就业季维持较为积极的求职心态与更为宽广的生涯规划。

其次，学校可以通过组织就业信息分享群，每日向有就业需求的学生分享招聘信息，并对群内同学的疑问针对性答疑解惑，将典型疑问整理入共享文档供同学回看、交流，乃至于和律所、企业等对接，为学生争取工作岗位或开展双选会。这能让学生最快地接触到就业市场的一手信息，熟悉就业节奏与市场需求，不至于在纷杂的信息中陷入无助与茫然，从而更从容地探索自己的职业兴趣与职业发展道路。

习近平总书记指出，要落实立德树人根本任务，发展素质教育，培养德智体美全面发展的社会主义建设者和接班人。大学生要学习扣好人生的第一粒扣子，作为守护者和引路人，学校和老师也应当主动去学习和思索如何帮助学生们一起扣好这一粒扣子。相信通过连续性调研，不断结合实际工作经验探究反思、总结和改良，一定能逐步摸索搭建出适宜学生成长成才较为完善的心理健康教育体系，帮助学生们在青春成长之路上一路繁花，乘风远航。

参考文献

［1］张瑛鹦：《积极心理学视野下大学新生适应性教育质量提升的有效路径》，载《大众标准化》2021年第8期。

［2］郭文波、王露：《少数民族大学新生入学适应性研究》，载《改革与开放》2017年第11期。

［3］樊富珉主编：《大学生心理健康与发展》，清华大学出版社1997年版。

［4］黄希庭、郑涌主编：《大学生心理健康与咨询》，高等教育出版社2000年版。

［5］欧阳娟：《大学新生适应性量表（SACQ）的修订与应用研究》，湖南师范大学2012年硕士学位论文。

［6］劳振宇：《成长性小组缓解社区未就业大学生焦虑情绪的研究——以湖州市S社区为例》，辽宁大学2021年硕士学位论文。

［7］郑保章、程佳琳：《突发事件中政府与传媒的作用探析——由SARS危机看政府与传媒的互动》，载《现代传播》2003年第6期。

［8］郑宇智等：《高校学业困难生精准帮扶体系的构建——以"CAUP助学计划2.0

之金牌小导师"为例》，载《大学》2021年第42期。

［9］熊静、杨颉：《招生政策倾斜背景下农村、贫困专项计划大学生学业适应研究——基于某"双一流"建设高校的实证调查》，载《中国高教研究》2018年第7期。

［10］王香梅等：《在校大学生自杀倾向发生情况及影响因素分析》，载《中国公共卫生》2017年第9期。

［11］Sinyor M, et al., "Global trends in suicide epidemiology", *Current Opinion in Psychiatry*, 2017, Vol. 30, No. 1.

［12］和红、杨洋：《北京高校大学生自杀意念及影响因素研究》，载《中国健康教育》2014年第6期。

［13］周文磊：《大学生心理健康现状分析及教育对策》，载《大家健康（学术版）》2015年第16期。

［14］陈青萍：《现代临床心理学》，中国社会科学出版社2004年版。

［15］Biddle SJ, Asare M, "Physical activity and mental health in children and adolescents: A review of reviews", *British Journal of Sports Medicine*, Vol. 45, No. 11, 2011.

［16］孙振尧：《高校辅导员在大学生心理健康教育中的作用分析》，载《改革与开放》2019年第20期。

［17］《中华人民共和国国家卫生健康委员会公告》，载http://www.nhc.gov.cn/xcs/zhengcwj/202001/44a3b8245e8049d2837a4f27529cd386.shtml。

［18］苏莉、韦波：《突发公共卫生事件下的群体心理反应与干预》，载《中国行为医学科学》2005年第12期。

［19］常凡等：《医学生父母教养方式与抑郁的关系》，载《中国健康心理学杂志》2020年第2期。

［20］史琼等：《2011~2014级某独立学院新生心理健康状况比较研究》，载《现代预防医学》2016年第6期。

［21］谷松：《体育运动促进青少年心理健康素质发展的心理机制》，载《吉林体育学院学报》2020年第2期。

［22］刘敏岚：《网络游戏与青少年心理健康关系分析》，载《中国学校卫生》2013年第9期。

［23］常志彬：《另眼看电子游戏：电子游戏促进认知能力发展》，载《中国教育信息化》2018年第9期。

［24］刘贤臣等：《大学生焦虑、抑郁与睡眠质量的相关性研究》，载《中国心理卫生杂志》1997年第1期。

［25］潘朝霞、李冰冰：《大学生负性情绪调节效力的差异：心理素质与性别的作用》，载《西南大学学报（社会科学版）》2019年第1期。

[26] Young M E, et al., "Medicine in the popular press: the influence of the media on perceptions of disease", *PloS one*, Vol. 3, No. 10., 2008.

[27] 谭晓东主编:《突发性公共卫生事件预防与控制》,湖北科学技术出版社2003年版。

将朋辈辅导模式引入高校新生适应性教育的初步探讨

孟怡贞　刘亦阳 *

【摘　要】高校新生的适应性教育是高校学生管理工作中非常重要的一环,是否能够在大一新生入学阶段就采取有效的教育模式,使新生能够尽快熟悉大学环境、转变角色、找准定位是新生适应性教育的重要目标。本文根据中国政法大学刑事司法学院2020级~2022级新生的入学适应性调研结果,针对高校新生常见的适应性问题,结合工作中的具体实践案例,探究朋辈辅导模式在大学新生适应性教育中的运用,为开展高校新生适应性教育,提升新生的心理健康水平提供思路和借鉴。

【关键词】朋辈辅导　适应性教育　高校新生　心理健康

大学一年级是学生适应和实现角色转变的关键时期,作为大学生活的开端,新生阶段的适应性教育对于解决新生的学业、心理、人际交往等一系列问题有重要作用。怎样更高效地进行新生的适应性教学,以帮助学生迅速地适应学校生活,从而完成高中—高校教育的转换,已成为当前高校学生管理中亟待解决的重大问题。

朋辈辅导一般是指年龄、生活经验相仿者对周围需要帮助的同龄人给予心理、价值观、生活经验等方面的支持。与专业的高校教师、心理咨询师、辅导员相比,朋辈辅导模式在实际生活中具有自发性、亲情性和简便有效性

---

* 中国政法大学刑事司法学院。

等多种特点，[1]也是促进大学生进行自我教育、自我管理的有效方式之一。针对目前高校新生适应性问题的复杂性、新生教育创新性的缺乏，以及高校师资尤其是心理学专业教师和辅导员队伍紧缺等诸多问题，朋辈辅导是能够有效加强高校学生工作力量，提升教育效果的重要方式。在高校新生适应性教育中引入朋辈辅导模式，对于提高适应性教育的效果，增强学生自我教育、自我管理的能力有着积极作用。

一、高校新生特点及主要存在的适应性问题

大一年级新生入校，对于新环境的未知和角色转换的不适应，可能进一步激化学生包括心理、学业、人际交往等多方面问题的发生。在此背景下，为充分了解大一年级新生的心理健康状况和适应性水平，从而有效根据学生的具体情况指导，学院有针对性地进一步开展新生适应性教育工作，有效指导学院学生工作的开展和创新，自2020年9月起，中国政法大学刑事司法学院连续3年面向新生群体开展调研工作，并对调研结果进行分析总结，以了解新生特点，促进新生适应性系列教育的顺利开展及不断完善。

调研内容主要分为个人情绪适应性、学习适应性、社会适应性和学校认可度四个部分，结合生活实际创设具体情境，将学生入学真实感受量化为可视数据。其中量表来源为大学生适应性量表（Student Adaptation to College Questionnaire，SACQ），欧阳娟于2012年在此基础上翻译和修订形成了中文版量表[2]。对个人信息进行收集，为差异性分析提供基本数据。剔除无效问卷后，2020级~2022级新生调研共获得有效问卷984份，其中2020级328份、2021级292份、2022级364份。2020级学生由于疫情原因，施测量表在原框架基础上加入了疫情防控和入学讲座等方面问题，与2021级和2022级学生施测量表略有不同。

（一）高校新生适应性一般特点

1. 整体适应性情况较好，其中学习适应性表现突出

表1-1、表1-2分别为2021级、2022级新生在个人情绪适应性、学习适

---

[1] 参见祝秀香、陈庆：《加强朋辈心理辅导工作 完善大学生心理援助体系》，载《中国高教研究》2006年第10期。

[2] 参见欧阳娟：《大学新生适应性量表（SACQ）的修订与应用研究》，湖南师范大学2012年硕士学位论文。

应性、社会适应性和学校认可度四个维度适应性总体情况的一般描述,量表采用5点量尺计分。从表中可以看出,整体而言新生进入大学后适应性水平较为良好,各维度适应性得分均超过平均值。同时,在个人情绪适应性、社会适应性和学校认可度方面,不同年级入校新生无显著差异。而在学习适应性上,量表分数明显高于其他三个维度及总量表平均分。相对而言其他三个维度,新生在学习适应性方面表现最好。

表1-1 2021级新生适应性总体特点描述统计结果(N=292)

	M±SD
总量表	3.639±0.341
个人情绪适应性	3.581±0.682
学习适应性	3.949±0.901
社会适应性	3.552±0.715
学校认可度	3.473±0.837

表1-2 2022级新生适应性总体特点描述统计结果(N=364)

	M±SD
总量表	3.703±0.584
个人情绪适应性	3.528±0.742
学习适应性	4.104±0.843
社会适应性	3.597±0.711
学校认可度	3.581±0.846

2. 人口学变量分析存在细微差异,其中生源地和民族影响相对较大

为了深入了解人口学变量是否对新生的适应性水平有所影响,根据调研收集到的性别、生源地、民族等人口学变量信息进行差异性分析。根据2021级和2022级新生调研数据显示(详见附表1、附表2),不同性别新生的适应性无论是整体还是分维度都存在细微差异,不同年级入学新生在具体维度表现上并不相同,总体而言性别因素差异较小。其中男生在社会活动中适应性更强,对学校认可度更高,情绪调节相对更好。整体来说,男生较于女生适

应性更佳,但无显著差异。

而后进行生源地差异比较,生源地因素在总量表上差异并不显著,但在各维度中存在较大差异(详见附表3、附表4)。首先,连续两年的调研结果均反映出差异性最大的维度是社会适应性和学校认可度,城镇学生在这两方面适应性明显高于农村学生;其次为个人情绪适应性和学习适应性,城镇学生与农村学生在这两方面差异不大。总体而言,来自城镇的新生在整体和各维度上均展现出较好的适应性。

最后进行民族差异比较,非少数民族新生和少数民族新生人数比例稳定在4∶1左右,两者之间同样存在一定差异但不显著。差异最为明显的维度是个人情绪适应性,其余几个维度由于两届学生具体情况不同,在学校认可度和学习适应性等维度也表现出部分差异(详见附表5、附表6)。总体而言,非少数民族学生适应性整体相对较好,而在社会适应性方面差异不大。

基于上述总体描述性统计结果,高校新生进入大学1个月后,整体适应性较为良好,普遍处于中上水平,两届学生均在学习适应性上表现最佳。男生在社会生活中对环境的适应性稍强于女生;城镇新生适应性好于农村新生,但二者差异有逐年减小的趋势;非少数民族学生群体适应性较好,少数民族学生群体在个人情绪调整与对学习的适应方面较为薄弱。

(二)高校新生主要存在的适应性问题

结合调研数据显示,总体而言新生入学后整体适应性情况较好,经过人口学差异性分析后,城乡差异和民族差异是影响学生适应性水平的较大因素。在针对个人情绪、学业适应、社会适应进一步探讨后发现,高校新生在以下四个方面存在着主要适应性问题。

1. 个人情绪适应性——多数情绪积极,少部分学生不会排解负面情绪

新生入学1个月后对于个人情绪和心理健康自评结果显示,情绪积极向上的人数为80.21%,而情绪略为低沉的占19.79%。导致情绪低落的主要原因是环境改变尚未适应(67.57%)、人际交往障碍(52.7%)和学习压力过大(55.41%)。从中可以看出环境、学习与社交成为影响新生情绪,造成个人情绪和心理问题的主要因素。同时,当个人情绪出现问题时,74.6%的同学选择做让自己快乐起来的事情来遗忘痛苦;55.88%的同学会寻找造成自己情绪不佳的问题源头,从根源解决问题;49.73%的同学会向他人倾诉,释放

负面情绪；33.69%的同学会远离可能导致自己负面情绪产生的一切因素；还有 8.29%的同学不太懂如何排解负面情绪。

整体来看，绝大部分新生在进入大学后的情绪状况较为良好，且懂得采用从根源解决问题、远离导致负面情绪的因素、向他人倾诉等积极方式调整情绪，但仍有超过 8%的学生在遇到情绪问题时不懂得如何处理，这部分学生应该重点进行关注和疏导。同时从处理情绪的方式上来看，逃避痛苦是大多数，如何直面自己的负面情绪，找到造成自己情绪不佳的源头并从根本上解决，这是在新生个人情绪适应性方面面临的重大问题。

2. 学习适应性——整体适应性良好，但对大学学习方法和模式不适应

从新生整体特点来看，学习适应性与个人情绪适应性、社交适应性等维度相比，得分较高。究其根本，可能由于我校学生自身学习素质较高，学习习惯良好，上进心强，加之学校学习氛围浓厚，学风优良，故整体学习适应性较好。然而进入大学，对大学学习方式的未知使得新生在对大学学习适应方面的评价问题中，在百分制评价下平均分为 73.63 分。在对于学业不适应的调查中，影响较大的：对知识体系构建与学科学习方法感到迷茫（76.47%）；认为自己自制力与学习效率有待提高（67.65%）；对于大学学习还没有明确的目标和方向（55.08%）；暂时还未适应老师的授课方式（32.35%）；相较高中而言受到了更大的压力（29.95%）。

新生对于学业上的不适应，主要来自对学习方法的迷茫和对未来发展方向与方式的不确定，以及在监督缺少的情况下，自主性学习效率不高带来的困扰。相较而言，由于刚刚入学课业压力不大，学业压力和老师授课方式变化带来的困惑较少。

3. 社交适应性——个体感受复杂，渴望独立又感到焦虑、孤独

进入大学后，面对陌生又独立的环境，感到兴奋，希望能在独立中锻炼自己所占比例为 60.69%；感到自信、充满期许与干劲所占比例为 31.55%；但与此同时有很大一部分同学感到迷茫，没有人告诉每一步该怎么做占比为 55.61%；感到焦虑，有些不知所措占比为 48.4%；感到孤独，很难找到合拍的朋友占比为 24.33%。大部分同学对大学生活充满期待，欣然接受未知的锻炼和挑战，但也存在对未知与需要自我规划的大学生活感到迷茫困惑，甚至产生焦虑情绪、遇到融入新环境的困难，感到孤独的情况。

4. 学校认可度——归属感较强，但班级概念弱化

学校认可度即学生对于学校的归属感，测量的是学生对大学的期待及对自己就读大学的满意度和认可度。[1]根据调查显示，大多数新生均能在大学生活中找到自己的归属感，且绝大部分同学归属感来源于朋辈之间的交往。其中有59.36%的同学认为其归属感来源于参与社团或学生组织；56.42%的同学认为其归属感来源于得到集体（班级或社团组织、寝室等）的帮助与认可；48.66%的同学认为归属感来源于得到来自师兄师姐的关怀与指导；仅有12.57%的同学很难找到归属感。同时，由于大学的班集体与中学班级概念的不同，一个班不再经常性聚在一起，导致同学之间接触减少，部分同学感到难以适应，在百分制评分下，班级归属感的平均分值为58.2分。学生对班级的归属感相较于社团或学生组织较弱。

二、朋辈辅导在高校新生适应性教育中的必要性和应用实践

朋辈教育作为新时期大学生自我教育、自我管理的一种主要形式，是实现"三全育人"的有效载体。《中共中央、国务院关于进一步加强和改进大学生思想政治教育的意见》（中发〔2004〕16号）指出，坚持教育与自我教育相结合是加强和改进大学生思想政治教育的一个基本原则。要充分调动大学生的积极性和主动性，引导他们自我教育、自我管理、自我服务。[2]在高校新生适应性教育中引入朋辈辅导，符合党中央对加强和改进大学生思想政治教育的新要求，也是促进大学生自我教育、自我管理，建立健全立德树人工作的新形式。

（一）朋辈辅导在高校新生适应性教育中的必要性

以往的新生适应性教育中，常分为两个阶段，即入学前教育和入学教育。通常入学前教育即在邮寄录取通知书时，先将学校概况、各项政策文件、校内活动、读书清单等送达学生手中，包括官方录制的线上入学教育讲座等内容，目的是在其入学前增进对大学生活的了解，为入学后尽快适

---

〔1〕 参见欧阳娟：《大学新生适应性量表（SACQ）的修订与应用研究》，湖南师范大学2012年硕士学位论文。

〔2〕 参见《中共中央国务院发出〈关于进一步加强和改进大学生思想政治教育的意见〉》，载《中国高等教育》2004年第20期。

应学习生活、顺利进入角色做好前期铺垫和准备。而在新生入学1周~2周后，学校及学院也会对新生开展一系列入学讲座，将教学、学工、医疗、图书馆等重点事项进行介绍，力求引导新生调整自身状态，尽快熟悉和适应大学环境。

但调研数据显示，以往开展的新生适应性教育存在着时间短、效果不佳、印象不深等种种问题。在针对2020级328名学生的调研中发现，线上入学讲座的收看人数仅占68.6%，而在认为新生入学讲座对大学生活是否有帮助的问题上，有36.89%的同学认为帮助程度一般或基本无效果。

同时在针对学生如何获取资源、解决问题的调查数据显示，仅有25%的同学在遇到困难时会选择寻找专业老师求助，而绝大部分学生会选择自己解决或寻求同学的帮助，如图1-1所示。在获取信息和资源的方式上，94.82%主要通过浏览官方公众号、学校官网等获取信息；80.79%在与同学交流中交换信息；60.06%从经验帖、讲座等处获取信息；56.71%会询问师兄师姐；54.88%通过校内粘贴的信息海报或发放的传单获取信息，如图1-2所示。

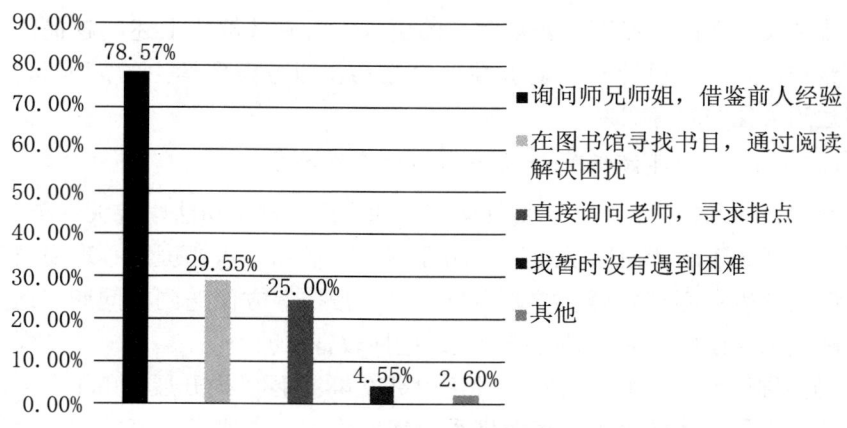

图1-1 高校新生解决问题的具体方式和途径

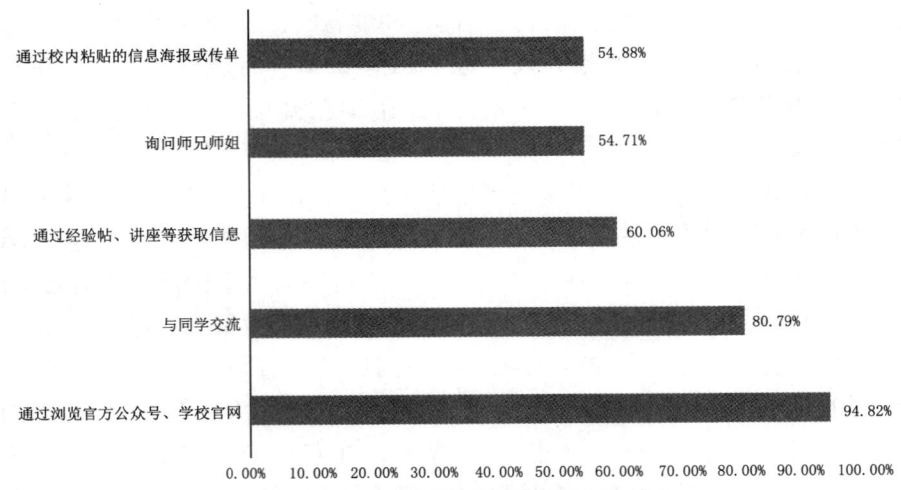

图1-2 高校新生获取信息和资源的方式

基于当前高校新生的特点，超过六成的学生进入大学后期待通过更独立的生活来锻炼自己。随着信息获取途径的丰富和年龄的增长，越来越多的学生遇到问题时会首先追求自己解决或寻求同龄人的帮助，不再第一时间需要父母或师长。在此情况下，朋辈辅导的引入，对有效解决上述问题提供了新的思路和模式。在设计新生适应性教育之初，即考虑到学生的需求和特点，以期达到最佳的教育效果。

（二）以"侧耳倾听"活动为例的朋辈辅导实践

为探讨朋辈辅导在新生适应性教育中的作用，刑事司法学院大一年级×班创新性开展基于朋辈辅导模式的"侧耳倾听"活动，依托班级心理委员和班干部解决学生在心理健康、学业指导、生活帮扶等方面遇到的问题。通过具体实践效果浅谈朋辈辅导对高校新生适应性教育的助力。

"侧耳倾听"活动主要在大一年级×班级48名同学内开展，由1名心理委员主要承担朋辈辅导角色，其他班委起辅助作用。主要通过班委与学生线下一对一倾听交流的方式，探讨大家在学习、生活或心理健康方面遇到的种种问题。若班级同学遇到自己处理不了的问题或情绪，又不便与专业教师沟通时，可以预约心理委员或班委及时交流。若发现该生确实存在较严重或朋辈尚不能解决的问题，第一时间将情况反映给辅导员老师，进而从教师层面及时介入，提高新生教育和辅导工作的及时性和有效性。

经过近一年的实践后，对该班级学生进行回访发现，班委作为基层班级工作的重要力量，在实际工作过程中确实能够做到第一时间初步排查并解决问题，也有更多的学生在遇到问题时会优先选择朋辈学生的帮助。同时该班级的班级凝聚力，同学之间熟悉和交流的程度，乃至班委的工作能力提升也明显突出于其他班级。

本活动的开展是对基层班级开展朋辈辅导工作的一次尝试，本意是力求调动班委在班级基层工作中的主体性，有效协助在适应性教育基层班级的深入开展。但在此过程中也充分表现了朋辈之间互助的重要性和有效性，同时朋辈间对同学的了解和判断也为后续教师继续深入开展个体辅导工作提供了重要的信息，帮助教师全方位、多角度地了解学生情况。当然，通过班级内部的朋辈交流活动即看出，朋辈辅导应用于新生适应性教育的开展尚经验不足，目前仍存在诸多难题。例如，骨干的培养，如何有效招募并培养能够胜任朋辈辅导工作的学生群体；实现朋辈辅导的效果需要借助于一定的中介，如何有效搭建教育中介，提升朋辈教育所需要的知识体系、价值观念和职业素养等问题仍待解决。[1]

三、朋辈辅导在高校新生适应性教育中的适用模式

对于高校新生的特点及易出现的种种适应性问题，如何有效地通过应用朋辈辅导模式开展新生适应性教育，引导新生顺利完成高中—大学阶段的过渡，将问题在新生适应性教育环节中提前解决，以防其逐渐发展从而对未来的学习生活造成更大影响，是需要探讨的重要课题。

（一）选拔朋辈导师/辅导员针对性服务新生

朋辈导师/辅导员指由大三、大四或研究生等高年级同学组成的以新生入学教育阶段为主的教育助理。相比于辅导员1对300、班主任1对50的比例，在新生入学适应性教育阶段中，选拔一部分优秀的高年级朋辈导师/辅导员下沉到年级、班级甚至宿舍中，既能在新生群体中起到一定的先锋模范作用，树立大学期间的朋辈榜样，又能全程为新生提供有针对性的一对一咨询教育工作。同时，朋辈导师/辅导员也进一步加强了新生与高年级学生的联系，建

---

〔1〕 参见杨云：《大学生朋辈教育的理论思考与实践研究》，载《中国成人教育》2017年第6期。

立起跨年级友谊，不仅在新生教育阶段，在此后的大学生活中，朋辈导师/辅导员能够一直引领低年级学生，在学习、工作、生涯规划等各个方面提供有益指导，未来在班团建设等工作中也便于高年级和低年级同学间的相关交流协作。

例如，目前我校学生工作部立足学生成长发展建立的"尚学法大"学生学习与发展指导体系，其中"尚学工作坊""尚学一对一""尚学答疑坊"等项目都引入了朋辈学生讲师参与学生成长发展的教育工作。若能将此种模式迁移至新生适应性教育阶段，并逐步扩大朋辈导师的数量，更能凸显朋辈辅导针对学生发展、心理健康、学业指导等问题上的助力。

（二）开展朋辈间团体辅导互动形式

一方面，在心理学视域下，团体辅导是在团体情境下进行的一种心理咨询，通过团体内的人际交互作用，运用团体动力和适当的心理咨询技术，协助个体认识自我、探索自我，调整改善与他人的关系，学习新的态度和方式，从而促进自我发展及自我实现的过程[1]。

欧文·D. 亚隆、默林·莱兹克兹曾在《团体心理治疗：理论与实践》一书中指出，团体辅导是一种非常高效的心理治疗手段。事实上，不仅在心理治疗领域，面对处于新环境过渡期的高校新生群体，团体间的互动增强了集体融入感，促进新生融入集体，适应好大学生活，能够充分解决新生对班级、学校归属感缺乏的问题。新生入学阶段开展以"适应性"为主题的团体心理辅导，运用团体心理辅导方式，有别于传统入学教育模式的活动形式，更能有针对性地解决新生遇到的人际交往、个人成长等问题，宣传心理健康知识，培养为人处世的能力，从整体上提升学生的心理健康水平的同时，也能够有效利用团体互动各个环节及契机增强新生与集体间的融入感。

另一方面，从团体辅导带领者的角度来看，团体内的学生通过团辅活动收获自我成长的同时，团体带领者在此过程中也易于发现共性问题，通过团辅过程中大家集中提出的困惑和问题，在后续针对性地开展教育和帮扶工作。同时良好的团体氛围能够促使学生展现真实的自我，朋辈间的人际互动能够反映学生在实际生活中的互动模式。团辅带领者可以直接观察到学生的真实

---

[1] 徐浪：《辅导员责任制视角下的大学生心理健康教育——以单次团体心理辅导的应用为例》，载《湖北经济学院学报（人文社会科学版）》2021年第8期。

状况，快速有效地识别出"重点学生"和"心理困难"学生，及时介入防止更大问题的出现。[1]

（三）加强社团及学生组织中朋辈榜样的引导作用

《关于加强和改进新形势下高校思想政治工作的意见》（中发〔2016〕31号）中强调，要贴近师生思想实际，以改革创新精神做好高校思想政治工作，要积极发挥共青团、学生会组织和学生社团作用。[2]

每年的开学季也是校园里各类社团和学生组织的招新季，大学吸引新生的不仅是学习模式的改变，学生组织和社团也占了相当大的比重。而校院两级学生组织中优秀的学生骨干来源于广大学生群体，相较于师生间的关系，学生和学生之间的趋同性和相似性更容易产生共鸣。学生组织和社团中优秀学生骨干的发展经验、成长教训也更能贴近大学生活实际。例如，校团委开展的"两周三杰"团学干部表彰活动，其中推选出的优秀团学骨干作为学生组织中的朋辈榜样，可以在新生群体中通过工作坊交流、经验分享等方式进行教育引导。

同时，学生组织和社团在校院团委的指导下开展工作，也同时有助于增强思政学习的影响力，相较于传统思政理论的说教教育方式，朋辈教育的影响力必然更加持久，促使学生自觉将思政理论转化为内在行为规范。

（四）搭建线上新媒体朋辈互动平台

随着当前新媒体的普及，通过多平台、新形式的线上教育，能够有效促进新生入学教育工作。[3]充分利用新媒体平台，不仅便于新老生交流，利于朋辈辅导工作的开展，同时新媒体互动模式相比于传统形式也更喜闻乐见，学生参与程度更高。

目前，微信公众号、微博等线上互动平台的普及，包括线上会议的不断深入，已经在互联网形成了综合性"云"互动平台。尤其是碍于线下交流的学生，在新媒体互动中更能自在交往，归属感更强烈。线上新媒体朋辈互动

---

[1] 徐浪：《辅导员责任制视角下的大学生心理健康教育——以单次团体心理辅导的应用为例》，载《湖北经济学院学报（人文社会科学版）》2021年第8期。

[2] 参见《中共中央国务院印发〈关于加强和改进新形势下高校思想政治工作的意见〉》，载《社会主义论坛》2017年第3期。

[3] 林海棠、肖为：《朋辈教育在新生入学中的适用模式研究》，载《现代商贸工业》2020年第18期。

平台的搭建，可以促进新生与同龄或高年级的学生交流互动，利用网络的优势，还可以更快捷地分享学习笔记、资料、传输文件，通过关键词检索即能快速找到相关问题的处理方式并获取对应信息。

四、结语

"当灵魂失去庙宇，雨水就会滴在心上"，里尔克的诗句表达了每个人对于关怀的渴求，每个人都需要有一处属于自己的精神家园，然而这是在高校新生适应性教育工作中常常忽略的东西。部分学生不愿意面对专业老师表达个体的种种问题和困惑，以及对心理上支持和关怀的渴望。抑或是当学生表达出求助需求时，由于专业老师数量的缺乏，往往不能及时解决学生当前出现的问题，这也极易导致新生心理健康和发展性问题的出现。

而朋辈辅导的出现，恰恰能够及时填补寻常师生教育模式下的不足之处。结合高校新生特点和面临的适应性问题，在传统的新生入学教育等讲座类模式下充分引入朋辈辅导模式，结合不同学生的不同需求，通过选拔校内高年级本、硕学生甚至优秀校友，解决新生入校后面临的困惑和迷茫，更能够发挥新生适应性教育阶段的重要作用，真正达到教育引导的目标和效果。

附录

附表1　2021级新生适应性的性别差异描述统计结果（N=292）

	性别	N	M±SD	t
总量表	男	78	3.594±0.069	0.138
	女	214	3.583±0.039	
个人情绪适应性	男	78	3.594±0.079	0.204
	女	214	3.576±0.046	
学习适应性	男	78	3.846±0.102	-1.174
	女	214	3.986±0.061	
社会适应性	男	78	3.539±0.084	-0.202
	女	214	3.558±0.048	

续表

	性别	N	M±SD	t
学校认可度	男	78	3.551±0.104	0.97
	女	214	3.444±0.555	

附表2　2022级新生适应性的性别差异描述统计结果（N=364）

	性别	N	M±SD	t
总量表	男	118	3.749±0.651	1.052
	女	246	3.680±0.549	
个人情绪适应性	男	118	3.575±0.772	0.843
	女	246	3.505±0.728	
学习适应性	男	118	4.119±0.926	0.223
	女	246	4.098±0.802	
社会适应性	男	118	3.684±0.738	1.613
	女	246	3.556±0.695	
学校认可度	男	118	3.619±0.956	0.587
	女	246	3.563±0.790	

附表3　2021级新生适应性的生源地差异描述统计结果（N=292）

	性别	N	M±SD	t
总量表	城镇	194	3.670±0.418	3.521
	农村	98	3.420±0.056	
个人情绪适应性	城镇	194	3.646±0.049	2.328
	农村	98	3.450±0.067	
学习适应性	城镇	194	4.000±0.065	1.39*
	农村	98	3.847±0.089	
社会适应性	城镇	194	3.663±0.049	3.810
	农村	98	3.333±0.073	

续表

学校认可度	性别	N	M±SD	t
	城镇	194	3.588±0.062	3.363
	农村	98	3.245±0.073	

附表 4　2022 级新生适应性的生源地差异描述统计结果（N=364）

	性别	N	M±SD	t
总量表	城镇	251	3.730±0.601	1.329
	农村	113	3.642±0.541	
个人情绪适应性	城镇	251	3.530±0.764	0.092
	农村	113	3.505±0.695	
学习适应性	城镇	251	4.102±0.806	0.510
	农村	113	4.071±0.923	
社会适应性	城镇	251	3.632±0.746	1.506
	农村	113	3.519±0.620	
学校认可度	城镇	251	3.638±0.864	1.902
	农村	113	3.456±0.795	

附表 5　2021 级新生适应性的民族差异描述统计结果（N=292）

	性别	N	M±SD	t
总量表	非少数民族	234	3.619±0.039	1.446
	少数民族	58	3.487±0.068	
个人情绪适应性	非少数民族	234	3.610±0.045	1.472
	少数民族	58	3.463±0.084	
学习适应性	非少数民族	234	3.966±0.058	0.491
	少数民族	58	3.897±0.130	
社会适应性	非少数民族	234	3.567±0.048	0.693
	少数民族	58	3.494±0.085	

续表

	性别	N	M±SD	t
学校认可度	非少数民族	234	3.504±0.056	1.301
	少数民族	58	3.345±0.100	

附表6　2022级新生适应性的民族差异描述统计结果（N=364）

	性别	N	M±SD	t
总量表	非少数民族	293	3.725±0.564	1.350
	少数民族	71	3.611±0.653	
个人情绪适应性	非少数民族	293	3.564±0.720	1.898
	少数民族	71	3.378±0.817	
学习适应性	非少数民族	293	4.150±0.779	1.766
	少数民族	71	3.916±1.052	
社会适应性	非少数民族	293	3.596±0.695	-0.051
	少数民族	71	3.601±0.778	
学校认可度	非少数民族	293	3.589±0.850	0.352
	少数民族	71	3.549±0.833	

新时代高校青年行为特质研究

——以中国政法大学为例

孙维昱 *

【摘　要】 准确把握高校青年行为特质是做好新时代高校青年工作的重要前提。以马克思的人的本质理论和奥尔波特的人格特质理论为基础，可以构建出"环境特质—个人特质"双层结构的青年行为特质研究模型。以中国政法大学的青年工作实践为例，在环境特质方面要认识时代环境特质与高校环境特质的影响，并由群体特质衔接至个人特质；而在个人特质方面则要注重角色特质与认同特质的关系。最后，在总结风险特质的基础上，应当进一步完善现有的青年工作理念，从而推动高校青年工作机制的完善。

【关键词】 青年工作　高校思政　行为特质

一、引言

党的二十大报告指出，全党要把青年工作作为战略性工作来抓，用党的科学理论武装青年，用党的初心使命感召青年，做青年朋友的知心人、青年工作的热心人、青年群众的引路人。长期以来，共青团作为党领导的先进青年的群团组织，充分发挥了组织引领青年的职能，为党的青年工作作出了重要贡献。高校是青年学子的聚集地，担负着培养担当民族复兴大任的时代新人的重大战略任务，高校青年视野开阔、思维活跃、思想多元，高校共青团组织做好青年工作使命重大、任务艰巨。

习近平总书记在全国高校思想政治工作会议上强调，做好高校思想政治

---

* 中国政法大学法学院。

工作，要因事而化、因时而进、因势而新，遵循教书育人和学生成长的规律。中国特色社会主义进入新时代，高校青年面临新的机遇和挑战：党和国家深入实施科教兴国战略、人才强国战略，对高校青年学子的专业知识水平和实践创新能力具有了更高的期待；确立和坚持马克思主义在意识形态领域指导地位的根本制度，对青年学子理想信念之坚，文化自信之深，理论基础之牢提出了更高的要求。与此同时，当今世界风云变幻，多重挑战和危机交织叠加，繁复而驳杂的信息层出不穷，人类社会现代化进程又一次来到历史的十字路口。在这样的时代背景下，青年的思想和行为蕴藏着复杂的变化趋势，在青年世界观、人生观和价值观形成的关键时期，做好高校青年工作首先应当从本质上科学认识青年，[1]准确把握青年的行为特质。

在习近平新时代中国特色社会主义思想指引下，本文立足新时代高校青年发展现状，以中国政法大学青年工作实践的经验和成果为依托，分析新时代高校青年行为特质的类型及其成因，并在此基础上为今后高校青年工作的开展提供建议。本文重点关注环境特质与个体特质的关系、高校特质对于青年行为的影响，剖析基于学校学科体系、校园环境和文化氛围所产生的特殊性青年思想和行为特质，力求为高校青年工作提供切中要害、能够解决实际问题的参考。

二、本文的分析框架——以马克思人的本质理论与奥尔波特人格特质理论为基础

高校青年的行为特质受到其思想特点、认知水平、生理状况等一系列因素影响，也因其所处情境的不同而可能存在各种变化，只有准确把握行为特质生成的机理，充分认识高校青年的各方面特征，方能对其行为特质展开有效研究。本文依托于马克思关于人的本质的相关论述，以及奥尔波特所提出的人格特质理论，针对高校青年行为特质的分析构建新的分析框架，以求研究更加准确深入。

（一）马克思的人的本质理论

马克思关于人的本质的论述主要有三项：其一是劳动是人的本质，这一

---

[1] 参见陆士桢、李泽轩：《浅论百年来共青团青年工作的价值取向和功能定位》，载《中国青年社会科学》2022年第2期。

论断见于《1844年经济学哲学手稿》，其主要阐释了人区别于动物的一般本质，主旨在于推进"异化"理论的论证。[1]其二是广为人知的"人的本质是一切社会关系的总和"，见于《关于费尔巴哈的提纲》，这一界定阐述了人的具体本质，即不同的人具有不同本质。既然人的本质是一切社会关系的总和，那么它就不是先天而是后天的，是随着社会关系的发展而变化的。[2]其三是人的需要即人的本质，这一界定统合了前两种关于人的本质的界定，一定程度上解释了前两种界定的原因，人的需要是人进行劳动的内在原因，受到了多种社会因素的影响，且具有能动性。[3]

从马克思关于人的本质理论出发，去理解高校青年行为的特质问题，可以得出如下初步结论：首先，研究青年的任何行为特质前应当认识到，虽然其思想特点直接影响了行为特征，但主观意识的形成必然存在其客观原因，也即外部环境因素的影响；其次，应当将对个体和群体的行为特质的分析置入其社会关系的讨论框架，不能以孤立的、自我的视角认识青年行为；最后，青年在意识作用下做出的行为，一方面满足其自身需要，另一方面又使其产生新的需要，处于一种循环往复的状态之中，认识青年行为，应当秉持发展的眼光。

(二) 奥尔波特的人格特质理论

美国心理学家奥尔波特是最早一批关注人格研究的学者，他的人格特质理论对人格研究产生了深远的影响，虽然其应用主要集中于心理学层面，但其逻辑脉络与分析框架对于研究高校青年的行为特质有着重要的参考价值。

奥尔波特认为特质是人格的基础，人格特质是每个人以其生理为基础的一些持久不变的性格特征。他首先将特质分为共同特质和个人特质，前者是属于同一文化形态下人们所具有的一般人格特质，而后者则是个人所独有的人格特质。在个人特质层面，他进一步将其分成了三个层次，其一是首要特质，是主导性、代表性的人格特质；其二是中心特质，是每个人身上都不同程度存在的一般特质；其三是次要特质，只在某些情形中表现的特质。[4]

奥尔波特人格特质理论对研究高校青年行为特质的帮助在于：认识行为

---

[1] 参见《马克思恩格斯全集》(第42卷)，人民出版社2017年版，第43~181页。
[2] 参见《马克思恩格斯全集》(第3卷)，人民出版社1960年版，第3~8页。
[3] 参见赵家祥：《马克思关于人的本质的三个界定》，载《思想理论教育导刊》2005年第7期。
[4] 参见 [美] Jerry M. Burger：《人格心理学》，陈会昌等译，中国轻工业出版社2010年版，第123~126页。

当然离不开认识思想和人格特征,实际上行为即为不同情境下经过刺激的特质的外化,奥尔波特理论与旧的弗洛伊德理论的区别在于,他认识到了人的主观能动性,人能够主动作用于环境使之发生改变,人格也是不断变化发展的;人的自由选择具有相对性,而这种能力根据个体差异有所不同。奥尔波特人格特质理论虽然试图解决心理学问题,甚至很大程度上根植于神经和精神病理学研究,但其理论的价值内核无疑是值得肯定的。

(三)本文的分析框架

参考马克思的人的本质理论和奥尔波特的人格特质理论,本文针对高校青年行为特质的研究构建如下分析框架。

1. 环境特质

青年的成长与其所处环境息息相关,聚焦于高校青年时,根源于环境所形成的行为特质有如下层次:(1)时代环境特质,当今世界变化发展之迅猛已经远非过去时代所能比拟,在历史进程的不同时期、社会发展的不同阶段,自然会形成不同的青年行为特质;(2)高校环境特质,高校青年与同年龄段主要从事社会活动的其他青年(如企业青年、农村青年等)不同,其绝大部分的生活时间在高校中度过,高校的人文环境、校风学风、学科特色等因素对青年行为特质的形成产生着重大影响;(3)群体环境特质,有学者指出,人能够维持的稳定人际关系数量通常不超过150人,[1]而这一较为限缩的社会关系空间对青年的行为特质形成的影响反而是最强大的。

2. 个人特质

在完成环境特质因素的界定后,应当进一步考察青年个体所独有的个人特质,有如下层次:(1)角色特质,用以概括青年个体最显著的特征,依托于其所处的人际交往环境,探究其在特定环境中所扮演的角色以归纳其行为特质;(2)认同特质,旨在探索青年人意识层面的认同因素,以分析其思想与行为之间不相称、不协调之成因;(3)风险特质,即可能导致青年发生越轨行为的潜在因素。

3. 行为特质逻辑结构

环境特质与个人特质并非割裂开来的,两大类特质影响因素在不同的层

---

〔1〕 参见〔英〕威尔·耐特:《社交网络并不能扩大社交圈——专访罗宾·邓巴(Robin Dunbar)》,载《科技创业》2012年第9期。

次相互交织，形成如图 1 的逻辑结构：

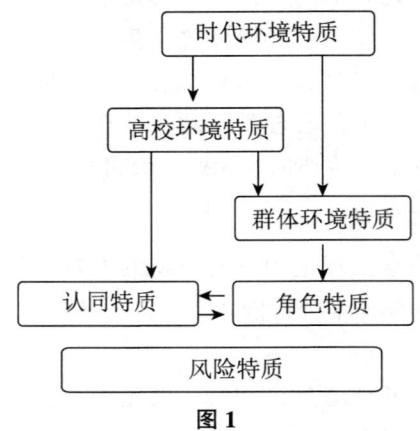

图 1

三、环境特质分析——以中国政法大学为例

（一）时代环境特质

习近平总书记在党的二十大报告中指出，当代中国青年生逢其时，施展才干的舞台无比广阔，实现梦想的前景无比光明。毋庸置疑的是，当代高校青年所处的时代是非常适合青年发展的时代。具体而言，时代环境赋予了当代高校青年如下特质：

一方面，高校青年赓续红色血脉，继承了老一辈的优良传统，具备"传承""奋斗""担当"的特质。例如新冠肺炎疫情发生以来，高校青年用实际行动证明了这是堪当大任的一代人，他们不畏艰险、冲锋在前，32 万余支青年突击队、550 余万名青年奋战在医疗救护、交通物流、项目建设等抗疫一线，诠释了当代青年人的使命和担当。[1]

另一方面，新时代高校青年也形成了许多新特质。习近平总书记指出，新时代的中国青年，在各种社会思潮的现实影响下，不可避免会在理想和现

---

[1] 参见《新时代的中国青年》白皮书，载 http://www.gov.cn/zhengce/2022-04/21/content_5686435.htm，最后访问日期：2023 年 4 月 16 日。

实、主义和问题、利己和利他、小我和大我、民族和世界等方面遇到思想困惑。[1]共青团中央书记处第一书记贺军科指出，当代青年有着丰富的知识储备和开阔的视野，"后喻文化"特征凸显，同时利益诉求多样，面临着较大的现实压力，这些都为青年工作带来了新的挑战。[2]

（二）高校环境特质

在时代环境基础性影响下，高校环境对高校青年产生了更加深入且特征鲜明的影响，以中国政法大学为例，作为"中国法学教育的最高学府"，其学科体系、校园文化氛围对青年学子行为特质的形成产生了潜移默化的影响。

1. 重视社会关切，富有人文关怀

中国政法大学以法学学科为特色和优势，兼有政治学、经济学、社会学等社会科学和人文科学学科，学科体系的设置对青年学子的思想特征的形成产生了重要的影响。一方面，相关专业的选择本身意味着青年学子有学习哲学社会科学知识、从事社会工作的志向和价值认同；另一方面，经过较为系统的专业知识学习后，青年学子对于社会存在和社会意识、当前的发展阶段和未来预期产生了新的认识，有了更加深入的理解。因此他们往往更加重视社会问题，更加渴望用专业知识来回应社会关切，同时富有人文关怀，即使经过了专业训练，依然会在"情与法"的衡量中存在更加多元价值判断和价值选择。这诚如关于法谚"法律的生命在于经验而非逻辑"的讨论。[3]

2. 权利意识萌发，辩论文化兴盛

权利是重要的法律概念，权利意识是经过法学专业训练后一定会形成的思想形态。中国政法大学青年学子富有权利意识，并善于在规则的框架内运用法学理论的分析方法来认识世界。在此领域最为典型的示例是中国政法大学学生代表和学生委员相关制度设计与实践。早在1987年，为了更有效地维护学生的正当权益，同时加强对学生会的监督，中国政法大学第三次学生代

---

[1] 参见习近平：《在庆祝中国共产主义青年团成立100周年大会上的讲话》，载《人民日报》2022年5月11日，第2版。

[2] 参见贺军科：《如何做好新时代青年工作》，载《中国共青团》2020年第11期。

[3] 参见邓俊明：《"法律的生命在于经验"的再审视》，载《人民法院报》2010年12月3日，第7版。

表大会成立了学生委员会，作为校学生代表大会的常设机关。[1] 这一制度具有鲜明的学校特色，是学生行使权利的重要途径，经过多年的实践发展，中国政法大学学生委员会形成了成熟的运作机制，在保障学生利益、积极促进学校的建设与发展等方面发挥了重要作用。

与权利意识相适应的，中国政法大学形成了浓厚的辩论文化，这一定程度上受到作为庭审重要组成部分的法庭辩论的影响，可以说辩论技能是作为法官、检察官和诉讼律师所必需的。这种辩论文化体现在辩论赛、模拟法庭等活动赛事的举办以及相应成绩的取得，中国政法大学常年承办北京市大学生模拟法庭竞赛，[2] 并举行各部门法模拟法庭类比赛；各学院均支持辩论赛队发展，学校辩论队也在多项重大辩论赛事中取得良好成绩。辩论文化不仅及于相关赛事活动，在日常学习生活中也对青年学子产生潜移默化的影响，促使了独立思考、敢于质疑、重视逻辑推理的思维模式和思想特点的产生。

四、与群体特质紧密联系的个人特质

群体特质是环境特质中最为微观、对高校青年行为影响最为直接的特质因素，个人特质中的角色特质与群体特质紧密联系。新一代认知科学认为，人类高阶心智能力最先是从社会文化情境中的人际交互获得的，[3] 高校青年依托其所处群体的特质，产生了具有鲜明个人特征的角色特质。

（一）群体对个人的作用机制

参与社会活动是人存在的必然要求。个体在群体中生存，需要得到群体的评价，这种评价可能表现为认可或不认可，而基于这种群体评价，个体会对群体的思想和行为产生具有其个人特征的认知，进而又对其后续的行为产生影响。[4] 具体而言，个人对群体的意识有三个层面，分别是归属感、认同感和互动感。归属感使得个人在思想上对群体产生义务和责任的意识，在行

---

[1] 参见共青团中国政法大学委员会，载 http://xtw.cupl.edu.cn/xszz/xswyh.htm，最后访问日期：2023年4月21日。

[2] 参见《2023年北京市大学生模拟法庭竞赛方案》，载 http://jw.beijing.gov.cn/gjc/tzgg_15688/202303/t20230310_2934060.html，最后访问日期：2023年4月21日。

[3] See Mesulam M. M., "From Sensation to Cognition", *Brain*, 1998, Vol. 121, No. 6., pp. 1013-1052.

[4] See Cooley C. H., *Human Nature and the Social Order*, New York: Scribner's, 1902.

为上则会自觉地维护群体的共同规范和利益；认同感是指个人与群体在价值评价标准、利益关系、情感因素等方面存在一致性的认识；互动感则描述了群体中不同个体之间的相互作用。[1]

（二）典型的高校群体类型

高校青年通常处在若干类别的典型的群体当中。

1. 班级群体

班级是高校当中最常见的组织单位，也是高校开展教学管理活动的基本单元。班级通常以专业为划分依据，使得班级成员处于较为一致的认识层次，接受同样的教育培养，与此同时，诸多活动的开展以班级为单位，也给予了班级群体维持整体性的基础。依托于班级建立的团支部、党支部与班级具有类似的群体作用，进而产生了类似的群体特质。值得注意的是，班级这一群体虽然具有非常基础性的地位，但其内部成员在大多数情形下并非十分紧密，这一方面由于班级的规模可能较为庞大（通常具有 30 人至 50 人的规模），高校青年很难与班级群体内的所有个体保持紧密联系。另一方面则因为班级的划分依据实际上较为宽泛，班级群体中的个人之间依然存在十分显著的个性差异，未必能够高度融合。

2. 学生组织与社团群体

高校中的学生组织与社团是十分重要的群体类型，这一类群体不同于班级这一扁平化群体结构，而通常具有多个层次、多个部分，这种特征导致了在一个学生组织或社团群体中，存在关系远近的差异，其中人际关系最为紧密的部分通常由同一部门、同一层级的个体构成，他们之间往往能够形成十分亲密的人际关系，其群体评价和个人评价也具备了较高的一致性。加之这一群体的形成依托于共同的志向或兴趣，更加易于维持长期和稳定的联系。

（三）角色特质与认同特质

角色特质是外显的，而认同特质在大多数情形下是隐藏的。对于每一个个体而言，角色特质是外在的、客观的，而认同特质则具有较强的主观性，更加强调意识层面。认同是一个不断演化的心理活动过程，是在感性与理性

---

[1] 参见黄志斌：《关于个人与群体和谐机制的探讨》，载《理论建设》1995 年第 1 期。

认知的基础上，实现价值内化与行为外化的过程。[1]具体而言，这种认同的形成经历了三个阶段：其一是内心情感活动产生的情感认同，是主体对于客体的感性认识；其二是理念内化，是剔除了感性认识中的偶然性和不确定性之后形成的思维产品；其三是行为外化，是思想意识层面的认同与行为实践的结合。[2]

角色特质描述了个体在群体中的身份特征，但这种特征未必是确定且稳定的，其受到了认同特质的作用影响。实际上现阶段流行的面试方式"无领导小组面试"即是对于角色特质和认同特质关系的一种诠释，在随机生成的群体中，个体试图扮演领导角色引导群体产生预期成果，但实际上并非小组中的每一个个体均能够承担领导角色并出色发挥，同时不同个体也将以不同的方式构建起领导力，个体可以选择以促进群体团结、维护群体秩序、建立共同话语体系、展示个人魅力等多种方式塑造领导力，而这些途径的选择及其是否能够实现预期效果，则取决于根植于思想意识层面的不同个体的认同特质。[3]

五、以风险特质为视角，完善高校青年工作理念

风险特质潜藏于青年的思想特点和行为模式之间，不易察觉但极具破坏力，如果不能充分认识风险特质的存在，则很难做好高校青年工作，也难以及时纠正青年的潜在越轨行为。在认识高校青年风险特质的基础上，本文对完善高校青年工作理念提出了一些建议。

（一）营造良好校园文化，引领青年价值观念

环境对于高校青年成长的重要性是毋庸置疑的，青年处在价值观形成和确立的时期，[4]受到周遭环境的影响十分显著，高校青年工作应当着力于营造良好的校园文化，一方面形成脚踏实地、求真务实、肯吃苦肯奋斗的优良

---

[1] 参见汪康、吴学琴：《智能媒体时代青年价值观认同建构》，载《中国特色社会主义研究》2021年第2期。

[2] 参见陈坤、刘雨：《智媒时代大学生价值观认同建构的算法风险及其应对》，载《济南大学学报（社会科学版）》2023年第2期。

[3] 参见窦玉鹏：《无领导小组真的无领导吗——基于符号互动论视角的领导角色思考》，载《领导科学》2022年第4期。

[4] 参见《让青春在奉献中焕发绚丽光彩——习近平总书记关于青年工作重要论述综述》，载《前进》2021年第5期。

学风,另一方面也要关注校园文化中的非主流方面,引领青年坚定理想信念,提高辨识能力,注重独立思考,在当今暗流涌动的世界局势下,坚定"四个自信",做到"两个维护",避免高校青年学子受到不正确、不积极的思潮影响进而产生不理智、不恰当的行为,让优秀的文化环境起到润物无声的思政教育作用。

(二)把握群体差异特征,引导青年多元发展

在澄清校园文化氛围的基础上,应当尊重并充分认识不同群体之间存在的客观差异,依托于这种差异制定不同的工作方案,既要让青年的发展符合主流价值观要求,又要保证青年能够根据自身的能力和兴趣选择合适的发展道路。青年成长的过程中,来自教育工作者的家长主义思维常常导致许多严重的问题,归根结底是因为没有因材施教,没有认识到不同个体之间的差异性,这实际上犯了脱离实际情况的错误。高校青年工作既不能让青年发展脱离轨道,又不能刻舟求剑、固步自封,压抑青年谋求多元发展的个性。

(三)关切个体根本诉求,回应青年成长需要

青年工作要充分照顾青年人的利益关切和长远发展需求,[1]这首先要求青年工作者抓住青年的根本诉求。高校青年有着升学、就业、人际交往等共性的基本需求,但根据个体角色特质与认同特质的不同,其具有独特性的个人诉求也应当得到关切和回应。部分青年人缺乏直接表达诉求的能力,在当前互联网成为社会交往重要手段的时代背景下,高校青年存在"群体性孤独"的问题,即在网络空间虽然有较为丰富的人际交往活动,但在现实的、传统的交往模式下反而难以自我表达。[2]故而高校青年工作者需要更加深入、细致地与青年进行沟通,剥离现象认识青年内心的根本诉求,避免"微笑型抑郁"的产生。[3]

---

[1] 参见贺军科:《新时代党的青年工作的根本遵循——深入学习贯彻习近平总书记关于青年工作的重要思想》,载《中国共青团》2023年第1期。

[2] 参见林艳艳等:《网络自我表露对大学生群体性孤独的影响:线上积极反馈的中介作用》,载《黑龙江高教研究》2023年第4期。

[3] 参见吴远、徐霄霆:《书写表达在微笑型抑郁中的适用性分析》,载《中国健康心理学杂志》2014年第1期。

六、结语

准确把握高校青年的行为特质是做好高校青年工作的重要前提,[1]在青年思想活跃、行为多样的当代,分析青年行为特质面临着许多新的困难,但同时运用这些特质完善青年工作机制也将取得创新性、突破性的成果。高校青年工作者应当继续坚持青年行为特质的研究的理论高度,用科学的理论指导工作实践,培养出有理想、敢担当、能吃苦、肯奋斗的新时代好青年,为中华民族伟大复兴的事业贡献智慧和力量。

---

[1] 参见王辞晓、刘文辉:《理解与表征群体认知的新视角:协作脚本中的角色互动》,载《现代远程教育研究》2023年第2期。

青年互联网微公益的参与机制研究
——以"网络意见领袖"为切入点 *

周文轩　周涵娇 **

【摘　要】"网络意见领袖"在青年参与互联网微公益活动中发挥着重要引领作用,通过表达言论和倡议影响公众认知和行为,具有身份来源广泛、网络活跃度高和信息传播力强的新特征。在青年参与互联网微公益的行为机制中,"网络意见领袖"在信息接触、个体判断和行为响应三个环节发挥关键作用,究其内在机理,可用关系社会学的强弱关系理论和社会心理学的社会认同理论进行解释。最后,针对"网络意见领袖"在公益项目中真实性存疑、动机异化、用户参与持续性差的问题,提出保障主流意识形态领导地位、改善公益项目传播方式和建立"网络意见领袖"的奖惩机制依法监管等政策建议,探索新时代青年社会参与的新特征、新趋势、新对策。

【关键词】　网络意见领袖　青年公益　互联网微公益　社会认同　强弱关系

引　言

2017年我国进入互联网和公益行为高度融合的3.0阶段,[1]蚂蚁森林和水滴筹等微公益作为互联网公益的重要组成部分,依托社交平台传播信息并

---

* 项目介绍：本文为中国政法大学2023年"青年发展研究"团学课题研究成果。
** 中国政法大学法学院。
〔1〕参见《〈2017中国互联网公益发展报告〉发布》,载 http://gongyi.people.com.cn/n1/2018/0912/c151132-30289459.html,最后访问日期：2024年3月31日。

开展慈善活动,并因简单易行、娱乐化和碎片化等特征迅速传播。青年是互联网的"原住民",既是互联网公益的深度参与者,也深刻影响了互联网公益的发展方向。

《中国经济周刊》调查显示,19 岁~27 岁青年的微公益参与比重接近 40%[1],腾讯发布的《2022 公益行为数字化洞察报告》也表明,18 岁至 35 岁的青年正在成为常态化公益人群,偏好短视频和社交形式的公益内容。[2] 以高校、专家学者和明星偶像等为代表的"网络意见领袖"具有良好的公众形象和较高的社会关注度,借由其发起的公益活动可以迅速增加话题热度,形成多级传播,吸引年轻人关注参与。

青年是新时代互联网公益的主干力量,鼓励青年更多地参与互联网公益行动是大势所趋。本文聚焦互联网微公益中的青年主体,从传播学、社会学和心理学等学科理论出发,采用文献分析法和案例分析法等,探索"网络意见领袖"促进青年人参与互联网公益的作用机理,力求为互联网微公益注入创新进取的青年力量。

一、"网络意见领袖"的定义与特征

(一)"网络意见领袖"的内涵

20 世纪 40 年代,传播学者拉扎斯菲尔德(Paul Lazarsfeld)提出,"意见领袖"是在人际传播网络中经常为他人提供信息、意见、评论,同时对他人施加影响的"活跃分子"[3]。"网络意见领袖"就是网络信息传播的重要节点,在社会活动中通过表达言论、提出倡议等行为影响其他公众的认知、行为和态度。以明星偶像为例,"网络意见领袖"对号召粉丝参与公益活动具有巨大影响力。2020 年 1 月 24 日,"能量中国"官方微博发布百家粉丝团公益物资应援联合公告,近 100 位明星的粉丝联合能量中国、青春湖北和湖北希

---

[1] 参见《新时代青年与公益慈善新力量》,载 https://t.m.youth.cn/transfer/index/url/news.youth.cn/gn/202212/t20221208_14181908.htm,最后访问日期:2024 年 3 月 31 日。

[2] 参见《2022 公益行为数字化洞察报告》,载 https:/e.qq.com/insights/detail/?pid=7462,最后访问日期:2024 年 3 月 31 日。

[3] 参见[美]保罗・F. 拉扎斯菲尔德等:《人民的选择:选民如何在总统选战中做决定》,唐茜译,中国人民大学出版社 2012 年版,第 43 页。

望工程向武汉大学中南医院捐赠一次性医用手套143 100只。[1]可见其在公益活动中的影响力与号召力,因此正确引导"网络意见领袖"发挥其传播力,具有一定的实践意义和政策指导意义。

(二) 网络意见领袖的特征

1. 身份来源广泛,团队赋能运营

行业认可和社会成就不再是界定"网络意见领袖"的先决条件,除了主流媒体和专家学者,政务机构和自媒体博主等都可以成为"网络意见领袖"。除了多元化的来源,"网络意见领袖"的组织形式也呈现多样性。除了政府机构、资深媒体,越来越多的自媒体博主背后有着分工明晰、专业化程度较高的团队,公益项目的策划、宣传和推广等工作都有团队运营。新时代,"网络意见领袖"不再是个人的思潮引领,更多是依托团队力量扩大公益项目的影响力、传播力。

2. 网络活跃度高,探索商业价值

"网络意见领袖"通常拥有较多的粉丝与关注者,为了维持热度,他们通常密切关注社会热点问题并及时做出回应,提升其在平台的曝光度和关注度。再进一步通过捐赠、转发等行为号召公众参与,树立其积极向上的社会形象,扩大个人影响力。同时他们积极挖掘自身账号的商业价值,通过承接商业订单等形式探索盈利空间,实现社会价值和商业价值的双重目标。

3. 信息传播力强,促进深浅层次参与

首先,"网络意见领袖"在互联网信息传播中具有"信息传播调节器"的作用,对公益活动的参与程度影响到信息传播的强度和效率,比如明星公益推广拍摄系列海报和宣传短视频,其传播效果和对广大青年的号召力就胜过单纯的点赞和转发行为。其次,越来越多的互联网公益项目采用短视频等青年人更感兴趣的方式进行宣传,"网络意见领袖"发布宣传视频后,众多粉丝用户模仿其中的音乐和内容元素,形成公益传播的裂变式效应。如2014年的"冰桶挑战赛"中各界名人纷纷拍摄自己浇冰水的视频,引发全社会对肌萎缩侧索硬化(ALS,又称渐冻症)的关注,仅在美国就筹集了1.15亿美元

---

[1] 参见《百家粉丝团公益物资联合应援公告》,载https://weibo.com/u/5982499860,最后访问日期:2024年3月31日。

的善款。[1]

二、"网络意见领袖"在青年参与互联网微公益过程中的作用和机理

（一）"网络意见领袖"在青年参与互联网微公益中的作用

1. 青年参与互联网微公益的行为机制

现代认知心理学提出 S-O-R（stimuli-organism-response，即刺激—有机体—反应）模型，青年参与互联网微公益的行为大致也遵循这一模型。首先青年需要从外部获悉公益信息，按信息来源可分为熟人社交和网络社交，"网络意见领袖"则是网络社交中关键力作用者；其次需要筛选与之产生社会认同的公益信息，在感知有用后结合可信任度做出判断，产生行为意向；最后做出参与微公益活动的行为反应，这种行为主要分为两类，一是阅读、点赞、评论、转发等推动微公益活动传播的浅层次参与行为，二是捐款捐物等直接作用于微公益活动金钱物力扩张的深层次参与行为。[2] 故可以抽象提炼出"信息接触—个体判断—行为响应"的行为机制。

在青年参与互联网公益的各环节，"网络意见领袖"都起到举足轻重的作用。"去中心化"的网络环境充分激活青年个体，"再中心化"则表征青年寻找社会认同的需要。在此过程中，"网络意见领袖"不仅作为公益信息传播中介，更作为信息源输出自我价值，通过构筑社会认同[3]，与青年用户建立较稳定的情感联结，实现人际关系由"弱关系"到"强关系"的转变，进而形成社群组织。概言之，"网络意见领袖"在"信息接触"环节促进微公益信息传播，在"个体判断"环节以社会认同俘获粉丝群体信任、增强自身话语权，正向激励青年通过公益活动将个人价值融入社会意识，做出积极的"行为响应"。

2. 网络意见领袖在行为机制中的作用

（1）信息接触：扩大传播范围，增加微公益信息曝光度。

在互联网时代，青年通过网络社交获取公益信息的频次远高于熟人社交，

---

[1] 参见《ALS "冰桶挑战" 一亿美元善款都去哪了？》，载 http://news.cnr.cn/tjch/20150717/t20150717_519242447.shtml，最后访问日期：2024年3月31日。

[2] 参见魏淑娟、张露：《关系亦或符号：个体参与微公益行为的影响因素探析》，载《兰州大学学报（社会科学版）》2021年第3期。

[3] 参见白晓丽、七十三：《群体中的亲环境行为：社会认同过程视角》，载《心理科学》2022年第2期。

"网络意见领袖"则是重要的传播主体。他们借助在社交媒体的影响力，显著提升微公益信息的曝光度和裂变速率，大幅提升了信息的传播速度和范围，使得微公益信息能够在短时间内到达更广泛的受众，迅速获得大量关注。此外，"网络意见领袖"通常擅长运用各种社交媒体工具和策略，比如使用引人注目的标题、图片、视频、制造热门话题、发起公益积分挑战等方式，加深公众对于公益理念、公益文化的理解，提升参与微公益的意愿，促进公益活动取得实效。因此，"网络意见领袖"作为连接微公益活动与公众的重要桥梁，不仅提高了微公益活动的知名度，也为活动带来了更多的潜在参与者和支持者，凝聚广泛的社会参与。

（2）个体判断：建立价值认同，为微公益活动背书。

"网络意见领袖"的推荐和示范行为往往被视为一种信任背书，使得信息更易于被接受和信任，从而影响青年的判断。具体而言，"网络意见领袖"通过表达自己的观点、态度等方式，获得广泛的价值认同、行为认同等，形成社会认同，建立感知信任。并在不断的网络交流中建立情感联结，逐步增强其话语权和影响力，建立较为稳定的网络社群，进而在社群内部利用共同认同，引导其追随者形成公益共意，参与微公益活动。

同时，"网络意见领袖"在吸引粉丝群体的过程中产生了正外部性，如获得知名度、提升社会地位，因此，信任背书也可以辐射到追随群体外，增强微公益活动的社会信任。进一步地，众多"网络意见领袖"基于不同的社会认同凝聚粉丝，形成不同的网络圈群，[1] 而同一粉丝个体因认同多元的价值体系也进入不同网络社群，形成"多对多"的关系网络。因此，"网络意见领袖"间的联动倡导，也为微公益活动叠加多重背书，在微公益活动精准传播到各网络社群，加深公益信任的同时，也能打破圈群壁垒，在不同的价值认同之上构建宏观的公益共意，促进微公益参与。

（3）行为响应：形成群体协同，组织号召青年深度参与。

"网络意见领袖"在建立社群组织和促进群体协同方面发挥着核心作用，对其核心价值的认同程度影响着青年参与微公益的深浅程度。随着网络社群不断扩大，有些会形成具备一定资源动员能力、内部分工与阶层体系明确的

---

[1] 参见王仕勇、陈超：《粉丝圈群的"算法想象"：中介、物质与情感》，载《新闻界》2024年第1期。

半专业化组织。[1]这种基于核心价值认同而形成的社群组织,其群体协同程度取决于他们对于"网络意见领袖"的社会认同程度。

当青年对于"网络意见领袖"的价值观念、公益理念具有较高的认同时,对于社群组织的黏性也越强,青年更易于持续参与深层次微公益活动。相反,社会认同程度较低时,其注意力和吸引力更容易被其他高摄价值吸附,可能仅在短期内参与浅层次公益活动。因此,青年对于"网络意见领袖"较高程度的社会认同,有助于社群组织形成群体协同,提升"网络意见领袖"的组织、号召、执行力度,促进青年持续参与深层次微公益,从而实现更广泛的社会参与和公益效果。

(二)"网络意见领袖"在青年参与互联网微公益中的内在机理

1. 关系社会学:强弱关系理论

社会学家马克·S. 格兰诺维特(Mark S. Grannovetter)最早提出弱关系理论,中国学者边燕杰引入该理论并拓展研究了强关系理论,强弱关系理论表征着个人嵌入社会,与社会联结的程度。[2]在互联网微公益中,用强弱关系理论解构熟人社交和网络社交两类信息来源,可以分为强关系来源和弱关系来源。

在信息接触与传播过程中,弱关系发挥重要作用。弱关系为信息高速流通提供渠道,网状传播机制扩大了信息传播范围。在个体感知信任、形成判断环节,强关系则发挥重要优势。信任的影响要素均来源于社会网络中的人际互动[3],而这种信任、理解和包容主要依靠强关系维系[4]。"去中心化—再中心化"的特征重塑了"网络意见领袖"[5],他们通过提升社会认同程度,将部分弱连接升级转化为强连接,增强了公益参与的引导力和号召力,

---

[1] 参见胡岑岑:《青年公益新样态:我国粉丝公益的发展动因及运行模式》,载《北京青年研究》2022年第2期。

[2] 参见廖亮、陈昊:《马克·格兰诺维特对新经济社会学的贡献——潜在诺贝尔经济学奖得主学术贡献评介》,载《经济学动态》2011年第9期。

[3] 参见边燕杰、高雅仪:《人际社会网络对普遍信任的正负效应——从国际比较探索中国模式》,载《开放时代》2023年第6期。

[4] 参见魏春梅、盛小平:《弱关系与强关系理论及其在信息共享中的应用研究综述》,载《图书馆》2014年第4期。

[5] 参见涂凌波:《草根、公知与网红:中国网络意见领袖二十年变迁阐释》,载《当代传播》2016年第5期。

可以说"网络意见领袖"是互联网强弱关系的重要桥梁。在行为响应层面，建立较多强关系的"网络意见领袖"更容易带领其社群组织参与微公益活动，这种"网络意见领袖"通常具有一定的话语权和权威性，本质上这种自我赋权就来自关系赋权，特别是强关系赋权。概言之，"网络意见领袖"通过积极建立强关系构建公益信任，充分调动弱关系促进公益信息传播，引导促进青年参与微公益活动。

2. 社会心理学：社会认同理论

社会认同理论由 Tajfel 等人在 20 世纪 70 年代提出，该理论认为社会认同分为社会分类（social-categorization）、社会比较（social comparison）和积极区分原则（positive distinctiveness）三个过程。[1]在青年微公益活动中，青年受到"网络意见领袖"的吸引将自己编入某一社群，实现社会分类；在社群内部，通过参加公益游戏挑战、提升公益参与度排名等方式，满足个人的自我评价需求，在不对称的群体评价和行为中实现社会比较；在不同的社群比较中，如蚂蚁森林明星粉丝公益林排行榜，为了凸显自己群体的优势，增强自我激励的动机，积极投身于微公益，在群体差异中满足自尊需要，也在此过程中加强了对群体的黏合性。

关于认同对社会行为的影响，认同理论家们还提出了认同突显（identities salience）和承诺（commitment）[2]两个概念，认同凸显的差异可能导致行为方式相异，承诺则作为补充说明，承诺越强则认同凸显水平越高。为了进一步说明认同与个人和社会网络的联系，学者们将承诺区分为互动承诺和情感承诺，以标识承诺的广度和强度。在青年微公益活动中，认同凸显和承诺的差异性体现在青年对于"网络意见领袖"的社会认同程度上。"网络意见领袖"与青年用户建立越多的互动联系、越强的情感链接，就越能够获得广泛强烈的支持。青年越认可支持"网络意见领袖"，就更容易参与深层次微公益活动，直接贡献金钱和物力；反之，支持程度低的用户倾向于参加浅层次微公益活动，通过网页访问、点赞评论等方式促进微公益传播。可见，社会认同程度影响青年参与微公益活动的深浅程度。

---

[1] 参见张莹瑞、佐斌：《社会认同理论及其发展》，载《心理科学进展》2006 年第 3 期。

[2] 参见周晓虹：《认同理论：社会学与心理学的分析路径》，载《社会科学》2008 年第 4 期。

三、"网络意见领袖"发挥引领作用的现存问题与对策建议

(一)"网络意见领袖"引导青年参与公益项目的问题

1. 发布公益项目真实性存疑

互联网公益募捐发起门槛较低,实践中存在夸大、虚构等不实情况,名为公益实为诈骗的假公益项目也屡见不鲜。明星偶像等"网络意见领袖"为互联网公益活动宣传、背书,但并不能切实担保其真实有效。同时由于存在缺乏权威机构对公益项目的审核公示、相关机构监管工作并不到位等情况,鱼龙混杂的公益信息给公众的判断和选择带来了很大的困扰,不利于公益项目的宣传推广。网民一旦跟风参与会带来财产损失,影响群众对公益活动的信任度。

2. 公益项目推广动机异化

"网络意见领袖"兼具商业性和公共性的双重属性,[1]纯公益项目宣传能带来的商业价值有限,基于逐利心理,部分"网络意见领袖"不惜捏造散布不实信息,增加信息热度、提高公众关注度,以实现个人利益最大化。在发布公共性较强的慈善活动相关言论时,为博眼球、引流量,他们甚至通过编造段子等烂俗的宣传手段,来推动项目宣传。这种偏离公益理念的推广动机和手段,容易对公益项目本身造成负面影响。

3. 青年用户参与持续性较差

从粉丝的角度,其因喜爱崇拜等情感因素聚集并投入公益活动,情感作为维系网络社群的纽带不具有可持续性,一旦对"网络意见领袖"的热烈情感消散退出社群,可能会失去"为爱发电"的热情,不再关注项目的后续实施落地。从"网络意见领袖"的角度,其一言一行受到大众的关注监督,许多负面事件暴露出"网络意见领袖"自身的道德法律问题,其公众形象减损甚至崩塌,进一步加剧了"网络意见领袖"激励青年参与微公益的不稳定性风险。

(二)"网络意见领袖"正向引导的对策建议

1. 坚持一元主导,巩固意识形态领导地位

自媒体崛起的当下,坚持主流意识形态的领导地位不动摇,既要给予

---

[1] 参见涂凌波:《草根、公知与网红:中国网络意见领袖二十年变迁阐释》,载《当代传播》2016年第5期。

"网络意见领袖"充分发挥传播枢纽作用的空间,也要将其纳入主流意识形态话语的传播架构,使其对正在传播的事件进行正向剖析。[1]目前"网络意见领袖"中人大代表和政协委员等群体数量还远远不够,应鼓励官方意见领袖进行舆论引导,增强主流话语权。[2]

2. 打破圈层壁垒,改善公益项目传播方式

为了提升青年参与微公益的积极性,应当个性化地改善现有互联网公益的传播方式,对青年群体精准投放宣传内容。"快手行动"通过情景剧、实拍视频、视频模仿等形式传递公益信息,并辅助背景音乐,通过轻松、幽默和感动等表达方式,完成对受众的情感送达。[3]再中心化后产生不同的信息传播圈层,部分青年人因兴趣爱好等原因较难接收主流意识形态的公益宣传信息,主流媒体、慈善组织和社交平台应当建立更平等民主的主客体关系,以更亲和近人的氛围传播互联网公益,促使网络中的弱关系转化。

3. 设立奖惩机制,加强网络意见领袖监管

一方面,当利己与利他相统一发挥作用时,相比于纯粹利他或纯粹利己单独发挥作用更有效。[4]公益项目的宣传商业性更弱,对于积极推广互联网公益活动的"网络意见领袖"可给予一定奖励。另一方面,"网络意见领袖"较之普通网民负有更多的信息核查义务,对于擅自散布谣言、传播虚假信息等不法行为应当依照情节轻重对账号主体进行追责。各大社交媒体平台也应建立完善的审核机制和举报机制,促进形成全社会共同监督的氛围。

结 论

"网络意见领袖"在互联网微公益活动中扮演着至关重要的角色,他们通过构建社会认同和信任,有效地促进了青年群体的参与,但也存在着发布信息真实性存疑、参与动机异化和青年用户参与持续性差等问题。为了优化

---

〔1〕参见刘康:《"去中心化—再中心化"传播环境下主流意识形态话语权面临的双重困境及建构路径》,载《中国青年研究》2019年第5期。

〔2〕参见古长乐:《网络公共空间中意见领袖特质及引导机制研究》,载《科技视界》2015年第15期。

〔3〕参见刘蕾等:《"公益"与"共意":依托移动短视频平台的公益动员策略研究——以"快手行动"为例》,载《电子政务》2021年第3期。

〔4〕参见鲁全、张若璇:《青年粉丝群体慈善行为研究——基于多主体互动的视角》,载《青少年研究与实践》2023年第2期。

"网络意见领袖"的正向引导作用,建议采取一元主导策略,确保主流意识形态的传播;打破圈层壁垒,采用更符合青年口味的传播方式;明确依法管理,加强对"网络意见领袖"的监管。通过这些措施,可以提高"网络意见领袖"在公益活动中的影响力,促进社会公益意识的提升和青年群体的积极参与。

参考文献

[1] 田胜国等:《从意愿到行为:信息获取对公益社会体育指导员服务参与行为的影响——基于感知价值的高阶调节效应分析》,载《武汉体育学院学报》2024 年第 1 期。

[2] 王仕勇、陈超:《粉丝圈群的"算法想象":中介、物质与情感》,载《新闻界》2024 年第 1 期。

[3] 赵文聘:《网络公益信任增进:从主体性、人格整合到互动仪式》,载《经济社会体制比较》2023 年第 2 期。

[4] 胡岑岑:《青年公益新样态:我国粉丝公益的发展动因及运行模式》,载《北京青年研究》2022 年第 2 期。

[5] 梁萌:《从多元到整合:我国家政工职业身份公众认同建构的组织化实践》,载《中国农业大学学报(社会科学版)》2023 年第 5 期。

[6] 边燕杰、高雅仪:《人际社会网络对普遍信任的正负效应——从国际比较探索中国模式》,载《开放时代》2023 年第 6 期。

[7] 吴舫等:《粉丝圈群的社会参与逻辑:文本产消与数据生产连结模式的比较研究》,载《新闻记者》2023 年第 10 期。

[8] 朱梓函:《互动仪式链视角下的互联网公益参与——以支付宝"蚂蚁森林"为例》,载《新媒体研究》2023 年第 10 期。

[9] 代露、卢晓华:《互联网公益"蚂蚁森林"的互动传播研究》,载《科技传播》2023 年第 15 期。

[10] 白晓丽、七十三:《群体中的亲环境行为:社会认同过程视角》,载《心理科学》2022 年第 2 期。

[11] 陈绍博等:《网络意见领袖的特征分析及引导策略》,载《领导科学论坛》2022 年第 4 期。

[12] 唐颖等:《亲社会视角下粉丝公益行为参与动机研究——基于扎根理论的探索性调研》,载《编辑学刊》2022 年第 4 期。

[13] 李子林、胡盼:《粉丝公益:一种新兴的青年公益模式——以"百家粉丝团公益联盟"为例》,载《当代青年研究》2022 年第 5 期。

［14］彭丽霞：《多域探索：网络意见领袖的研究热点分析》，载《福建工程学院学报》2022 年第 5 期。

［15］林婉玲、修新田：《大学生互联网公益植树行为的影响机理探究》，载《林业经济》2022 年第 10 期。

［16］刘蕾等：《"公益"与"共意"：依托移动短视频平台的公益动员策略研究——以"快手行动"为例》，载《电子政务》2021 年第 3 期。

［17］魏淑娟、张露：《关系亦或符号：个体参与微公益行为的影响因素探析》，载《兰州大学学报（社会科学版）》2021 年第 3 期。

［18］涂寻意：《创新"四有"机制 引领青年发展》，载《中国共青团》2021 年第 15 期。

［19］郗芙蓉、杨雪：《新媒体时代公益传播的路径探索——以"蚂蚁森林"为例》，载《传媒》2020 年第 7 期。

［20］刘柳青：《微博意见领袖舆论引导及其策略探讨》，载《新媒体研究》2020 年第 8 期。

［21］马宏飞、郭晶：《公益带货直播：用户参与下的仪式、共情与粉丝效应——以〈人民日报〉"为鄂下单"带货直播为例》，载《传播与版权》2020 年第 10 期。

［22］杨芊、冉华：《舆论领袖与网络公益：一种新型公益传播模式》，载《中国出版》2019 年第 20 期。

［23］解振华：《公益传播视角下"蚂蚁森林"的用户使用行为研究》，载《传播力研究》2019 年第 27 期。

［24］徐家良：《互联网公益：一个值得大力发展的新平台》，载《理论探索》2018 年第 2 期。

［25］曲丽涛：《当代中国网络公益的发展与规范研究》，载《求实》2016 年第 1 期。

［26］罗德、王儒靓：《微公益：类型、生成逻辑及其发展》，载《现代管理科学》2016 年第 3 期。

［27］涂凌波：《草根、公知与网红：中国网络意见领袖二十年变迁阐释》，载《当代传播》2016 年第 5 期。

［28］陈音弦：《简论微博公益传播中舆论领袖的特征》，载《新闻研究导刊》2016 年第 13 期。

［29］古长乐：《网络公共空间中意见领袖特质及引导机制研究》，载《科技视界》2015 年第 15 期。

［30］方曙光：《"弱关系"和"强关系"下的网络互动和网络运动》，载《北京理工大学学报（社会科学版）》2014 年第 2 期。

［31］魏春梅、盛小平：《弱关系与强关系理论及其在信息共享中的应用研究综述》，

载《图书馆》2014 年第 4 期。

　　[32] 廖亮、陈昊：《马克·格兰诺维特对新经济社会学的贡献——潜在诺贝尔经济学奖得主学术贡献评介》，载《经济学动态》2011 年第 9 期。

　　[33] 李彪：《微博意见领袖群体"肖像素描"——以 40 个微博事件中的意见领袖为例》，载《新闻记者》2012 年第 9 期。

　　[34] 周晓虹：《认同理论：社会学与心理学的分析路径》，载《社会科学》2008 年第 4 期。

　　[35] 张莹瑞、佐斌：《社会认同理论及其发展》，载《心理科学进展》2006 年第 3 期。